D1727470

Askforce – Fachinstanz für alles

Askforce
Fachinstanz für alles

Unberechenbare Antworten auf universale Fragen

Eine bedingungslose Grundversorgung mit unbestechlichen Antworten auf echte Fragen der Gegenwart, präsentiert von den Askforce-Expertinnen und -Experten

Dölf Barben
Renate Bühler
Martin Erdmann
Marc Lettau
Lisa Stalder
Simon Wälti
Susanne Wenger

Stämpfli Verlag

Inhalt

Vorwort

Haben Nacktschnecken ein Schamgefühl? Warum spricht die Polizei nach einer Verhaftung immer von der Unschuldsvermutung statt von einer Schuldvermutung? Oder auch: Was sind Engel ornithologisch betrachtet eigentlich? Ein Ratgeber, der Fragen wie diesen nachgeht, hilft in praktischer Hinsicht nicht durchs Leben: Die Askforce ist buchstäblich ein fragwürdiges Genre. Genau darin liegt ihr Zauber.

Die Askforce pflegt jene Kunst des Räsonierens, die sich die Freiheit nimmt, die Ausgangsfrage zur Nebensache zu machen. Sie zelebriert die grenzenlose Neugier und den furchtlosen Blickpunktwechsel, schöpft Verdacht und wird dadurch selber zum schöpferischen Akt.

Die Askforce ist also weit mehr als eine Spasstruppe: Sie stiftet uns an, fragend durchs Leben zu gehen und auf diese Weise klüger zu werden. Sie nimmt uns auf die Schippe und gleichzeitig ernst. Gestelzt formuliert: Die Askforce ist ein Kind der Aufklärung. Sie lebt mit unbändigem Erkenntnishunger und unbestechlicher Skepsis klassisch journalistische Tugenden vor. Und sie geht, wenn man so will, den letzten Dingen auf den Grund.

Ihre Gedankengänge sind kurvenreich, manchmal l'art pour l'art, sie strotzen vor Lust an der Sprache und geniessen sich selber. Gelegentlich nimmt uns die Askforce mit auf einen wilden Ritt, der direkt in den Nonsens führt. Selbst im Sinnlosen und Banalen bleibt ihr Humor aber stets philosophisch. Immer ist da etwas Bedenkenswertes. Selbst wenns mal so richtig skurril und schrullig wird, sagt das immer noch etwas über den Irrwitz des Lebens aus.

Nach exakt 1000 Kolumnen in der Berner Tageszeitung «Der Bund» hat uns die Askforce etwas gönnerhaft für fragemündig erklärt und ihre Mission nach zwanzig Jahren für offiziell beendet. Doch nun – wenige Monate später – liegt dieses Buch vor, und nun schöpfen *wir* Verdacht: Nein, der Askforce ist nicht zu trauen, aber womöglich noch einiges zuzutrauen. Vielleicht ist die vorliegende Grundversorgung mit Askforce-Antworten ja bloss ein Indiz dafür, dass irgendwo bald neue folgen. Die Askforce weiss doch haargenau, wie kompliziert das Leben ist und dass uns die Fragen nie ausgehen – und uns ihr Rat, so zweifelhaft er ist, lieb und teuer bleibt.

Patrick Feuz
alt Chefredaktor des «Bund»

Fundamentale Fragen, akkurat beantwortet

Wie wirft man Wohnungen auf den Markt?

Es sei noch nicht lange her, schreibt uns Frau G. aus Biel, dass im «Bund» «die alarmierende Nachricht zu lesen war», nicht mehr benötigte Airbnb-Wohnungen würden nun auf den freien Wohnungsmarkt geworfen.

Frau G. tut nun das, was Askforce-Leserinnen immer wieder tun: Sie nimmt einen Begriff (hier: werfen) allzu wörtlich und stellt ein paar launige Fragen dazu. Unter anderen diese: Wie muss ich mir den genauen Ablauf des Wohnungen-Werfens vorstellen? Und wir von der Askforce tun das, was wir immer tun: Wir beantworten die Fragen so seriös wie möglich.

Also denn, Frau G.: Wenn Wohnungen auf den Markt geworfen werden, handelt es sich um einen Vorgang, der, wie vieles andere auch, physikalischen Gesetzen unterliegt. Das Stichwort hierzu lautet schräger Wurf. Wesentlich sind Anfangsgeschwindigkeit und Abwurfwinkel.

Bei Wohnungen ist es grundsätzlich gleich wie bei einem Ball, den Sie einer Freundin zuspielen. Deshalb wissen Sie bestimmt nur zu gut, dass bei einem schrägen Wurf einiges schiefgehen kann. Wie auch beim senkrechten Wurf. Das Paradebeispiel dazu ist die Froschkönig-Prinzessin: Sie spielte bekanntlich mit einem güldenen Ball, produzierte unabsichtlich einen schrägen Wurf und musste schliesslich einen schleimigen Quak-Frosch an die Wand klatschen (waagrechter Wurf).

Das alles heisst: Wenn Wohnungsbesitzer falsch rechnen, landen ihre Objekte nicht auf dem freien Markt, sondern irgendwo. Der berühmteste Fall ist das Gasthaus Äscher-Wildkirchli im Appenzellischen. Das Gebäude sollte auf den freien Markt in Zürich geworfen werden. Weil der Abwurfwinkel zu flach war, klebt es nun an einer Felswand.

Auch im Kanton Bern gibt es einen spektakulären Fall: Ein Interlakner Geschäftsmann wollte eines seiner Häuser auf den äusserst lukrativen Zweitwohnungsmarkt von Grindelwald werfen. Der Winkel stimmte zwar, aber er liess das Gebäude mit zu viel Geschwindigkeit in die Luft fliegen. Es segelte über Grindelwald hinweg und landete – Glück im Unglück – nicht auf dem Gletscher, sondern auf einem einigermassen flachen Plätzli unterhalb des Schreckhorns. Und hier zeigt sich, wie findig die Bergler sind: Das Haus wurde umgehend in eine Hütte des Schweizer Alpen-Clubs umfunktioniert.

Was ist Landwirtschaft?

Frau D. B. aus Steffisburg stellt endlich wieder einmal eine einfache Frage ohne seitenlange Kommentare: «Was ist Landwirtschaft?» fragt dieses Kind der Zeit, das die Ursprünge unseres Daseins nicht mehr kennt.

Sie wende sich an die Askforce, nachdem sie festgestellt habe, dass «die Landwirtschaft» das einzige Gewerbe sei, das sich nicht an die gesetzlichen Nachtruhezeiten halten müsse. Vor ihrem Reihenhaus am Dorfrand würden beispielsweise mitten in der Nacht unter grellem Scheinwerferlicht und ohrenbetäubendem Maschinenlärm Siloballen gepresst und in Folien eingeschweisst – letzthin bis Mitternacht. Das sei doch nicht Landwirtschaft, meint D. B., sondern Verpackungsindustrie, und diese habe sich an die Nachtruhebestimmungen zu halten.

Landwirtschaft, liebe Frau B., hat vier grundsätzlich verschiedene Bedeutungen: je zwei von «die Landwirtschaft» und von «der Landwirtschaf(f)t». Vorab die populärste: Landwirtschaft ist, wenn der Landwirt schafft. Damit ist jeder juristische Zweifel behoben. Wann immer der Bauer malocht, ist Landwirtschafft – mit zwei f. Hat der Bauer Schafe, was ja wieder schwer im Trend ist, heisst «der Landwirt schaft» – auch dies genügt dem Gesetz. Der Unterschied? Es kann einer Landwirt sein, aber vielleicht nichts tun ausser Schafe halten. Schafe sind sehr genügsam – Zaun drum, weiden lassen, ab vor die Glotze (beispielsweise): Der Landwirt schafft in diesem Fall nicht, sondern schaft.

Und die Landwirtschaft? Hier kommt der Kern des Landlebens ins Spiel, ohne den das Land ja gar nicht leben würde:

die Schenke, der Spunten, die Beiz – die Landwirtschaft. Hierher kommen die Landwirte, wenn sie geschafft haben bzw. sind. Und zu guter Letzt ist da die umfassendste Bedeutung von «die Landwirtschaft». Ein Beispiel: Landwirtschaft herrscht dann, wenn der Senn krampft (schafft), dann seine Bänze auf die Weide lässt (schaft), mit dem Viermalvier in die Beiz (Landwirtschaft) prescht und dort mit andern im Agrarbereich tätigen Personen Networking betreibt. Diese Beziehungspflege und überhaupt alles, was Landwirte so treiben – das ist Landwirtschaft.

Sonntagsverkauf ohne Sonntag im Verkauf?

Ratlos und erfolglos ist Meinrad F. aus R., obwohl er sich selbst zu den eher erfahrenen Konsumenten zählt. Er habe während der zurückliegenden Sonntagsverkäufe im Dezember in insgesamt zwölf Geschäften darum gebeten, ihm einen Sonntag zu verkaufen. Er blieb «ohne jeden Erfolg». Meinrad F. fragt sich deshalb, «warum das Ding überhaupt Sonntagsverkauf heisst, wenn er gar nicht verkauft wird». Eventuell sei er längst schon verkauft, was man den Kunden aber nicht sagen wolle. So oder so liege «eine klare Irreführung des Konsumenten» vor und eine schier unerträgliche Absenz sämtlicher Konsumentenschutzorganisationen.

Die Askforce ging diesmal ihre Aufgabe besonders behutsam an. In einem Feldversuch wurde zunächst überprüft, ob der Vorwurf überhaupt stimmt. Es liess sich aber empirisch nicht erhärten, dass an Sonntagen kein Sonntag zu kaufen ist. Im Gegenteil. Schon nach dem ersten Einkauf schleppte die Askforce immerhin das Gesamtwerk von Susan Sontag an.

Die interne Kontrollinstanz stellte freilich fest, dass Meinrad F. nicht die Sontag, sondern den Sonntag hatte kaufen wollen. Aber auch dies erwies sich als problemlos, und jetzt zählt das literarisch zweifelhafte Bändchen «Aus em Hirnkäschtle – schwäbisch sinniert» von Sven-Erik Sonntag (ISBN 3-8334-6629-4) zum Fundus der Askforce. Sicherheitshalber wurde das Verfahren montags überprüft. Mit Erfolg. Diesmal war – im gleichen Geschäft! – ein Montag sofort erhältlich: Der Pilzführer von Karin Montag (ISBN 3-440-09375-1) ist überdies ein sehr hübsches Büchlein. Tags darauf wurde die Versuchsreihe abgebrochen, mit dem Standardwerk zum Thema Pessimismus von Joshua Dienstag im Gepäck (ISBN 0-691-12552-X).

Kurz: Es ist für die Askforce schwierig, Meinrad F. eine wirklich aufbauende Antwort zu geben. Vielleicht dient ihm der folgende Merksatz: Das Problem am Sonntagsverkauf ist nicht das Angebot, sondern es sind jene, die es nutzen.

Wieso heissen Tigerfinkli nicht Leopardenfinkli?

«Liebe Askforce», schreibt uns A. K., «in letzter Zeit sind hier immer nur sehr komplexe Fragen aufgeworfen worden. Nun wage ich fast gar nicht, eine ganz simple zu stellen. Also: Wieso heissen Tigerfinkli so, obschon sie gar nicht getigert, sondern geleopardet sind?» Dann folgt noch ein Kompliment: «Danke vielmals. Die Askforce bringt Entspannung!»

Für Sie, liebe Frau K., mag das ja gelten – für uns indes ganz sicher nicht. Im Schweisse unseres Angesichts ringen wir Woche für Woche unter höchster Anspannung um Antworten, schlafen nächtelang kaum, ernähren uns lausig und vernachlässigen unser Äusseres. Und nun kommen Sie, Frau K., und versuchen, uns eine höchst komplexe Fragestellung als einfache Angelegenheit unterzujubeln. Immerhin hat bislang der Hersteller dieser Finken selber erfolglos versucht, eine schlüssige Erklärung für die Tiger-Leoparden-Angelegenheit zu finden.

Ein grosses Rätsel seis, wie Erfinder Edy Glogg auf den Namen gekommen sei, lässt sich Hans-Ruedi Dussling aus Goldau in einer alten «Schweizer Illustrierten» zitieren. Das haben Sie sicher auch gelesen, Frau K., nicht? Und wir sollten Ihres Erachtens die Antwort einfach aus den Pantoffeln schütteln können. Aber wir wären ja keine wahren Helden, wenn wir uns nicht voller Mut und Abenteuerlust in den Dschungel voller falscher Hypothesen und Gedankenfallen wagten und uns den Weg zur Erkenntnis freikämpften.

Auf die richtige Fährte brachte uns dann schliesslich unser kreativer Bewegungsdrang: Weil rastloses Umhergehen landläufig als herumtigern und nicht als herumleoparden bezeichnet wird, können Füsse unmöglich in Leopardenfinken stecken. Es müssen zwingend Tigerfinken sein, selbst wenn sie aus Leopardenstoff gemacht sind. Um den Trägerinnen und Trägern aber zu signalisieren, dass irgendetwas nicht stimmt, sind Original-Tigerfinken vorn mit roter Kappe und rotem Pompon versehen. Diese Geste beeindruckt uns sehr. Vielleicht ahmen wir sie irgendwann mal nach. Aber vorderhand tricksen wir noch, ohne rot zu werden.

Gibt es auch Dienstageelektriker?????

«Ich las gestern wieder mal, dass ein Montageelektriker gesucht wird.» Dies schreibt uns Frau Lilo Küpfer aus Ittigen. Und die Frage, die sie folgen lässt, lautet: «Ich frage mich, ob auch Dienstageelektriker gesucht werden?????»

Wir müssen nichts voreinander verstecken, Frau Küpfer. Sie kennen die Antwort ja selber ganz genau. Ihnen geht es mit Ihrer Multi-Fragezeichen-Frage vielmehr darum, die Freude über eine Entdeckung, die Sie im Meer des Alltags gemacht haben, mit anderen zu teilen. Bemerkenswert ist deshalb nicht die Frage, sondern die Entdeckung. Interessant an solchen Entdeckungen ist ja, dass sie nicht planbar sind. Sie ereignen sich – sofern man mit dem entsprechenden Sensorium ausgestattet ist.

Allerdings kann dieses auch zu fein eingestellt sein: Hätten Sie uns zum Beispiel darauf aufmerksam gemacht, dass im Wort Sensorium das Wort «Ohr» verborgen ist, einfach ohne H, hätten wir uns schon ein bisschen gefragt. Die passende Frage dazu wäre dann gewesen: «Ich frage mich, ob es auch ein Sensaugium gibt?????» Womit die nächste Entdeckung schon nicht mehr zu übersehen gewesen wäre: Denn wer hätte gedacht, dass im Wort saugen das Wort Auge enthalten ist, wo doch mit dem Mund gesaugt wird?

Diese wenigen Beispiele zeigen eines: Das Reich der Sprache ist voller möglicher Entdeckungen. Oft braucht man bei sich selbst bloss den verborgenen Entdecker wachzurütteln, und schon fallen sie einem zu. Haben Sie beispielsweise gewusst, Frau Küpfer, welche Wörter entstehen, wenn man bei Ihrem

Vor- und bei Ihrem Nachnamen die Anfangsbuchstaben vertauscht? Kilo Lüpfer!!!!!

Wir wandeln also durch eine Welt, die voll ist von Möglichkeiten, die wir meist gar nicht wahrnehmen. Was wohl auch gut so ist. Denn was hätten wir davon, wenn uns stets bewusst wäre, dass in den eben benutzten Wörtern «Möglichkeiten» und «nicht» das Wort «ich» drin steckt? Oder dass der Vorname Erich gleich aus zwei Pronomen besteht – und erst noch das englische Wort für «reich» enthält?

Womit wir bei den Entdeckungen wären, die sich an den Sprachgrenzen machen lassen. Eben erst hat eine der Askforce nahestehende Person von einer Entdeckung berichtet, die sie in einem Zug machte, der laut englischer Ansage «approximately», also ungefähr, sechs Minuten Verspätung hatte. Aber wahrscheinlich waren Sie, Frau Küpfer, nie ein Approximeitli, also ein Mädchen, das nicht alles ganz so genau nimmt.

Ein unerwartetes Geschenk

Es ist allgemein bekannt, dass die Askforce alles weiss, was es zu wissen gibt. So könnten wir Ihnen mühelos erklären, wie in einer handelsüblichen Einbauküche unedle Metalle in Gold umgewandelt werden oder wie ein Schnitzel zuzubereiten ist, ohne dass beim Braten die Panade abfällt. Und dennoch bringt uns die heutige Frage in Verlegenheit. Denn ihre Antwort ist selbst durch unseren unermesslichen Bildungsschatz kaum zu erreichen.

Vor dem Haus von Frau Z. geht Seltsames vor. Da stand plötzlich ein Geburtstagsgeschenk von Lisa für Regina. Doch Frau Z. versichert, dass hier keine Regina wohnt. Nun befürchtet sie, dass die Freundschaft zwischen Regina und Lisa Schaden nehmen könnte. Regina werde betupft sein, dass Lisa ihren Geburtstag vergass, und Lisa könnte beleidigt sein, dass sich Regina nicht für das Geschenk bedankt hat. Frau Z. nimmt an, dass dies das Ende einer langen Freundschaft bedeuten könnte, und bittet uns, Regina zu finden, um die Situation zu klären.

Nein, wir können Regina nicht ausfindig machen. Das liegt ausserhalb unserer Kompetenz. Jedoch sind wir relativ sicher, dass sich Frau Z. in grosser Gefahr befindet. Denn wir haben Zweifel daran, dass die Beziehung zwischen Lisa und Regina so harmonisch ist, wie sich dies die Fragestellerin ausmalt. So verwundert es uns, dass Lisa die Zustellung nicht den Profis, also der Post, überlässt. Ein Paket mit einem Gewicht bis zu 2 Kilogramm zu verschicken, kostet läppische 7 Franken. War ihr dieser Aufpreis die Freundschaft nicht wert? Und wieso stellte sie das Paket vor das falsche Haus? Lag der letzte Besuch aus Gründen der persönlichen Ablehnung schon so lange zurück, dass sie sich in der Adresse geirrt hat? Auch bei Regina ergeben sich Ungereimtheiten. Könnte es etwa sein, dass sie Lisa einen falschen Wohnort angegeben hat, um sich von spontanen Besuchen schützen zu können? Die beiden Frauen scheinen in einem Pflichtverhältnis zu stehen, zum Beispiel familiärer Natur, durch das erwartet wird, dass man sich beschenkt. Gleichzeitig scheint die Beziehung zueinander höchst toxisch zu sein. Deshalb dürfte das Paket entweder mit Arsen angereichertes Gebäck enthalten oder es ist etwas, das vom Sprengstoffkommando der Kantonspolizei untersucht werden sollte. Wir raten Frau Z., Abstand zu halten.

«Rasen betreten verboten»-Schilder: Wie kommen sie auf den Rasen?

«Wieso», möchte die Askforce, die üblicherweise nur Fragen gestellt erhält, aber sich selbst nach dem Prinzip, wer mehr weiss, hat mehr Fragen, immer mehr und noch mehr frägt, wissen, «wieso», so die Askforce, «gibt es so viele Leute, denen aus eigenem Antriebe keine Fragen einfallen?» Denn Fragen haben die Menschheit doch weitergebracht und zu neuen Errungenschaften wie Apéro-Glas-Haltern, dem Geiss'schen Sonnensegel oder Hakle trocken und sogar feucht geführt.

Doch die Askforce muss anerkennen, dass es Menschen wie R. S. aus Stettlen gibt, die das Geistige nur vom Hörensingen kennen und mit dem Hippi-Gschpängschtli von Peter Reber verwechseln. Auch sie kokettieren gerne mit Fragestellern, die sich in echter intellektualer Not an die Askforce wenden. Solch edle Bedrängnis nicht kennend, suchen Betroffene ihre Fragen im Internet zusammen und schicken sie salopp der Askforce.

R. S.' Suche verlief glücklich: Auf Sites wie Netzhumor.de, Frag-gretchen.de, der von Radio aktuell oder im Gästebuch von Fsbubendorf.ch fand er die Frage «Wie kommen die ‹Rasen betreten verboten›-Schilder auf den Rasen?» Nun liegt sie auf dem Pult der Askforce – von R. S., dem 5000. Frager. Zum grossen Jubiläum der «Rasenfrage», wie sie im inneren Kreis längst genannt wird, hier die Antwort.

An Orten der Besinnung, wie es Pärke nun mal sind, ist Entschleunigung angesagt. Rasen ist hier unerwünscht. Da es sich in unserer hektischen Zeit aber kaum verbieten lässt, verlangt die Obrigkeit, dass wenigstens nicht in betretenem Zustand ge-rast wird. «Betreten rasen verboten», hiess es ursprünglich. Un-philosophische Haus- und Parkwarte haben diese Ermahnung jedoch seit je falsch verstanden und «Rasen betreten verboten» daraus gemacht. Übrigens steht der Slogan nicht selten auf Kies-wegen, was auf diesen früheren Sinn hinweist.

Wie kann man ein Fussballfeld veranschaulichen?

Herr Erich M. aus Worb schreibt, aus seiner Sicht sei es eine «reichlich fragwürdige Modeerscheinung», Flächenangaben aller Art mit Fussballfeldern zu veranschaulichen. So stand neulich im «Bund», das neue Verwaltungsgebäude am Berner Guisanplatz habe eine Nutzfläche von 60 000 Quadratmetern – was rund neun Fussballfeldern entspreche. Wenn schon, müsste man mit der Veranschaulichung laut Herrn M. noch einen Schritt weitergehen: Für jeden der 2000 Arbeitsplätze stünden demnach 0,0045 Fussballfelder zur Verfügung.

Herr M., wie recht Sie haben! Warum braucht es die Masseinheit Fussballfeld, wo wir doch bereits über perfekte Flächenmasse verfügen? Nehmen wir die gute alte Hektare. Die ist quadratisch mit einer Seitenlänge von 100 Metern. Und 100 Meter sind anschaulich – das ist die Strecke, die bei einem 100-Meter-Lauf zurückgelegt wird. Vor allem kann man mit einer Hektare gut rechnen: Sie enthält 10 000 Quadratmeter (100 Meter mal 100 Meter), und 100 Hektaren ergeben einen Quadratkilometer oder eine Million Quadratmeter. Ein Standardfussballfeld dagegen ist, obschon rechteckig, zahlenmässig ziemlich unrund: 105 Meter mal 68 Meter ergibt 7140 Quadratmeter.

Als letzten Herbst in Istanbul der neue Flughafen eröffnet wurde, stand in den Zeitungen, das Gelände mit einer Fläche von 76,5 Millionen Quadratmetern entspreche 10 000 Fussballfeldern. Hmm. Wie bitte soll man sich 10 000 Fussballfelder vorstellen? Nebeneinander? Hintereinander? Aufeinandergeschichtet? Dagegen sind 76,5 Quadratkilometer geradezu superanschaulich. Ob man dabei an einen 76,5 Kilometer langen und 1 Kilometer breiten Streifen denkt oder – mithilfe eines Taschenrechners – an ein Quadrat mit 8,7 Kilometern Seitenlänge, ist egal.

Klar, wirklich trivial ist es nicht, sich einen Kilometer bis ins letzte Detail vorzustellen. Die ersten Meter sind einfach. Aber wie soll man sich ein Bild machen von der ganzen Strecke? Doch wieder mit Fussballfeldern? Ein Kilometer entspricht 9,5 aneinandergereihten Spielfeldern. Dann bleibt noch die Frage, wie man 9,5 veranschaulichen kann. Und da ist die Antwort verblüffend einfach: 9,5 Zentimeter entspricht der Länge von zwei Streichhölzern.

Kein Klimawandel im nebligen Seeland?

Leser R. Z. aus Aegerten erheischt von der Askforce Auskunft in Sachen Klimawandel. Damit liegt er richtig. Globale Megatrends gehören zu unseren Kernkompetenzen, vor allem, wenn sie umstritten sind. «Als Seeländer», schreibt Herr Z., habe er bei der Fahrt über den Frienisberg auf einer digitalen Anzeige in Murzelen schon öfters eine Temperatur von +0° abgelesen. Nun sei ihm in Studen eine Anzeige aufgefallen, die eine Temperatur von −0° vermerke, schreibt Herr Z. weiter und fragt: «Kann ich aus diesem doch markanten Temperaturunterschied schliessen, dass wir im Seeland, dank der schützenden Nebeldecke, keine Klimaerwärmung zu befürchten haben?»

Der Askforce wurde fast ein wenig schwindlig ob der Wendungen in der Frage. Im Gegensatz zum Fragesteller schien uns nämlich, dass man aus einem «markanten Temperaturunterschied» sehr wohl auf einen Klimawandel schliessen müsste. Und nicht etwa auf keinen Klimawandel. Doch dann erkannten heiter gestimmte Mitglieder der Askforce: Vorsicht, Ironie. So gesehen hat der Leser recht. Null Grad bleiben etwa null Grad. Unabhängig davon, welche Vorzeichen uns die Sinne vernebeln. Ein spürbarer Temperaturunterschied ist es jedenfalls nicht. Punkto Klimaerwärmung kann also mindestens zwischen Murzelen und Studen Entwarnung gegeben werden.

Das erklärt noch nicht, warum das Thermometer einmal plus null und einmal minus null anzeigt. Als Userin ist man sich heutzutage zwar gewohnt, Gerätschaften mit allerlei nutzlosen Zusatzfunktionen zu besitzen. Herr Z. könnte also an den Temperaturanzeigen vorbeifahren, ohne sich weiter zu hintersinnen. Doch die Askforce hat Verständnis für den Fragesteller. So ein Vorzeichenwechsel ist etwas Beunruhigendes. Plus oder minus. Schwarz oder weiss. Über oder unter dem Strich. Daumen rauf oder Daumen runter. Das macht schon einen Unterschied im Leben. Nur Mut, Herr Z.! Fahren Sie weiter über den Frienisberg. Sie werden irgendwann auf der Sonnenseite ankommen. Aber nicht nullkommaplötzlich. Denn der Weg ist das Ziel.

Wie können drei Polen vier Plätze belegen?

Der Titel könnte falsche Erwartungen wecken, er klingt ein bisschen wie der Beginn eines schlechten Witzes – aber keine Angst, die Askforce gäbe sich nie dazu her, Polenwitze zu verbreiten. Sie kennt übrigens auch keine und müsste diese zuerst nachschlagen.

Also: Kürzlich setzte eine Zürcher Zeitung (die behauptet, sie sei neu, obwohl sie schon ein beträchtliches Alter aufweist) bei der Berichterstattung über das Skispringen den Titel «Tränen beim polnischen Wunder» sowie die Unterzeile «Kamil Stoch gewinnt die Vierschanzentournee, drei Polen belegen die ersten vier Plätze», was einen aufmerksamen Zeitgenossen im Berner Oberland derart aufscheuchte, dass er zu Stift und Papier griff und sich vertrauensvoll an uns wandte: «Haben die polnischen Schanzenspringer die breiteren Hintern, sodass sie zu dritt vier Podestplätze belegen können?», fragt Herr St. aus Tsch.

Zunächst möchten wir vor den tollkühnen Skispringern, die landauf, landab mit zusammengekniffenen Hintern kopfvoran über die Bakken sausen, den Hut ziehen – das wäre nichts für uns. Wir haben es nie über uns gebracht, eine Schanze als Chance zu betrachten. Die Frage an und für sich ist einfach zu beantworten: Die Oberfläche eines Podestplatzes misst grosszügig geschätzt 50 mal 50 Zentimeter. Normalerweise gibt es nur drei Podestplätze, es kommt aber vor, dass man vier hinstellt, wenn Ex-aequo-Rangierungen vorliegen. Vier Podestplätze haben demnach eine Fläche von 1 m^2 – das entspricht in etwa hundert

Sandwiches, wenn wir den dafür verwendeten Brotscheiben eine ungefähre Oberfläche von 100 cm² zubilligen.

Nun ist es so, dass in verschiedenen Berner Bäckereien täglich grössere Mengen als hundert Sandwiches belegt werden, und wir glauben, zu der Annahme berechtigt zu sein, dass keineswegs in allen Fällen gleich drei Mitarbeitende dafür abgestellt werden. Der Pool dieser Mitarbeitenden wird im Bäckerjargon gerne als Belegschaft bezeichnet. Wenn also drei Polen vier Podestplätze belegen, ist dies eine komfortable Situation, denn das wären ja nur 33 ⅓ Sandwiches pro Mann. Das ist innert nützlicher Frist zu schaffen und kein Wunder und müsste auch nicht mit Tränen begossen werden. Ein breites oder schmales Gesäss hat darauf, anders als Herr St. meint, überhaupt keinen Einfluss. Nur auf die Grösse der Wurst-, Käse- und Gurkenscheiben kommt es an. Der erwähnte Zeitungsartikel hat jedoch einen schweren Mangel: Es wird verkündet, dass die Polen vier Plätze belegen, doch womit? Womit nur in drei Teufels Namen? Auf die drängendste Frage gibt der Journalismus wieder einmal keine Antwort.

Warum ist Wasserlösen eine Panne?

Lange hatte B. S. aus S. Hemmungen, sich mit dieser Frage an die Askforce zu wenden. Das kürzlich behandelte Thema – wie klingt ein transsexueller venezolanischer Lustknabe? – habe sie nun dazu ermuntert, ihre Anfrage einzusenden. Ihr sei ein Phänomen aufgefallen, das ihr zu denken gebe. Bei ihren Fahrten auf der A1 habe sie mehrmals Männer auf dem Pannenstreifen «in eindeutiger Position» gesichtet, schreibt sie. «Rechts neben dem Auto stehend, Rücken zur Fahrbahn, gegrätschte Beine, rechter Arm irgendwie. Ich bin mir sicher, was sie taten.» Daher ihre Frage: «Warum ist Wasserlösen plötzlich eine Panne?» Sie sei bisher davon ausgegangen, dass es sich um eine Erleichterung handle.

Sie haben natürlich recht, Frau S. Um eine klassische Autopanne handelt es sich beim Akt des Wasserlösens nicht. Wenn schon Panne, dann müsste man vielmehr von einer Planungspanne sprechen. Denn während die sich ebenfalls im Auto befindende Schwester, Partnerin, Frau oder Schwiegermutter jeweils kurz vor einer Raststätte Alarm schlägt, empfinden viele Männer solche «Bisi-Stopps» als unnötig. Statt während des Halts selber eine Toilette aufzusuchen, trinken sie an der Bar lieber einen harntreibenden Kaffee oder ein noch harntreibenderes Bier. Kaum zurück auf der Autobahn, meldet sich dann die Blase. Während es ihm vorerst gelingt, den Gedanken zu verdrängen, kann er bald nur noch an tropfende Wasserhähnen, den Grimsel-Stausee und die Niagara-Fälle denken. Bevor es also zur Katastrophe kommt, heisst es: auf den Pannenstreifen ausweichen und sich erleichtern!

Die Askforce weiss aber, dass nur ein kleiner Teil der wasserlösenden Männer auf den Pannenstreifen aus Unvermögen, die eigene Blasenaktivität einzuschätzen, handelt. Die meisten Männer «in eindeutiger Position», um es in Ihren Worten auszudrücken, sind schlicht und einfach der französischen Sprache mächtig. Auf Französisch ist ein Pannenstreifen viel mehr als nur ein simpler Pannenstreifen. Man spricht von einem «bande d'arrêt d'urgence», frei übersetzt ein Anhaltestreifen für dringliche Angelegenheiten. Und das Leeren einer übervollen Blase kann mit Fug und Recht als äusserst dringliche Angelegenheit bezeichnet werden.

Zwar sieht die Polizei solche Aktionen nicht gerne, toleriert sie aber mittlerweile. Denn auch ihr ist bewusst, dass ein «Verklemmen» zu üblen Unfällen führen kann. In den Medienmitteilungen steht in solchen Fällen jeweils nur: «Das Auto kam aus noch zu klärenden Gründen von der Fahrbahn ab.» Und da würde auch ein Pannenstreifen nicht mehr helfen, liebe Frau S.

Existenzielle Frage aus dem Duschraum

Wenn es Fragen gibt, welche die Askforce liebt, dann sind es die existenziellen. Mit einer solchen gelangte der in Bern wohnhafte H. S. an das Gremium. «Weshalb sind die meisten Dusch-Shampoos in schmale und hohe Behälter abgefüllt und müssen daher dreimal pro Duschgang umfallen?» En passant gibt sich der Fragesteller als stiller Bewunderer der Askforce zu erkennen: «Eine Antwort dazu wäre echte Lebenshilfe in der besten Tradition der Askforce.» Doch wir wollen uns nicht in Lob suhlen, sondern zielstrebig die Lebensqualität von Herrn S. verbessern.

Der Blick auf die Problematik mit der Brille der Konsumentenschützerin fällt allerdings ernüchternd aus. Bei den schmalen Behältern handelt es sich um einen alten Verpackungstrick. Indem sie die Shampoos immer mehr in die Länge ziehen, können die Hersteller erfolgreich kaschieren, dass sie für den gleichen Preis den Kunden laufend weniger Menge verkaufen. Wer macht sich schon die Mühe, Höhe, Breite und Tiefe zu messen, daraus das Volumen zu berechnen und dann zu vergleichen? Im Fachjargon heisst das hier beschriebene Phänomen Profitsteigerung auf dem Buckel unaufgeklärter Konsumenten.

Für den Sozialhistoriker greift dieser Ansatz zu kurz. In seiner Interpretation geht die unpraktische Form der Reinlichkeitsbehälter zurück auf jene archaischen Zeiten der Menschheit, wo der Kampf um den Ball auf dem Platz seine Fortsetzung unter der Dusche fand. Sobald der Behälter sein Gleichgewicht zu verlieren drohte, waren Dutzende Hände bereit, ihn aufzufangen. Damit das Spiel überhaupt funktionieren konnte, musste das

Shampoo möglichst instabil sein. Antrieb dieses Wettkampfes war nicht nur die Spiellust, sondern auch die damals weit verbreitete materielle Knappheit. Nur wenige konnten sich den Besitz von Dusch-Shampoos leisten.

Weil die Geschichte oft den einmal vorgespurten Pfaden folgt – Historiker gaben dieser Beobachtung den klangvollen Namen «Pfadabhängigkeit der Geschichte» –, sind Duschbehälter heute schmal und hoch. Der praktische Nutzen dahinter ist jedoch längst obsolet.

Und wer bekommt die Stelle?

Besonders wichtig bei einer Bewerbung ist der Eindruck, den man hinterlässt, zumal der erste, der später nicht mehr durch einen noch ersteren ersetzt werden kann. Darum muss man den Text eines Stelleninserates genau studieren, was unser Fragensteller getan hat, der sich für die Stelle eines Stufenschulleiters bewerben will, aber nicht sicher ist, ob er eine Chance hat. Es wird nämlich nicht wenig verlangt: «Verständnis für strategische und konzeptionelle Zusammenhänge mit Fähigkeit, die strategischen Absichten in der operativen Führung mit dem Instrument von Zielen umzusetzen.» In diesem Satz ist alles drin: So wie es für einen Kuchen Eier und Schmalz, Zucker und Salz, Milch und Mehl sowie Safran braucht, um den Kuchen gehl zu machen, so benötigt man für seine Arbeit Verständnis, Zusammenhänge, Fähigkeit, Absichten, Führung, Instrument und Ziele, das leuchtet ein. Sonst wird das nichts mit dem Stufenschnitt, oder was auch immer die Aufgabe eines Stufenschulleiters genau ist (dazu später mehr).

Herr Z. fragt sich, ob er eine Chance hat, wir sind zuversichtlich. Wer sich an uns wendet, kann so dumm nicht sein, denn sonst würde er ein anderes Gremium anschreiben, das ihm irgendeinen Humbug vorsetzt. Da Herr Z. schreibt, er wäre um eine rasche Antwort dankbar, ziehen wir seine Frage zeitlich vor, wir behandeln sie also ähnlich wie eine dringliche Motion in einem Ratsbetrieb.

Gestolpert ist Herr Z. noch über einen zweiten Punkt: Es steht nämlich im Inserat, es sei eine «authentische, verantwortungsbewusste, kommunikative sowie team- und konfliktfähige Persönlichkeit» mitzubringen. Nun runzelt sich die Stirn des Lesers: «Wo finde ich schnell eine solche, und wer bekommt dann die Stelle, ich oder die mitgebrachte Persönlichkeit? Oder gar beide? Gesucht werden nämlich vier Stück!» Natürlich könnten Sie einfach auf das Personal der Askforce zurückgreifen, wir sind echt und ungezwungen, können stufengerecht schreiben und haben gerne Teamkonflikte. Nur besteht dann das Problem, dass wir die Stelle erhalten, wir wollen sie aber nicht.

Wir raten darum dazu, jemanden mitzunehmen, der in seiner bisherigen Laufbahn bereits bewiesen hat, dass es ihm keine Mühe bereitet, Projekte von dieser Grössenordnung erfolgreich in den Sand zu setzen. Vielleicht jemand, der beim Bund ein Informatikprojekt betreut hat. So einer ist sicher auch als Stufenschulleiter geeignet – was muss man schon gross tun? An einer Wand lehnen, die Sprossen trocken halten und schauen, dass keine Schüler untendurch spazieren, das brächte Unglück.

Warum können Journalisten nicht rechnen?

Zwischen April und Mai sei in der Schweiz die Anzahl neuer Daueraufenthaltsbewilligungen für Angehörige der EU-8-Staaten von 195 auf 989 gestiegen und habe so «um nicht weniger als das Fünffache» zugenommen: Dieser Satz, unlängst im «Bund», hat die kleinen grauen Zellen, die im Gehirn von Leser S. Huber aus H. eine Daueraufenthaltsbewilligung geniessen, sehr provoziert: «Das Fünffache von 195 ist 975. Wenn die Anzahl von 195 um das Fünffache zunimmt, ergibt dies 1170», korrigiert Herr Fakten-Huber. Er verweist auf einen Volksvertreter, der es besser gemacht habe als der Journalist und bei den genannten Zahlen richtigerweise von einer «Verfünffachung» gesprochen habe – auch wenn jener Volksvertreter sonst nicht so auf seiner Linie liege. Dauernd würden in den Zeitungen «Bestand und Zunahme verwechselt», klagt der Leser, und fragt: «Warum können Journalisten nicht rechnen?»

Zunächst: Es stimmt. Journalistinnen und Journalisten können tatsächlich nicht rechnen. Das zeigt sich allein schon an ihrer Berufswahl. Den Journalistenberuf ergreift man nicht um des Salärs willen, o nein, sondern vielmehr aus Freude. Denn sonst würde man eher Börsenbrokerin oder Anästhesie-Facharzt. Wer aber von Anfang an etwas so ganz und gar Immaterielles wie die Freude als integralen Lohnbestandteil akzeptiert, wird dann nicht ausgerechnet beim knallharten Prozentrechnen auftrumpfen. Das leuchtet so weit ein, oder, Herr Huber?

Und jetzt zu Ihrer Frage nach dem Warum: Warum nur können Journalisten nicht rechnen? Die Askforce vermutet frühe Kindheits-Traumata durch erzwungenes Kopfrechnen in der Volksschule, die später durch empfindliche Niederlagen in der mündlichen und schriftlichen Mathematik-Matura erneut durchlebt und nochmals verstärkt wurden: Statt Note 6 gabs eine 3. Somit erhöhte sich die Wahrscheinlichkeit, als nachmalige Journalistin, als nachmaliger Journalist bei der Berichterstattung über Zahlen zu patzern, um nicht weniger als 50 Prozent. Was zu beweisen war.

Fragen aus dem Tierbuch

Hunden vorlesen – ist das noch normal?

Die Kornhausbibliothek Bern hat seit kurzem einen Heuler im Sortiment. Das neue Angebot heisst Leseförderung mit Hund. Die Idee ist simpel: Kinder, die es stresst, wenn sie Erwachsenen vorlesen müssen, dürfen sich einen Hund vorknöpfen. Am 7. April hat der «Bund» kurz über dieses Projekt berichtet. Gleichentags traf die E-Mail von Martin B. aus Wimmis ein: «Einem Hund vorlesen – ist das noch normal?», fragte er. Und: «Was bringt das dem Hund? Und was passiert, wenn das Kind vor dem Hund mehr Angst hat als vor dem Lehrer? Oder wenn der Hund gerade einen besonders haarigen Tag eingezogen hat?»

Im Nachhinein ist klar: Der «Bund» hat die Tragweite des Themas nicht erkannt. Darum danken wir Ihnen für Ihre Fragen, Herr B. Eine kleine Nachrecherche hat ergeben, dass die Faktenlage stimmt. Einem Flyer ist zu entnehmen, dass die beiden Berner Sennenhunde Faya-Mia und Whitney Djune am 5. April «zu Gast» waren in der Bibliothek und Schüler ihnen vorlesen durften. Das Ziel des Angebots wird so umschrieben: «Freude am Lesen wecken (…) und Lesehemmungen abbauen.» Und zum Projekt heisst es, die Hunde würden «geduldig zuhören, ohne Mimik und Gestik». Während des Lesens werde das Kind nicht korrigiert und nicht unterbrochen.

Wir haben den leicht subversiven Unterton in Ihrer Zuschrift durchaus bemerkt, Herr B. Wir spüren, worauf Sie hinauswollen. Sie finden die ganze Geschichte irgendwie verrückt, selbst dann, wenn es den Kindern etwas bringt. Und wissen Sie was? Wir geben Ihnen recht. Natürlich handelt es sich nicht um

Tierquälerei. Jedenfalls nicht im eigentlichen Sinn. Niemand versetzt den Hunden Tritte. Ihnen scheint dies alles sogar Spass zu bereiten. Aber trotzdem oder gerade deshalb: Werden die Hunde nicht für dumm verkauft? Und die Kinder, die ihnen vorlesen, auch? Wie wäre es, wenn das Kind, das unter einer Lesehemmung leidet, wenigstens einem Hund mit mangelnder Beisshemmung vorlesen müsste? Dann herrschte wenigstens Therapie-Symmetrie.

Allerdings sind Hunde es ja gewohnt, dass der Mensch sie seit jeher auf mannigfaltige Weise braucht und missbraucht: zum Beispiel als Hirten-, Wach-, Jagd-, Schoss-, Polizei-, Lawinen-, Minensuch-, Blinden-, Therapie- und – neuerdings – als Lesehunde. Das meiste geht in Ordnung. Ein Hirtenhund zum Beispiel kann sich nicht nur nützlich machen, er kommt auch selber auf seine Rechnung: Er bewegt sich im Freien, hechelt von einen Rand der Schafherde zum anderen; er bellt, knurrt und kackt, wann, wo und wie es ihm beliebt. Aber ein Lesehund? Einfach ruhig dasitzen und die Schnauze halten? Ein kleines Goodie steht ihm jedoch zu: Für dieses Projekt «darf» der Hund sich in den Bibliotheksräumen aufhalten, heisst es auf dem Flugblatt. Immerhin das.

Eines aber bleibt rätselhaft: Warum heissen die Lesehunde ausgerechnet Faya-Mia und Whitney Djune? Wird mit solchen Namen Lesehemmung nicht eher auf- statt abgebaut?

Vom Unsinn, Gold zu hamstern

Die festtägliche Konsumwut ist zwar abgeklungen. Aber Vreni D. aus B. nervt sich noch immer über die Hamsterkäufe in süddeutschen Supermärkten. Herr und Frau Schweizer seien dort wieder eingefallen, als herrsche hierzulande Hunger und bitterste Armut. Dabei gehe es nur um eines: um Gier.

Gut möglich. Weil im süddeutschen Detailhandel ausschliesslich Goldhamster angeboten werden und weil die Hamsterpopulation in der Schweiz nicht wirklich zunimmt, besteht tatsächlich Grund zur Annahme, dass es vor allem die Gier nach Gold ist, die zu den exzessiven Hamsterkäufen führt. Genaue Zahlen existieren aber nicht. Es ist übrigens gar nicht restlos geklärt, ob der Import von Goldhamstern den gesetzlichen Bestimmungen über den Edelmetallhandel unterstellt ist.

Die Askforce begegnet dem Phänomen aber so oder so mit Skepsis. Die Goldgewinnung aus Hamstern ist nicht wirklich erfolgversprechend. Zwar trifft es zu, dass in der Körperzusammensetzung etlicher Säuger Gold in kleinen Mengen nachzuweisen ist. Beim Menschen sind es gemäss den Studien von John Emsley (Clarendon Press, Oxford, 1998) rund 0,2 Milligramm auf 70 Kilogramm Körpergewicht. Auch ohne Zahngold steckt also in jedem von uns ein 24-karätiges Goldwürfelchen von rund 0,1 Millimeter Seitenlänge. Übertragen auf Goldhamster müssten etwa 2,5 Millionen Nager ins Gras beissen, um zu einem Gramm Gold zu kommen. Beim gegenwärtigen Handelspreis für Hamster ist dies ein echt sinnloses Unterfangen.

Das Hamstern von Gold tierischen Ursprungs gilt in unserem Kulturkreis als moralisch verwerflich. Die Askforce möchte aber die vielen schweizerischen Hamsterkäufer nicht vollends vor den Kopf stossen und schlägt einen konstruktiven Ausweg vor. Falls die Goldgewinnung nur noch als Nebenaspekt der Hamsterverwertung betrachtet wird, verändert sich die Gesamtsicht. Ein Ausweg wäre, den Hamster als Proteinquelle zu akzeptieren und dessen Zubereitung der hiesigen Küche anzupassen. Das bekannte Szegediner Hamstergulasch ist eher zu deftig. Thüringer Hamsterschnitzel oder Hamsterkräuterrollen, Rezepte, die in der geduldigen Welt des Internets herumdümpeln, dürften dem hiesigen Gaumen eher entsprechen. Aber Achtung: Es ist kein kulinarischer Gewinn, Goldhamster mit Silberfischchen abzuschmecken.

Ist unsere Bindung zu Zecken
enger als jene zu Wölfen?

Leserin L. S. aus Bern bezieht sich in ihrer Zuschrift auf die Berichte aus dem Wallis von letzter Woche. In Leuk waren 25 Lämmer von Zecken regelrecht «totgesaugt» worden, wie es in den Boulevard-Medien hiess. Diese Geschichte habe sie – «wie viele andere Leserinnen und Leser auch» – «enorm betroffen» gemacht. Und genau deshalb sei sie erstaunt, dass nicht schon auf höchster Ebene der Abschuss von Zecken gefordert werde. «Warum nicht?», fragt Frau S. und schiebt eine Vermutung nach: «Haben wir Menschen vielleicht eine engere emotionale Bindung zu Zecken als zu Wölfen?»

Frau S., Sie stellen hier eine der schwierigsten Fragen überhaupt: Was ist das Gute, was ist das Böse? Als erwachsene Menschen wissen wir: Die Welt ist nicht das Paradies, in dem Löwen neben Giraffen auf der gleichen Wiese grasen, auf der die perfekte Familie (mit klar heterosexuell ausgerichteten Eltern) picknickt. Die reale Welt ist gnadenlos. Oder wie es da und dort heisst: Das Leben ist kein Ponyhof. Wobei wir diesen Vergleich nicht besonders geglückt finden. Besser wäre: Das Leben ist kein Streichelzoo.

Also, was steht uns wirklich nahe? Denken Sie an einen Naturfilm, Frau S.: Er beginnt mit einer Wölfin, die ihre Wölflein umsorgt. Sie ist abgemagert. Nun bricht sie auf, streift durch Walliser Wälder. Was hoffen Sie, Frau S.? Bestimmt dies: dass die Wölfin ihre Zähne endlich in ein fettes Schaf schlagen kann. Nächster Film: Ein Mutterschaf und ihr Lämmlein nächtigen oberhalb von Leuk auf einer Magerwiese. Beide haben Angst und blöken, denn ein Wolf geht um. Was wünschen Sie sich, Frau S.? Wohl dies: dass der Walliser Bauer endlich mit der Pump-Gun auftaucht. Dritter Film: Eine Zeckenmutter beklagt eine gewisse Blutarmut. Was fühlen Sie, Frau S.? Vierter Film: Eine Grashalmmutter …

Was wir damit sagen wollen: Alles und jedes kann uns «enorm betroffen» machen – je nach Blickwinkel. Hier kann die biologische Systematik helfen, uns emotional richtig zu positionieren. Als Spinnentiere sind Zecken mit uns nur sehr entfernt verwandt. Wölfe dagegen sind Säuger; daher müssen wir sie schon fast als Cousins bezeichnen. Schwieriger wird es, wenn es um Wölfe, Schafe oder Ziegen geht. Sie sind uns alle gleich nah verwandt. Das bedeutet, Frau S., man muss sich entscheiden, wohin man emotional kippen will – wie im Märchen «Der Wolf oder die sieben Geisslein».

Haben Nacktschnecken kein Schamgefühl?

Herr S. Z. aus B. ist kein Mann der unnötigen Worte. In seinem Schreiben an die Askforce kommt er ohne Umschweife auf den Punkt: «Besitzen Nacktschnecken eigentlich ein Schamgefühl?» Wir möchten uns für diese kurze und präzise Art des Fragenstellens bedanken, Herr. Z. Sie geben uns die Möglichkeit, bei der Beantwortung ein wenig ausholen zu dürfen. Dies, weil wir unseren sowieso eher beschränkten Platz nicht zur Hälfte mit der Wiedergabe einer langen Frage füllen müssen. Gerade Fragen, bei denen es um die Psyche von Mollusken geht, verlangen vertiefende Informationen.

«Als Nacktschnecken werden Schnecken bezeichnet, die ihr ursprüngliches Gehäuse weitgehend reduziert haben. Sie können sich nicht mehr zum Schutz in ihr Gehäuse zurückziehen», heisst es auf Wikipedia. Weiter steht dort, dass dieser Evolutionsschritt – er fand vor zig Millionen Jahren statt – in verschiedenen Schneckengruppen erfolgte. Bei einigen Schneckenarten mag diese Rückbildung durchaus Sinn gemacht haben. So zum Beispiel bei der im Meer lebenden Nudibranchia. Ein Gehäuse würde sie beim Baden nur stören. Das wäre so, wie wenn Sie, Herr Z., mit Anzug und Krawatte Ihre Längen schwimmen würden.

Anderen Nacktschnecken macht diese Entwicklung hingegen zu schaffen: So versteckt sich die braune Rucksackschnecke tagsüber in Erdröhren, und der schwarze Schnegel lebt abgeschieden im Wald. Sie tun dies sicher auch, um sich vor Feinden zu schützen. Der Hauptgrund ist aber ein anderer: Die Tiere wollen nicht, dass wir sie so nackt und hilflos zu Gesicht bekommen. Womit Ihre Frage beantwortet wäre: Ja, Nacktschnecken haben ein Schamgefühl, ein äusserst ausgeprägtes sogar. Und wagen sie sich dann doch einmal aus ihrem Versteck, werden sie nach Strich und Faden gedemütigt: Sie werden von Igeln gefressen, von Velofahrerinnen überrollt oder von Gärtnern entzweit, was dem Selbstwertgefühl nicht eben zuträglich ist.

Am schlimmsten ist für Nacktschnecken aber, dass sie immer von ihren behausten Verwandten ausgelacht werden. Dabei könnten sich gerade Weinbergschnecken eine Scheibe vom Schamgefühl ihrer nackten Brüder und Schwestern abschneiden. Oder gefällt es Ihnen etwa, wenn Weinbergschnecken im Frühling absolut hemmungslos zu dritt, viert oder sogar fünft kopulieren? Da stellt sich die Frage, warum sie sich für dieses unanständige Treiben nicht in ihr Haus zurückziehen. Aber das, Herr Z., können Sie uns ja ein andermal fragen.

Synchronguckerinnen auf der Weide

«Warum schauen Kühe immer alle in dieselbe Richtung, wenn sie am Grasen sind?» Diese Frage legt uns Frau K. S. aus M. in Frankreich vor. Montpellier, dies nur z. K., liegt im lieblichen Languedoc. Dort ist der Kuhanteil im Verhältnis zur menschlichen Einwohnerschaft niedriger als hierzulande, dafür wird viel mehr und teils wirklich feiner Wein gekeltert. Aber reden wir über die Milchproduzentinnen: Liebe Frau S., es stimmt natürlich nicht, dass immer alle Kühe in die gleiche Richtung schauen. Aber tatsächlich ist das Gros einer mampfenden Herde meist ungefähr gleich ausgerichtet.

Tatsächlich könnte man meinen, die Kühe würden – wie wir es gerne in Strassencafés machen – einfach in aller Ruhe «eis zieh», dabei die Passanten studieren und genüsslich über deren Gang, Kleidung und Auftreten ablästern. (Etwa so: Erika, Stern, Bläss, Panthera und Enzian stehen verträumt wiederkäuend am Bergweg. Auftritt schwitzende, schnaufende Joggerin. Enzian: «Die kam hier schon gestern fast nicht hoch. Warum tut sie das jetzt schon wieder?» Panthera: «Vielleicht ist ihr Muni da oben?» Bläss, den Inhalt ihrer vier Mägen sortierend: «Hi, hi.» Enzian: «Ach Kabis, die fühlt sich verfolgt oder so.» Erika: «Und wie die wieder angezogen ist. Müssen die Menschinnen eigentlich immer Pink tragen, wenn sie über die Weide springen?» Bläss: «Hi, hi!» usw.) Ganz lustig, aber leider total realitätsfern.

Die Askforce hat sich zu Recherchezwecken ins Wallis begeben und dort den Eringer Königinnen, den stolzesten Kühen der Schweiz, beim «Stechen» zugeschaut. Und dabei festgestellt, dass die Rindviecher wohl nicht aus niederer Klatschsucht, sondern als friedenserhaltende Massnahme auf der Weide meist nebeneinander stehen. Solange die schwarzen Schönheiten nämlich Seite an Seite herumlungerten, tat sich im Sägemehlring meist nicht viel. Ein Kampf bahnte sich in der Regel erst dann an, wenn sich zwei Kühe plötzlich gegenüberstanden – dann ging es aber ab. Derweil schauten all die Menschen in der Naturarena mehr oder weniger in die gleiche Richtung. Auch hier mit beruhigender Wirkung: Ohne Blickkontakt zum Gegner beliessen es die Ober- bzw. Unterwalliser beim Schmerzgebrüll, wenn eine Kuh aus ihrer wunderschönen Region von einer aus dem tristen andern Kantonsteil in die Flucht geschlagen wurde.

Jetzt bloss nicht aufbrausen, liebe Freundnachbarn! Natürlich lässt sich das Phänomen des coolen Nebeneinanders und hitzigen Vis-à-vis auch in der «Üsserschwiiz» beobachten. Kürzlich etwa hockten in Burgdorf 50 000 bärenstarke Männer aus der ganzen Schweiz um ein paar Hampfelen Sägemehl herum und glotzten friedlich auf den gleichen Punkt. Nur wenn sich zwei plötzlich im Ring gegenüberstanden, ging es ab.

Was mache ich gegen die lästige Fliegenplage?

Frau Barbara S. aus Gümligen möchte zu dieser hochaktuellen Frage Rat und Tat von der Askforce. Das Gremium, angesichts der Brutofenhitze selbst am Anschlag, war nur mässig erfreut, über der Frage brüten zu müssen und damit noch mehr Hitze zu produzieren.

Immerhin liefert Frau S. selbst einige Ideen, die allerdings für sie nicht in Frage kommen. Als Schützerin der Schöpfung könne sie die Fliegen schlecht erschlagen. Dies würde ihr auch nur schlecht gelingen, da sie in dieser Disziplin über keine Qualitäten verfüge. Ihr Hund sei zu alt und zu langsam, um die Fliegen zu fressen. Schliesslich findet Frau S. die von der Decke hängenden klebrigen Streifen unästhetisch und brutal. Sie fleht die Askforce an, sie aus diesem «moralischen und vor allem quälenden Dilemma» zu befreien.

Eine genaue Analyse ihrer Vorschläge zeigt allerdings, dass die Moral von Frau S. sehr einseitig konstruiert ist. Sie lässt den Eindruck entstehen, als täte sie nicht einmal der kleinsten Fliege etwas an. Hingegen wäre es durchaus legitim, wenn ihr Hund die lästigen Fliegen frässe. Wie wird denn hier die Schöpfung bewahrt: Herrin will nicht schlagen, Hund dürfte fressen? Aus diesem Dilemma gibt es nur einen Ausweg: Sie müssen selbst ran, Frau S. Damit tun Sie gleichzeitig etwas für Ihre Gesundheit. Fliegen sollen ja wie andere Insekten viel Eiweiss enthalten.

Um die Fangquote zu erhöhen, schlagen wir Ihnen vor, die Gesichtsmuskeln ausgiebig zu trainieren. So können Sie Ihren Mund möglichst lange in offener Fangstellung belassen. Für die

Nacht wäre die Anschaffung einer kleinen Lampe zu überlegen. Sie könnte behelfsmässig im Mund montiert werden und würde die Fliegen anziehen. Fragen Sie Ihren Zahnarzt um Hilfe bei der Montage. Und falls Sie mit dieser Methode der heuer laut Ihren Angaben unerträglichen Fliegenplage Herrin werden: Erzählen Sie es Ihren Nachbarn.

Rassenfrage in der Hundeschule

Herr K. aus Bolligen weiss nicht mehr weiter. Seine Ratlosigkeit wurde durch ein wundersames Erlebnis ausgelöst, das ihm bei einer Wanderung auf dem Amiet-Hesse-Weg rund um Oschwand widerfahren ist. Sein Weg führte ihn an einem Hof vorbei. Der dort ansässige Schäferhund habe Herrn K.s Wandergruppe angebellt, sie aber unversehrt passieren lassen. Ganz anders die Tafel vor dem Hof. Die hat sich tief in die Gedanken des heutigen Fragestellers verbissen. Sie macht auf den «verantwortungsvollen Hund» aufmerksam. Selbstverständlich will Herr K. nun wissen: Was für Eigenschaften muss ein Hund aufweisen, damit er das Prädikat «verantwortungsvoll» verdient?

Die Antwort auf diese Frage greift tiefer, als sie vermuten lässt. Wir müssen bei der Gesamtheit aller Tiere beginnen. Denn längst nicht jeder unserer animalischen Freunde ist dazu gemacht, Aufgaben und somit auch Verantwortung zu übernehmen. Nehmen wir den Blauwal. Seine körperliche Beschaffenheit sowie sein natürlicher Lebensraum attestieren ihm keinen Ruf als Machertyp. Wenn wir ihm die Verantwortung für eine Schafherde überlassen würden, würde der Body-Mass-Index schweizerischer Wölfe stark steigen. Nein, vom Blauwal ist wirklich nichts zu erwarten. Genauso wenig lässt sich das Rhinozeros in jegliche Befehlsketten einbinden. Würden wir ihm auftragen, uns morgens die Zeitung ans Bett zu bringen, müssten wir gleich mehrere Monatslöhne für den Ersatz von Einrichtungsgegenständen abdrücken.

Beim Hund ist das anders. Durch Jahrhunderte der erfolgreichen Domestizierung ist er in der Lage, einfache Arbeiten zu übernehmen. Nun kommt Herrn K.s Frage ins Spiel. Denn seine Irritation über die Frage des kynologischen Verantwortungsbewusstseins ist mehr als berechtigt. Der sogenannte beste Freund des Menschen lässt uns über seine Leistungsausweise und Qualifikationen meist völlig im Dunkeln. Solange Hunde im Einsatz entsprechende Zertifikate nicht mit sich führen, können wir unmöglich wissen, ob sie ihre Verantwortung nun wahrnehmen oder gar ihre Kompetenzen überschreiten. Dieser Missstand ist eng mit einem anderen Missstand verbunden. Das Bildungsniveau unter Hunden ist erschreckend tief. Selbst in akademischen Hochburgen wie der Schweiz haben die meisten Hunde selten mehr als die Grundausbildung absolviert.

Dieses Bildungstief rührt nicht von mangelndem Intellekt der Vierbeiner. Der Hund liegt woanders begraben. Das hündische Bildungssystem ist stark durch Rassismus geprägt. Wer ein falsches Fell trägt, hat keine Chancen auf Ausbildung. Expertenwissen wird der Speerspitze der pelzigen Schöpfung vorbehalten. Dem Labrador stehen Führungspositionen als Blindenhund offen, und Schäferhunde machen Karriere bei der Polizei. Es sind Ausbildungszweige, die beispielsweise dem Chihuahua auch im 21. Jahrhundert noch immer verwehrt bleiben – aus offensichtlich rassistischen Motiven. Solange das Bildungswesen für Hunde solch rückständiger Praxis unterliegt, wird über das Verantwortungsbewusstsein dieser Gattung auch weiterhin nicht viel in Erfahrung zu bringen sein.

Was ist eine Geflügel-Manufaktur?

Jüngst ist einer unserer Leser über eine Homepage gestolpert, die nach einer modernisierenden Überarbeitung nichts weniger als ein «neues Look & Feel» versprach. Von den «Briefschaften» bis zur Fahrzeugbeschriftung präsentiere sich die Firma «mit einem rundum neu gegriffenen optischen Gesamtauftritt». So rapportiert uns der Leser B. aus W. und kommt dann zum springenden Punkt.

«Beim Unternehmen, welches seinen Sitz im Seeland hat, handelt es sich um eine ‹Manufaktur für Swiss Premium Chicken›. Ich bin seit langer Zeit ein Anhänger der Handarbeit. Gerne würde ich selber auch Geflügelprodukte von Hand herstellen. Meine bisherigen Versuche aus Lehm, Quark und Holzspänen sind aber fehlgeschlagen. Können Sie mir weiterhelfen, liebe Askforce? Ich bestehe nicht auf Premium-Qualität.»

Ein Teil der Askforce zeigte sich von der Tatsache überrascht, dass neuerdings im Seeland nicht nur Uhrenmanufakturen, sondern auch «Geflügel-Manufakturen» ansässig sind. Zwar weisen Uhren und Geflügel durchaus Parallelen auf, die Minuten- und Stundenzeiger entsprechen z. B. den zwei Flügeln. Teilweise sind Uhren und Geflügel sogar aus den gleichen Bestandteilen – nämlich aus Federn – zusammengesetzt. In der Uhrenmanufaktur werden aber die Federn in das Uhrwerk hineinmontiert, während in der «Geflügel-Manufaktur» die Federn abmontiert werden. Das schliessen wir zumindest aus dem anmächeligen Bildmaterial, welches das knusprig gebratene «hochklassige Standardsortiment» zeigt. Auf den Flügeli sind nirgends mehr

Federn zu sehen, nicht einmal mehr Flaum. Auch das Seeland geht mit der Zeit: Heute konstruiert man nicht mehr, man dekonstruiert.

Die Authentizität des Subjekts im Kontext der Postmoderne kann nur durch die radikale Dekonstruktion der Paraphernalien noch garantiert werden. Umgekehrt ist die Evolution ab ovo als legitimierender Inbegriff der Manufaktur im Federvieh-Segment als wirkungsmächtige Herangehensweise einer genauen Prüfung zu unterziehen. Wir entschuldigen diesen Ausflug in die Konstruktion der Dekonstruktion und sprechen nun Klartext.

Soll eine wirkliche Manufaktur von Geflügel erfolgen, so gibt es nur einen erfolgversprechenden Ansatz, lieber Herr B.: Beschaffen Sie sich einen Korb Eier und brüten Sie diese aus. Die Holzspäne können Sie als Streu verwenden, der Quark gibt glänzende Federn; und den Lehm bringen Sie in die Ziegelei, so haben Sie im Falle eines Dachschadens sofort Nachschub.

«Grzimeks Tierleben» umschreiben?

Zürichs Stadtpräsidentin Corine Mauch habe anlässlich der Eröffnung des Elefantenparks von «Elefantinnen» gesprochen. Dies schreibt uns Frau Barbara S. aus Solothurn – und fragt: «Muss ‹Grzimeks Tierleben› neu geschrieben werden?»

Wahrscheinlich schon, Frau S. Vielleicht nicht alle Grzimek-Bände, aber die allermeisten. Bei der Geschlechterfrage und bei der Frage, wie wir mit Tieren umgehen, ist nämlich eine Entwicklung im Gang, die sich nicht stoppen lässt. Darum dürfen wir uns keine Illusionen machen: Schon bald wird es als unfreundlich gelten, wenn Sie auf einem Spaziergang nur den Hundebesitzer grüssen.

Der Zürcher «Tages-Anzeiger» hat die Elefantengeschichte mit einer Glosse gewürdigt. Die Gleichstellungsbüros könnten nun frohlocken, steht darin, der Schwung müsse genutzt werden, um auch die anderen «Tierinnen und Tiere» aus ihrer Anonymität zu holen, nicht zuletzt den Forellerich. Das klingt witzig, wird dem Ernst der Sache aber nicht gerecht. Wir müssen endlich die Frage stellen, wer eigentlich schuld ist an diesem ganzen Schlamassel.

Und da muss man nicht bei, sondern vor Adam und Eva beginnen. Als der Schöpfer die Tiere schuf und ihnen die sexuelle Selektion mit auf den Weg gab, hätte er nach ein paar wenigen Tagen sehen müssen, dass es nicht gut war. Er hätte sehen müssen, dass das Zweigeschlechterprinzip in alle Ewigkeit hinein viel Schmerz verursachen wird (auch die überperfekten Frisuren heutiger Fussballspieler gehen letztlich auf sein Konto).

Kurz und gut: Ein umsichtiger Schöpfer, der es gut meint mit seinen Geschöpfen, hätte von allem Anfang darauf verzichtet, bei fast jeder Art noch eine zweite Modellreihe zu entwickeln. Und wenn er schon dabei gewesen wäre, Gutes zu tun, hätte er seine ersten Tiere so konzipiert, dass ihr Stoffwechsel auf Fotosynthese basiert und nicht darauf, sich andere Lebewesen einverleiben zu müssen.

Klar, Safari-Filme wären ziemlich langweilig. Löwen würden nicht aussehen wie heutige Löwen; sie hätten keine Zähne, keine Mähnen und wohl auch keine richtigen Beine, und sie sähen aufgrund der fotosynthetisch aktiven Chloroplasten eher grünlich aus. Im Prinzip wären sie Pflanzen – so wie wir. Fussballspiele wären für uns aber trotz allem sehr interessant – weil bei diesen Übertragungen ja immer viel Rasen vorkommt.

Warum begreift niemand,
dass ein Vogel nicht pfeift?

Herr P. G. aus L. ist drauf und dran, an der Menschheit zu verzweifeln. So ist es nur folgerichtig, dass er sich in dieser Situation an die Askforce wendet. Grund für die getrübte Stimmungslage unseres geschätzten Lesers: Alle sagen immer, dass ein Vogel pfeife. Ein Vogel pfeife aber nicht, er SINGE. «Mit einem Schnabel konnte noch nie jemand pfeifen», führt Herr G. aus, «dazu braucht es eine Pfeife.» Den Vögeln hingegen erlaube ihr Stimmkopf, der sogenannten Syrinx, das wunderbare Singen! Frankofone wüssten das (les oiseaux chantent), lobt der Fragesteller und will von der Askforce wissen: «Warum sagen erschütternd viele Deutschsprachige, die Spatzen würden etwas von den Dächern pfeifen?» Im Radio müsse er solches hören, aber auch in der Literatur komme der Fehler vor, tadelt Herr G., so etwa beim ignoranten Wilhelm Busch.

Die Askforce pfeift verlegen vor sich hin. Vogelkunde ist – nach dem Weltfrieden, der Entstehung des Universums und dem Sinn des Lebens – nur ihr viertgrösstes Fachgebiet. Doch auch uns liegen die gefiederten Freunde natürlich sehr am Herzen. Ohne Vogelgesang wäre die Welt ein trauriger Ort. Amsel, Drossel, Fink und Star haben es absolut verdient, sprachlich korrekt behandelt zu werden. In den Ohren der Askforce spricht vieles dafür, dass Herr G. recht hat. Zumindest auf einer streng zoologisch-physikalischen Ebene. Demnach verfügen Vögel tatsächlich über einen zusätzlichen unteren Kehlkopf, an dem Membranen angebracht sind. Deren Spannung kann durch ein komplexes System von Muskeln verändert werden, so dass unterschiedlich hohe Töne entstehen. Den Singvögeln sind besonders differenzierte Lautäusserungen möglich, wobei meist nur die Männchen singen.

Dies tun sie zwar nicht zur Erbauung des Menschen, sondern um Weibchen anzulocken und das Revier zu markieren. Doch die Askforce, vergeistigt, wie sie nun einmal ist, pfeift auf profane Biologie. Hier geht es um Poesie. Ob «dzi-dzi-dzi-dzi-dzi-düühh» oder «tweet-tweet-tweet-zsch-zsch» – da wird nicht einfach nur gesungen. Da zwitschert es doch, es trillert, zirpt, piepst und krächzt. Je nachdem klagt es auch, es fiept, trällert, schlägt oder protestiert aufgebracht vonseiten der Vogeleltern, wenn sich die Katze dem Nest mit den Jungvögeln nähert. Sie tirilieren uns sanft in den erwachenden Morgen, die Piepmatzen, sie flöten wehmütig den Tag aus. Es ist der Soundtrack des ewigen Werdens und Vergehens.

Herr G. erhoffte sich von der Askforce eine «tröstende Antwort». Sollten diese Zeilen das Problem des Lesers nicht in genügendem Ausmass relativiert haben, empfehlen wir Beethovens fünfte Sinfonie. Deren erste Takte – gleich nach ta ta ta taaa – sind offenbar dem Gesang der Goldammer nachempfunden. Er pfeift, äh, singt wirklich wunderschön, der kleine gelbe Vogelmann. Es tönt nach «wie wie wie wie wie hab' ich dich liiieb». Ach, Herr G.

Herr N., sein Vater und der Affe

Herr N. aus einer grösseren Stadt im Kanton Bern hat gerechnet und sich dabei quasi selber verloren. Aber lesen Sie selber: «Es ist angeblich erwiesen: 97% meiner Gene habe ich vom Affen», schreibt uns der verzweifelte Mann. Und weiter: «Ich liebe Affen (nein, nicht so, wie Sie jetzt vielleicht meinen). Nun lese ich, ich hätte 50% von meiner seligen Mutter. Sie glaubte das auch. Konnte sie nicht rechnen? Oder hat sich mit ihrem Tod etwas geändert? Und wozu trieb sich noch mein Vater, der auch 50 % für sich beanspruchte, herum? (Nicht zu reden von den vielen Philosophen, die mich geistig befruchtet haben!) Um mir Sicherheit zu verschaffen: Sollte ich einen Gentest machen lassen?»

Zuerst nur so viel: Wir «meinen» gar nichts zu Ihrer Affenliebe, das geht uns nichts an.

Nun zu Ihrem Problem, Herr N. Fangen wir beim Einfachsten an: Wenn Sie sich von irgendwelchen (erwachsenen!) Philosophen befruchten lassen wollen, ist das – beidseitiges Einverständnis vorausgesetzt – in Ordnung. Mit ihrem Familienproblem hat das zum Glück nichts zu tun.

Recht einfach gestaltet sich auch die Frage nach der Beteiligung der Mutter. Ja, Herr N., diese Frau hat Sie geboren, also stammen Sie just zur Hälfte von ihr ab. Die andere Hälfte Ihres Gensatzes verdanken Sie – Ihrem Vater. «Pater semper incertus», sagten zwar die alten Römer. Aber Sie, Herr N., scheinen ja durchaus zu wissen, wer Ihr Vater ist – also wollen auch wir nicht zweifeln. Das heisst: Falls Ihre Familie so normal ist, wie wir uns das vorstellen, ist «der Affe» – welcher eigentlich? – grundsätzlich draussen, und Sie haben keine Gene von ihm. Er von Ihnen übrigens auch nicht, aber ihm ist das nicht so wichtig.

Vielleicht gehen wir, da Sie uns kein Bild mitgeschickt haben, aber von einer komplett falschen Annahme aus, und es gibt gewisse Eigentümlichkeiten in Ihrer Sippschaft, die wirklich nur nach einer umfassenden Untersuchung erklärbar werden könnten. Dann nur zu, Herr N.

Falls Sie den Gentest machen lassen, sollten Sie Ihre nächsten Verwandten – derentwegen Sie hier «nur anonym» in Erscheinung treten wollen – aber dringend einweihen. Das Schöne an Geschwistern ist nämlich, dass man alles miteinander teilt: Mama und Papa, schräge Geheimnisse und manchmal eine Banane.

Sind die Tauben die neuen Krähen?

Zuerst die gute Nachricht: Die Mauersegler sind zurück! Hier, im Süden Berns, wo Ihre Zuschrift beantwortet wird, Herr R. T. aus dem Nordquartier, jagen sich die «Spyren» seit just einer Woche wieder schrill sirrend um die Hausecken! So tönt der Frühling, Herr T.!

Zu Ihrer ornithologischen Frage: «Ich (...) beobachte die (im Nordquartier sehr schlecht beleumundeten – beleuschnabelten?) Krähen, wie sie ihre Nestchen fleissig bauen, und da fällt es mir auf: Hier eine Taube und da noch eine (...)! Tauben gehören doch in die Innenstadt, auf die Piazza San Marco in Venedig (...), aber doch nicht in eine Anfang 1950er gebaute Plansiedlung am Stadtrand? Die Ratten der Lüfte in meinem Quartier? Geits no?!» Und weiter: «Sind die Tauben die neuen Krähen, oder sind die Tauben gar die neuen Gentrifier des Nordquartiers?» Herr T. vermutet, die «Scheiss Tauben» (sein Ausdruck!) könnten infolge Futtermangels die aufgrund der Corona-Bestimmungen leer gefegte Innenstadt verlassen haben.

Lieber Herr T., auch in Bern-Süd leben seit Jahrzehnten Krähen, und in der letzten Zeit hat unser Adlerauge auch Tauben gesichtet. Allerdings, und das entlarvt ihre These als Ente, sind die Tauben schon vor zwei Jahren hier aufgetaucht; es handelt sich also nicht um Wirtschaftsflüchtlinge. Richtig integriert haben sie sich bisher nicht, ihr undezidiertes Herumgeflattere wirkte bisher aber nur etwas hühnerig. Seit «Corona» wünscht allerdings so manche Anwohnerin die Tauben zum Kuckuck: In einem Quartier, das je zwei Alterssiedlungen und zwei Altersheime aufweist, strapaziert das monotone Gerufe nach der «Gross-Mue-Ter-Gross-Mue-Ter» das Gemüt so mancher diszipliniert auf jeden Kontakt mit der Enkelbrut verzichtenden Seniorin. Das ist aber auch die einzige offensichtliche Meise der Tauben. Und auch mit Krähen leben wir hier am südlichen Stadtrand mehrheitlich im Frieden. Wie diese treffen auch wir uns gerne auf einen Feierabendschwatz im Liebefeldpark; selbstverständlich höchstens zu fünft und mit zwei Metern Abstand. Sonst bekommt Herr Koch an seinem Fenster im benachbarten BAG vermutlich Vögel. Nochmal zu Ihrer Frage, Herr T.: Die neuen Krähen sind nicht die Tauben. Die neuen Krähen sind – auch wieder Krähenvögel. Stellen Sie uns doch nächstens eine Frage zu den Elstern – und wir schimpfen wie die Rohrspatzen!

Warum hagelt es Katzen?

Das Wetter ist unberechenbar, immer wieder muss der kleine Mensch vor den Naturgewalten kapitulieren. Besonders schlimm wird es, wenn die Natur sich nicht mit ihren üblichen Waffen wie Hitze, Regen, Schnee, Hagel und Blitz begnügt, sondern sich gänzlich unschuldiger Kreaturen aus ihrem Arsenal bedient, um diese zur Demütigung der Hominiden einzusetzen. Ein solcher Fall liegt vor, wenn Fische, Frösche, Würmer auf die Erde und uns herunterprasseln, wie es schon verschiedentlich in der Geschichte der Menschheit beobachtet worden ist. Man vermutet, dass Wirbelstürme, die über das Meer ziehen, herrenlose Fischschwärme, Froschschulen (?) und Wurmherden (??) aufsaugen und durch die Lüfte tragen können.

Aber auch Katzen werden, so scheint es, zu Opfern der Naturkräfte, fragt uns doch Frau D. aus Zollikofen: «Warum hagelt es Katzen?» Durch die Fragestellung müssen wir annehmen, dass es in Zollikofen, das sich auch schon als «Perle der Region» bezeichnen liess, verschiedentlich zum Niederschlag von Katzen gekommen ist – ob mit tödlichem Ausgang für die Säugetiere, wissen wir nicht. Als Einzelgänger treten Katzen indes nicht in Horden auf. Ein Wirbelsturm oder Tornado könnte also höchstens einige wenige Katzen der Erde entreissen. Sind die geselligeren Meerkatzen gemeint? Diese sind aber eigentlich gar keine Katzen und leben auch nicht im Meer. Am wahrscheinlichsten wäre noch, dass es Seekatzen regnen könnte: Das sind seltsam aussehende Fische, die im Meer leben. Wie sollten diese aber zum Beispiel aus der Nordsee mit einem Sturm bis nach Zollikofen gelangen? Die Askforce geht davon aus, dass nicht Seekatzen oder Meerkatzen, sondern Hauskatzen gemeint sind.

Es fällt auf, dass es in England nicht Katzen hagelt, sondern Katzen regnet – zusammen mit Hunden überdies («it's raining cats and dogs»). Die Schweiz fährt auch hier einen Sonderzug, einmal mehr. Möglicherweise wollten die ersten Benutzer mit dem tierverachtenden Wortbild gar nicht ein Wetterphänomen beschreiben. War es eher als scherzhafte Versicherung gedacht? «Die Wanderung findet statt, auch wenn es Katzen hagelt oder Speckseiten schneit.» So weit, so gut. Wir möchten Frau D. noch für ihr Verhalten loben. Sie schrieb nämlich: «Obwohl wir eine Katze haben, ziehe ich es vor, Sie zu fragen.» Gut gemacht. Die Katze wäre durch eine solche Frage nur unnötig verängstigt worden, wäre vom Balkon gefallen, und unten auf dem Trottoir hätte jemand in den Himmel geschaut und gesagt: «Jetzt hagelt es doch tatsächlich Katzen.»

Keine Gnade für No Mercy?

Das Springpferd der Schweizer Springreiterin Christina Lieb-
herr hat sich in Aachen bei einem Fehltritt schwer verletzt. So
schwer, dass es nie mehr Wettkämpfe bestreiten kann. «Muss
dieses Pferd, das No Mercy (Keine Gnade) heisst, nun – nomen
est omen – notgeschlachtet werden?», fragt uns Herr Martin B.
aus I.

Auch bei seiner Zusatzfrage entpuppt sich Herr B. nicht unbedingt als Pferdefreund: «Kommt nun allenfalls das Publikum
beim nächsten CSIO in St. Gallen in der Stadionbeiz zu einem
Leckerbissen?» (Für Leute, die gern etwas über den Pferdesport
lernen möchten: CSIO heisst Concours de Saut International
Officiel, was so viel heisst wie pferdesportliches Grossereignis).
Dass Herr B. nicht nur kein Pferdefreund, sondern auch kein
Pferdekenner zu sein scheint, kommt in seiner Nachbemerkung
zum Ausdruck: «PS: Lebt eigentlich Granat von Frau Stückelberger noch?»

Die Askforce vermutet, dass es Herrn B. eher darum geht,
mit seinen leicht subversiven Fragen ein bisschen die Pferde-
freunde zu kitzeln. Das ist nicht besonders nett, aber die Askforce hat dafür gewisse Sympathien übrig. Denn Pferdesport ist
etwas sehr Spezielles: Im Prinzip klemmt sich ein Mensch ein
anderes Lebewesen zwischen die Beine und benutzt es als Sportgerät. Irgendwie unfair.

Aber wenn schon unfair, dann richtig unfair. Andere Sportler
lassen ihre Sportgeräte auch dem Publikum zugutekommen. So
hat ein Tennisschläger von Roger Federer bei einer Versteigerung

für Hurrikanopfer über 25 000 Dollar eingebracht. Im Gegensatz zu Tennisschlägern haben Pferde den Vorteil, dass man sie gut portionieren kann. Ein No-Mercy-Entrecôte wäre für viele Schweizer erschwinglich (auch für solche, die sich sonst nie in einen Sattel schwingen).

PS: Granat, das berühmte Sportgerät der berühmten Schweizer Dressurreiterin Christine Stückelberger, starb 1989 im nicht mehr ganz zarten Alter von 24 Jahren.

Kochen mit der Askforce

Das grosse Geheimnis der Spaghetti

«Beim Zmittag», so beginnt Stefan L. aus Bern die Beschreibung des grossen illuminierenden Augenblicks, «erschien mir eine ungelöste Frage unserer Zeitgeschichte.» Zunächst entnehmen wir seinen Schilderungen, dass er ein Liebhaber kurioser Experimente ist: «Nehmen Sie mal 400 rund 25 Zentimeter lange Schnüre, mischen diese ordentlich durcheinander und versuchen Sie anschliessend einen einzelnen, ja alle Fäden wieder herauszuziehen. Es gibt unweigerlich einen unlösbaren Knoten.» Und nun seine aufrüttelnde Frage: «Doch nehmen Sie Spaghetti mit den ähnlichen Eigenschaften, sie können noch so wild mit dem Kochlöffel herumrühren, stets ist jedes einzelne Spaghetto greifbar, und es bildet sich niemals ein Knoten. Am Öl kanns nicht liegen, sonst würde das mit geölten Schnüren auch funktionieren. Also wo liegt dieses Geheimnis der Spaghetti?»

Es ist eine jener brisanten Fragen, bei denen auch die Askforce zuerst tief durchatmen muss, weil die ans Licht gezerrte Wahrheit ja auch schmerzvoll sein kann.

Im aktuellen Fall steckt das heikle Detail bereits in der Einleitung: «Beim Zmittag» kam ihm der Gedanke, nicht «beim Kochen». Wir haben also Grund zur Befürchtung, dass hier keiner à la Immanuel Kant kochenderweise die Genese philosophischer Grundsätze erlebt. Vielmehr ist anzunehmen: Während für ihn gekocht wird, sinniert er über unentwirrbare Knoten in seinem Leben – und lässt sich die Spaghetti servieren. Wäre es anders, dann wüsste er längst schon, dass führende Spaghettiköchinnen beteuern, es sei eine peccato mortale, also eine Todsünde, Öl ins Kochwasser zu giessen, weil so die Haftung der Sauce an der porösen Oberfläche, welche wirklich gute Spaghetti auszeichnet, nahezu verunmöglicht wird, wobei ebenso entscheidend ist, ausreichend und auch ausreichend gesalzenes Kochwasser (16 Gramm Salz auf 100 Gramm Spaghetti) anzusetzen.

Genau hier steckt die Schwachstelle der Zeitfrage von Stefan L.: Er geht von einem zu engen Blickwinkel aus. Er setzt für seine These korrekt gekochte Spaghetti voraus. Würde er Spaghetti im Zuge eines Überprüfungsexperiments aber mit nur einem Fünftel der empfohlenen Wassermenge kochen, erhielte er eine Spezialität, für die wir den Arbeitstitel gli spaghetti in blocco empfehlen. Die Ungültigkeit seiner These, dass sich Spaghetti immer trennen lassen, wird überdies in dem noch andauernden Langzeitversuch in schweizerischen Pfadfinderlagern stets aufs Neue bestätigt: Es genügt ein langes, langsames Einkochverfahren, um den Spaghetti völlig neue klebetechnische Eigenschaften zu verleihen.

Wir können es, Stefan L., also kurz auf den Punkt bringen: Das Geheimnis guter Spaghetti ist einfach immer die Köchin, immer der Koch. Was uns noch bleibt, ist die Gegenfrage: Wozu genau mischen Sie 400 Schnüre à 25 Zentimeter Länge mit Öl? Und geben Sie das Öl vor oder nach dem Kochen bei? Teilen Sie doch dieses Geheimnis mit uns. Eventuell können wir Ihnen auch da als Richtschnur im Dschungel der letzten grossen Mysterien dienen.

Weshalb gelingt mir nie ein Dreiminutenei?

«Zu einem gelungenen Frühstück gehört das Dreiminutenei.
Deshalb lege ich jeden Morgen ein rohes Ei in kochendes Wasser. Dann gehe ich ins Bad – 5 Sekunden entfernt – und inves-
tiere dort 2 Minuten und 50 Sekunden ins Zahnputz-Prozedere
(inklusive spülen, Zahnbürste reinigen und Mund abwischen).
Anschliessend kehre ich in die Küche zurück (5 Sekunden), hole
das Ei aus dem Wasser und mache mich daran, es auszulöffeln.
Jeden Morgen bin ich enttäuscht. Entweder ist das Ei zu dick
oder zu dünn. Liebe Askforce, wissen die Eier nicht, was ich
nach drei Minuten von ihnen erwarte? Ich zähle darauf, dass
meinen Morgengewohnheiten dank Ihrer Hilfe künftig mehr
Erfolg beschieden ist», schreibt D. M. aus E.

Herr M., vorerst möchte sich die Askforce bei Ihnen bedanken
dafür, dass Sie ihr die Wer-ist-älter-das-Huhn-oder-das-Ei-Grü-
belei ersparen. Wir schätzen es nämlich, zwischendurch einmal
ganz praktische Lebenshilfe bieten zu können und uns nicht immer hochgeistig-philosophische Abhandlungen aus den Fingern
saugen zu müssen.

Natürlich wissen Sie, dass Ihre Morgengelüste allen Eiern
dieser Welt völlig egal sind. Ihr Versuch, die Verantwortung für
Ihre erfolglose Kocherei einfach auf die Gekochten abzuschie-
ben, ist plump und billig. Herr M., Sie müssen Ihr Vorgehen
grundlegend ändern. Putzen Sie Ihre Zähne nach dem Frühstück. Pfefferminz-Atem ist Ihrem Umfeld nämlich weit zuträg-
licher als narkotisierender Frühstückseier-Mundgeruch. Zählen
Sie dafür während des Eierkochens vor dem Badezimmerspiegel

Ihre grauen/noch vorhandenen Kopfhaare – wir wissen ja nicht, wie Sie aussehen – und/oder – hängt vom Zustand Ihrer Kopfbehaarung ab – messen Sie die aktuelle Länge Ihrer Falten im Gesicht auf den Millimeter genau.

Irgendwann werden Sie mit dieser Methode die richtige Kochzeit treffen. Geniessen Sie Ihr Dreiminutenei, wenn es so weit ist, und denken Sie dabei ganz innig an die Askforce. Wichtig: Behalten Sie den Cholesteringehalt Ihres Bluts im Auge. Wir haften nicht für Risiken und Nebenwirkungen Ihres Morgenrituals.

Sollten Hooligans nicht einmal etwas Richtiges essen?

Höchste Zeit, dass sich auch die Askforce mit dem Fussball-Hooliganismus beschäftigt – einem unangenehm lauten Phänomen unserer Zeit. «Im Zusammenhang mit den Krawallmachern werden Schnellgerichte gefordert, sollten diese sogenannten Fussballfans nicht einmal etwas Richtiges essen statt immer nur Fast Food?», fragt uns Herr S. W. aus B. Für alle Fälle: Das Lustige an seiner Frage ist, dass ein an sich juristisch-strafrechtlicher Begriff ins Kulinarische gewendet wird.

Da muss die Askforce etwas ausholen. Jede historische Epoche sucht ihren Ausgleich zwischen Arbeit und Müssiggang. Wir Heutigen tun uns bekanntlich schwer mit dieser Aufgabe. Zeit zu haben, ist in unserer modernen Gesellschaft ein rares Gut. Stress herrscht vor, und Zeit ist erst noch Geld. Dieser kulturellen Prägung können sich Fussball-Hooligans nicht entziehen, auch nicht unter schwarzen Kapuzen. Rein zeitökonomisch machen Schnellgerichte für sie also durchaus Sinn. Denn dann bleibt ihnen mehr Zeit, um Schaufenster einzuschlagen, Zugabteile zu demolieren, peinliches Zeug an Wände zu sprayen und martialisch durch friedliche Innenstädte zu ziehen.

Die Askforce, der Gewalt abgeneigt, macht sich keine Illusionen. Und doch haben die Überlegungen von Herrn W. etwas für sich. Essen und Trinken hält Leib und Seele zusammen, wie schon unsere Vorfahren wussten. Auf Neudeutsch sprechen wir von Peace Food. Zur Vorspeise eine Spargelcremesuppe, als Hauptgang ein selber gemachter Kartoffelstock mit reichlich

Butter, Brätkügeli-Sauce im Kartoffelstock-Seeli und jenen lie-
bevoll mit Specktranchen zum Päckli geschnürten Bohnen, dazu
ein Glas Süssmost und zum Dessert Coupe Dänemark mit Me-
ringues und haufenweise Rahm. Das würde so einen Hooligan
erstens beschäftigen und zweitens ein Weilchen lahmlegen (Ver-
dauungsschläfchen).

Denkbar ist aber auch die Verabreichung einer makrobio-
tisch-vegan-basischen Ernährung an den Hooligan. Er müsste
dann nicht mehr randalieren, um seinen Körper zu spüren und
die eigene Mitte zu finden. Die Askforce meint: Die Fanarbeit
sollte überdacht werden. Es braucht mehr Küchentisch-Präven-
tion. Die YB-Wurst geht in die richtige Richtung.

Wie tönt eine Rüeblitorte?

Christoph L. aus Bern muss einen recht anregenden Freundeskreis haben, denn kürzlich hat man in diesem Zirkel festgestellt, «dass in der deutschen Sprache sehr wenig Verben existieren, welche ein spezielles Geräusch bezeichnen». Herr L. fragt nun, welches Verb wir denn zur Umschreibung des Geräusches verwenden würden, «das entsteht, wenn man eine frische, saftige Rüeblitorte entzweibricht».

Die Askforce stellte bei ihrer empirischen Feldforschung recht schnell fest, dass Rüeblitorten generell zu den extrem geräuscharmen Torten zählen: Das Kuchenmesser gleitet klanglos durch den karottierten Kuchenkörper, setzt höchstens knirschend auf der Tortenplatte auf. Sensible hörten die Tortenstücke leicht schmatzend von der Tortenschaufel abreissen. Ein Tester wollte gar ein «Glarpfzschen» gehört haben. Der Ansatz von Herrn L., den Kuchen entzweizubrechen, erwies sich als echte Schweinerei. Wir putzen noch heute.

Wir nähern uns dem Fazit: Das onomatopoetische, also lautmalerische Brechen, Herr L., setzt eine gewisse Sprödigkeit, Bruchfähigkeit voraus. Marmorstein und Eisen bricht, Rüeblitorte nicht! Der Verdacht liegt nahe, dass die Anfrage eher der verklausulierte Aufschrei eines Backunkundigen ist. Hilfe naht! Und zwar in der wohlklingend schlichten Prosa des Berner Kochbuchs, 1961, 26. Auflage:

6 Eier, 250 Gramm Zucker, 1 Zitrone, 1 Prise Salz, 300 Gramm Mandeln, 300 Gramm Rüebli, 80 Gramm Mehl, ½ Paket Backpulver. Zucker und Eigelb schaumig rühren, Zitronensaft und

-rinde, Salz, die fein geriebenen Mandeln und Rüebli und das gesiebte Mehl und Backpulver beifügen, den geschlagenen Eierschnee leicht darunterziehen. Die Masse in eine ausgefettete und mit Mehl ausgestäubte Form geben und im vorgewärmten Ofen bei schwacher Hitze 1 bis 1 ¼ Stunden backen.

Das Rezept funktioniert übrigens auch mit Karotten.

Die Tomaten in unseren Sandwiches

«Kann mir vielleicht die Askforce erklären, warum es in jedem Schweizer Sandwich unbedingt auch noch eine Scheibe Tomate und/oder ein Stück Essiggurke braucht, sodass das Brot widerlich matschig wird?» Was uns an Ihrer Formulierung missfällt, liebe Frau S. W. aus Bern, ist, dass Sie eine Doppelfrage stellen, deren erster Teil Zweifel an der Kompetenz der Askforce ausdrückt: Dass wir alles beantworten können, ist schlicht daran zu erkennen, dass wir bisher auch alles beantwortet haben. Mit dem «vielleicht» betonen Sie Ihre Zweifel zusätzlich. Das trifft uns, Frau W. Aber professionell, wie wir sind, liefern wir Ihnen jetzt eine Antwort zu den Tomaten und Gurken in Sandwiches.

Wie Sie vielleicht wissen, kämpft die Schweizer Lebensmittelindustrie ums Überleben, bedrängt von der Rappenspalter-Kundschaft, die schon bald in Aldi- und Lidl-Paradiesen nach den günstigsten Joghurts suchen wird, falls sie diese nicht in den M-Budget- und Prix-Garantie-Regalen von Migros und Coop angeboten erhält. Die Marge wird also weiter schrumpfen, und da gibts nur eines: Die Menge erhöhen, um den Gewinn zu halten! Eine erfolgreiche Strategie ist, möglichst viele Unterprodukte in möglichst viele Hauptprodukte zu verpacken. Nach diesem Motto werden Sandwiches mit Tomaten und Essiggurken aufgepeppt – ganz so, wie zum Beispiel Autos mit Schaltstockheizungen und Zehen-Airbags ausgerüstet werden.

Nun beklagen Sie sich, Frau W., über das Matschigwerden des Brotes! Wir haben bei den Produzenten nachgefragt: Nur ganz Bedepperte, so haben deren Tests gezeigt, halten Sandwiches waagrecht vor dem Gesicht und lassen die Säfte ins Brot sickern. Die meisten haben längst begriffen, dass sie das Essensgut senkrecht halten müssen. So flutschen Tomaten und Essiggurken diskret raus, bevor das Brot feucht wird! Die «geneigten Sandwich-Esser» eilen vornübergebeugt und mampfend durch die Strassen, eine unauffällige Spur von Tomaten und Essiggurken hinter sich lassend. Jetzt haben Sie vielleicht was gelernt, Frau W.!

Was pfeift im Wasserhahn?

«Liebe Askforce», schreibt Leser S. B. aus B., «kürzlich fragte mich meine siebenjährige Tochter, was genau es ist, das im Wasserhahn in unserer Küche pfeift, wenn man ihn, den Wasserhahn, aufdreht. Ich wusste es nicht. Können Sie es Clara erklären?» Aber sicher doch, verehrter Herr B. Doch zunächst möchte die Askforce Ihnen zu Ihrer aufgeweckten Tochter gratulieren. Unser Gremium, kompetent nicht nur im sanitären Bereich, sondern selbstverständlich auch in Erziehungsangelegenheiten, möchte dem stolzen Vater denn auch davon abraten, nun in infantile Beantwortungsmuster zu verfallen. Nein, liebe Clara, in euren Armaturen sitzt kein Vögelchen und singt, während das Wasser vorbeirauscht.

Um die Frage von Herrn B. zu beantworten, brauchte die Askforce eigentlich ein paar zusätzliche Angaben. Pfeift es beim Heiss- oder beim Kaltwasser oder gar bei beiden? Nur in der Küche oder auch im Bad? Falls ja: bei der Badewanne oder auch in der Dusche? Was ist mit der Waschmaschine? Und ist es mehr ein Fiepen, ein Piepsen, ein Quieken oder ein Wispern? Sind die Geräusche lästig, oder verströmen sie im Gegenteil eine wohnliche Vertrautheit? Ihre Tochter muss lernen, Probleme einzugrenzen, lieber Herr B. Am besten gehen Sie selber zunächst eine Weile in sich und erkunden, was das Pfeifen des Wasserhahns mit Ihnen macht. Nur so können Sie Clara gefestigt und glaubwürdig gegenübertreten.

Suchen Sie danach gemeinsam den Ort des Geschehens auf. Lassen Sie die Tochter prüfen, ob die Eckventile komplett aufgedreht sind. Entkalken Sie – gemeinsam als Familie, bald ist Weihnachten – das Perlatorsieb, tauschen Sie allenfalls die Dichtungen aus. Vielleicht müssen Sie aber auch so weit gehen, die Griffe des Wasserhahns abzuziehen, wobei Sie nicht vergessen sollten, zuvor den Haupthahn zuzudrehen, bei einigen Modellen zuerst die Überwurfmutter zu lösen oder, bei Einhebelmischern, einen Splint zu entfernen. Dann nehmen Sie die Ventile im Wasserhahn heraus und legen diese für ungefähr ein Stündchen in Essigwasser. Danach schrauben Sie sie wieder rein. Fertig!

Sollte die Pfeiferei freilich nicht aufhören, rufen Sie am besten den Vermieter an. Bis die Handwerker auftauchen, könnten Sie die Gelegenheit nutzen, Ihre Tochter jetzt schon auf den Nobelpreis für Physik vorzubereiten. Akustik, sinusförmige Luftschwingungen, Frequenzabstand, das Gesetz von Ohm – Sie wissen schon. Allenfalls sähe die Askforce noch die Möglichkeit, der Tochter die Geschichte vom pfeifenden Wasserhahn als Parabel auf das Leben zu erzählen: Es hockt immer irgendwo ein kleiner Kobold, der uns nervt.

Die Zapfenfrage

Es fragt uns Frau H. B. aus Muri b. Bern: «Können Sie für mich bitte ausfindig machen, was man(n)/frau mit all den ‹Zapfen›/ Korken, die nach einem Wein-/Champagner-Trinkgelage oder auch während des Jahres so anfallen, anstellen kann?» Früher habe man diese «an irgendeine Stelle» zum Zwecke des Recyclings retourbringen können, «was ich begrüssen würde, des Korkbaumes (Korkeiche) wegen».

Werte Frau H. B.: Wir werden Ihre Frage nicht so beantworten, wie Sie das wünschen, wir werden keine Sammelstelle für Korkzapfen benennen. Dafür können wir Ihnen Ihr Leben vereinfachen, indem wir Ihre Furcht abbauen, politisch unkorrekt zu handeln.

– Erster Schritt: Statt umständlich «man(n)/frau» zu schreiben, verwenden Sie künftig, wenn Sie etwas selbst betrifft, doch einfach die erste Person Singular: «Was kann ich mit all den ‹Zapfen›/Korken anstellen …»

– Zweiter Schritt: Veranstalten Sie auch während des Jahres und nicht nur in der übrigen Zeit gelegentlich ein Wein-/ Champagner-Trinkgelage. So haben Sie dann viel mehr Zeit dafür. Ein Tipp nebenbei: Reorganisieren Sie Ihre Gelage zu Champagner-, Wein- und Digestif-Gelagen. Das ist die bekömmlichere Reihenfolge.

– Dritter und wichtigster Schritt: Machen Sie sich kein Gewissen der Korkeichen wegen! Denn sehen Sie: Zur Produktion von Zapfen werden die Korkeichen nicht gefällt. Die Landwirte in den mediterranen Ländern entfernen hierfür bloss einen Teil der Rinde. Die Bäume gehen deswegen nicht ein. Es handelt sich dabei um eine uralte Praxis, die zudem vielen Landwirten zu Arbeit und Einkommen verhilft. Mit Ihrer Korkensparerei beraubten Sie, Frau H. B., die armen Bauern eines Teils Ihrer Existenzgrundlage. Wollen Sie das? Sind Ihnen unversehrte Korkeichen tatsächlich wichtiger als die Bauernfamilien mit ihren mindestens zehn ausgemergelten Kindern, die alle nach Suppe und Brot lechzen? Wenn ja, dann fragen wir Sie, Frau H. B.: Warum trinken Sie überhaupt Champagner und Wein? Ist es nicht so, dass bei der Weinkelterung Milliarden von Samen, die in den Traubenbeeren verborgen sind, unwiederbringlich zerstört werden und sich nicht zu schönen Rebstöcken entwickeln dürfen, die Armen? Eben. Besser, Sie sparen bei den Plastikverpackungen und gönnen sich dafür täglich ein Glas Rotwein! Prost!

Schwindel um den Dreikönigskuchen?

Letztlich besteht selbst die Askforce nur aus Menschen mit simplen Gefühlsregungen. So sind selbst wir nicht immun gegen Schmeicheleien. Deshalb war beim Schreiben vom heutigen Fragesteller J. U. bereits bei der Anrede klar, dass wir ihm antworten werden. «Hochgeehrte Universalwissende», steht da in der Begrüssungszeile. Die Umgangsformen von J. U. scheinen nur von seinem Appetit übertroffen zu werden. Denn wie er schildert, hat er am 6. Januar erstmals einen Dreikönigskuchen gekauft und diesen zu Hause im Alleingang verdrückt.

Nach dieser Auseinandersetzung mit dem süssen Backwerk beschäftigen J. U. nun aber unbequeme Fragen. Er will wissen, wieso in einem Produkt, in dessem Namen klar von drei Königen die Rede ist, immer nur Balthasar eingebacken wurde. Er wittert Etikettenschwindel der Bäckereizunft und fordert die Askforce auf: «Bitte gehen Sie den Gründen für dieses inakzeptable Verhalten nach – danke.»

Kommen wir zunächst zum langweiligen Teil unserer Antwort. Dass bloss ein König im Kuchen steckt, ist schlicht traditionsbedingt. Im alten Rom waren es Bohnen statt Plastikfigürchen. In der Schweiz wurde das jetzige Kuchenprinzip in den 1950er-Jahren vom Versicherungsbeamten Max Währen populär gemacht und erfreute sich bald solcher Beliebtheit, dass das Konzept über Jahrzehnte nicht infrage gestellt wurde. Das hat sich nun aber durch den heisshungrigen J. U. geändert. Unser Fragesteller begibt sich damit auf heikles Terrain. Normalerweise scheuen wir uns nicht vor delikaten Angelegenheiten. Doch dieses gefährdet nichts Geringeres als die Aufrechterhaltung der Zivilisation, so wie wir sie kennen. Gehen wir einmal davon aus, das Königskontingent würde pro Kuchen auf drei Stück erhöht werden – der 6. Januar würde zu einem blutigen Tag verkommen. Denn pro Gebäck wird jeweils nur eine Krone mitgeliefert. Und wer hätte dann letztendlich Anrecht auf die Spitze der Monarchie?

Wie uns die Geschichte lehrt, wurde der Kampf um die Krone stets durch mörderische Eingriffe oder giftige Intrigen entschieden. Gerade im Schosse der Familie wurde das Streben nach Macht über die verwandtschaftlichen Beziehungen gestellt. Daher wäre es von der Bäckereizunft äusserst fahrlässig, die mit ihren Kuchen verbundenen Machtansprüche nicht unmissverständlich zu kommunizieren.

Warum bringe ich die Verpackung nicht auf?

Die vierjährige Meret aus dem Liebefeld hat der Askforce eine E-Mail geschrieben. Die Askforce geht davon aus, dass ihre Eltern ihr dabei geholfen haben: «In den Sommerferien habe ich mich darüber geärgert, dass ich die Verpackung der Stengelglace nicht selber öffnen konnte, obwohl ich ein eher kräftiges Mädchen bin. Weshalb werden die Verpackungen so kinderunfreundlich gemacht?»

Wäre Meret so frühreif, dass sie eine E-Mail selber schreiben könnte, hätte sie es wohl auch geschafft, eine Eispackung selber zu öffnen. Deshalb hat die Askforce eine Antwort für die Erwachsenen vorbereitet.

Also, liebe Eltern von Meret: Geben Sie Ihrer Tochter einmal ein Cornet. Ja, wir hören Sie bereits aufschreien: Ein Cornet ist dreimal so teuer wie eine Stengelglace und mindestens doppelt so gross. Es trägt zur ungesunden Ernährung der Kinder bei und belastet das Haushaltsbudget, ist also nichts für Eltern, die ihre Kinder gesund erziehen und nicht verziehen wollen. Doch stellen Sie Ihre Vorbehalte beiseite, überwinden Sie sich – und Sie werden sehen: Kinder können die Verpackung des Cornets viel einfacher öffnen als die Verpackung der Stengelglace. Das Papier liegt am Cornet an und kann an einer kleinen Lasche aufgezogen werden.

Bei der Stengelglace hingegen liegt das zu öffnende Papier nicht auf der Glace auf. Wer zu fest an der Verpackung reisst, dem fällt das Eis aus der Packung auf die Erde (Ferienvariante: in den Sand). Wer nach unten reisst, reisst die Spitze der Rakete mit ab. Wer nicht genügend reisst, bringt die Packung nicht auf.

86

Sie sehen: Die Glaceindustrie schreckt vor nichts zurück, um Eltern dazu zu bringen, die teureren Cornets zu kaufen. Und wieder ist die Welt um ein dickes, verwöhntes Kind und um eine Verschwörungstheorie reicher.

Licht ins Dunkel

Erhellendes über die Dunkelziffer

Ein Herr A. aus G. fragt uns, wie dunkel denn eine Dunkelziffer sein müsse, um als Dunkelziffer zu gelten. Und: «Ab welcher Dunkelheit gilt eine Ziffer als dunkel? Ist eine Dunkelziffer
überhaupt noch lesbar?» Eine simple und doch brisante Frage!
Simpel ist sie, weil natürlich jede Ziffer umso lesbarer ist, je
dunkler sie ist.

Der Selbsttest: Ist die 5 oder die 6 lesbarer? Ja, es ist die 6. Sie
ist die dunklere Ziffer. Lerne: Erst ihre Dunkelheit macht Ziffern
so richtig lesbar. Und: Seit der Abschaffung der schwarzen Schie-
fertafel und dem Siegeszug von A4-hochweiss sind im hiesigen
Kulturkreis fast nur noch die dunkeln Ziffern lesbar. Eine Ana-
logie hilft den Zweiflern: Sie kritzeln ja die Liebesbriefe an Ihre
Angebetete auch nicht mit weissem Tipp-Ex auf weissen Grund!

Und wo liegt nun die Brisanz? Brisant ist die Frage, weil sie
schmerzhaft und eindeutig beweist, wie verbreitet der kollektive
Irrtum – der Unterschied zwischen Wissen und Meinen – ist.
Praktisch ausschliesslich, wenn von einer Dunkelziffer die Rede
ist, handelt es sich nämlich nicht um eine Ziffer, sondern um
eine Zahl: «Die Dunkelziffer der Steuerhinterziehenden liegt in
der Schweiz bei 560 000.»

Schön und gut! Aber 560 000 ist eindeutig keine Ziffer, sondern eine Zahl – eine Zahl aus sechs Ziffern. Warum schwafeln
trotzdem fast alle von Dunkelziffern? Das Wort Dunkelziffer
geht auf eine im Jahr 1908 schludrig übersetzte englischsprachige Dissertation zurück, die den Begriff «dark numbers» in den
Sprachschatz der Kriminalistik einführen wollte.

Merke: Die Dunkelzahl jener, die niemals – auch nicht nach 100 Jahren – auf noch so offensichtliche Übersetzungsfehler reagieren mögen, ist gigantisch.

Keiner aus Mikronesien und Palau

«Könnt ihr mir sagen: Wohnen in der Schweiz Leute aus allen Ländern der Welt?» Benjamin, von dem diese Frage stammt, ist bald 7 Jahre alt und gerade noch ein Kindergärtler. «Meinen Papa habe ich schon gefragt – er wusste es nicht!», schreibt uns der künftige ABC-Schütze und dankt sodann artig «für eine schlaue Antwort».

Du sollst sie haben: Nein, Benjamin, in der Schweiz wohnen zwar viele Leute aus sehr vielen Ländern – aber halt nicht aus allen Ländern der Welt. Zumindest war das vor zwei Monaten so, als letztmals nachgeprüft wurde, wer denn woher in die Schweiz gekommen ist. Die meisten Leute in der Schweiz sind, logo, Schweizerinnen und Schweizer. Die grösste Ausländergruppe stammt aus Italien, weiter leben viele Menschen aus Deutschland, Portugal und Serbien und Montenegro in unserem Land. Aber das weisst du längstens; vermutlich kommen ja auch einige deiner Kindergartenspänli aus anderen Ländern.

Dich interessiert sicher viel mehr, aus welchen Staaten eben gerade niemand in der Schweiz wohnt. Also: Es gibt fast 200 Länder auf der Welt. Aus exakt sieben davon wohnt niemand in der Schweiz – so steht es auf der Liste des Bundesamtes für Migration. Diese sieben Länder haben vier Dinge gemeinsam: Erstens haben sie ganz zauberhafte Namen. Sie heissen Nauru, Kiribati, Timor-Leste, Föderierte Staaten von Mikronesien, Marshall-Inseln, Palau und Tuvalu. Zweitens sind sie alle noch viel kleiner als die Schweiz. Drittens spielt kein einziges dieser Ländchen an der Fussball-WM in Südafrika mit – es ist also kein menschenleerer Corso der Nauruer oder Palauer zu befürchten. Und viertens liegen sie alle, gerade wie Lummerland, weit draussen in einem endlosen Ozean. Du kennst doch Jim Knopf, nicht wahr? Sonst: sofort lesen oder, noch besser, von Papa vorlesen lassen!

Lieber Benjamin, falls du mit unserer Antwort zufrieden bist, kannst du uns eine schöne, farbige Zeichnung von Palau, Tuvalu, Kiribati und den andern Inselchen schicken. Wir hängen sie dann in unserem Askforce-Büro auf, versprochen!

Übrigens: Falls du Jim und Lukas schon kennst: Sag deinem Papa, er soll dir «Das grosse Buch vom Räuber Grapsch» von Gudrun Pausewang vorlesen. Sehr lustig!

Auf der Spur der Kugelschreiber-Diebe

Es kommt immer wieder vor, dass uns Fragen gestellt werden, die bei der Polizei besser aufgehoben wären. Auch jetzt wird die Askforce wieder zum Kommissariat. Der heutige Fall führt uns in die dunklen Gefilde der Unterwelt. Es geht um nichts Geringeres als eiskalten Diebstahl. An Frau L.s Arbeitsplatz spielen sich seltsame Begebenheiten ab. Immer wieder verschwinden Kugelschreiber spurlos. Frau L. versuchte bereits, den Dieben auf die Schliche zu kommen, ihre Ermittlungen verliefen jedoch im Sand. Nun fragt sie sich, ob Kugelschreiber etwa aus eigenem Antrieb verschwinden können und warum sie so etwas tun würden.

Höchste Zeit, dass die Profis von der Askforce übernehmen. Unsere Laborergebnisse können Frau L.s Vermutung ausschliessen. Kugelschreiber verfügen nicht über die technischen Mittel, um sich selber fortbewegen zu können. Sie können also nur durch äussere Einflüsse bewegt werden. Da Grossraumbüros in der Regel gut gegen natürliche Einwirkungen wie Windhosen, Sturzregen oder die Gezeiten geschützt sind, bleibt nur noch der Mensch als möglicher Täter.

Moralisten werden nun einwerfen, dass es ausserhalb der menschlichen Veranlagung liegt, ein schweres Verbrechen wie einen Kugelschreiberdiebstahl zu begehen. Ein anderes Bild vermittelt jedoch jede Post- oder Bankfiliale. Dort werden Kugelschreiber bekanntlich angekettet, um sie vor Delinquenten zu schützen. Das bringt uns von der Moral zum Motiv. Und dieses scheint schleierhaft. Wir haben uns im Ganovenmilieu umge-

94

hört und stellen fest: Es gibt keinen Schwarzmarkt für Kugelschreiber.

Das hat damit zu tun, dass der Kugelschreiberdiebstahl eine delikate Angelegenheit ist. Die Schreibutensilien können nicht in grossen Mengen, sondern nur schleichend entwendet werden. Nur so können die Verbrecher sicherstellen, dass sie nicht auffliegen. Das hat wiederum zur Folge, dass das Volumen des Diebesguts klein bleibt. Und in kleinen Mengen lassen sich geklaute Kugelschreiber eben nicht gut verkaufen. Es ist also auszuschliessen, dass Kugelschreiber aus gewinnbringenden Gründen geklaut werden. Dennoch haben wir eine heisse Spur. Sie führt direkt zu Frau L. nach Hause. Könnte es etwa sein, dass der Kugelschreiber auf dem Küchentisch gewisse Ähnlichkeiten mit denjenigen im Büro aufweist?

Sehen Katzen im Dunkeln etwas?

Herr M. S. aus L. ruft die Askforce in der Hoffnung an, ihr möge es gelingen, eine «eheliche Diskrepanz» aufzulösen. Seine Frau behaupte nämlich, «dass Katzen im Finstern sehen». Er aber sei der Meinung, «dass Katzen im Dunkeln genauso wenig wie wir Menschen sehen können. Was stimmt jetzt?» Die Antwort sei für ihn sehr wichtig, schreibt Herr S., damit er in Zukunft wisse, «ob ich für unsere Katze Amélie nachts das Licht brennen lassen muss».

Zunächst gilt es sicherzustellen, dass wir unter «im Dunkeln» alle das Gleiche verstehen. Wir vermuten, dass Sie und Ihre Frau von einer nahezu absoluten Dunkelheit ausgehen. Eine solche würden Sie etwa im Marianengraben vorfinden, sofern dort nicht gerade ein paar hässliche bio-lumineszierende Kreaturen herumblitzen. Ist eine solche Dunkelheit gemeint, haben Sie recht, Herr S.

Auch wenn es gegenüber dem eben gesagten widersprüchlich klingen mag: Wir nehmen an, dass es Ihnen und Ihrer Frau in Tat und Wahrheit um folgende Frage geht: Wer sieht bei normaler Dunkelheit besser, Katzen oder Menschen? Normale Dunkelheit ist eben noch weit davon entfernt, absolut zu sein. Hier geben wir aufgrund unserer aufsummierten Lebenserfahrung Ihrer Frau recht.

Wenn Sie herausfinden wollen, ob es stimmt, was wir behaupten, und um wie viel eine Katze denn besser sieht als ein Mensch, kommen Sie um einen Tierversuch nicht herum. Wir empfehlen folgendes Vorgehen:

1) Besorgen Sie sich zunächst Schnüre, Riemen, Klebebänder und dergleichen (bei «Gummi Oberleitner» in Bern) sowie eine Labormaus (im Inselspital, Departement Klinische Forschung).
2) Schnallen Sie Amélie auf ein Brett, sodass sie nur noch geradeaus schauen kann.
3) Verkleben Sie ihr sorgfältig die Nasenlöcher.
4) Legen Sie das Brett samt Katze in einem marianengrabenmässig abgedunkelten Zimmer auf den Fussboden.
5) Platzieren Sie eine eingeschaltete Taschenlampe in Richtung der Katze ebenfalls auf den Fussboden und bedecken Sie die Lampe mit 50 schwarzen T-Shirts.
6) Positionieren Sie die Labormaus, die Sie auf einem Brettchen ebenfalls tiergerecht festgezurrt haben, zwischen Amélie und dem T-Shirt-Haufen.
7) Entfernen Sie jetzt ein T-Shirt nach dem anderen und merken Sie sich, nach wie vielen T-Shirts Amélie miaut («Sehpunkt»).
8) Führen Sie den Versuch nun mit Ihrer Frau durch.

Gewissen kratzt im Nacken

«Warum sind die Markenzeichen und Grössenetiketten in Pullis und T-Shirts immer aus speziell kratzigem Material gemacht und werden zudem mit noch kratzigerem Faden angenäht, was dann im Nacken immer so aufreizend ‹chräblet›?», fragt Irene S. und gibt die Antwort gleich selber: «Ich vermute wegen der Umsatzsteigerung.» Denn kurz bevor sie wegen des Gekratzes halb verrückt werde, greife sie zur Nagelschere und versuche die Etikette loszuwerden, schneide dabei aber «fast unweigerlich» ins Gewebe, sodass sie einen neuen Pullover kaufen müsse – wobei auch dieser wieder eine kratzige Etikette habe.

Nicht nur der Umstand, dass Irene S. der Askforce eine Frage stellt, die sie sich selber schon beantwortet hat, sagt viel über Frau S. aus. Ihre Fragestellung verrät noch viel mehr. Erstens: Sie muss Schweizerin sein. «Fast unweigerlich» schneide sie ins Gewebe des Pullovers, schreibt sie.

Diese Relativierung – «fast» – einer klaren Aussage – «unweigerlich» – ist typisch schweizerisch: Nur ja niemandem mit einer klaren Aussage auf die Zehen treten. Zweitens zeigt sich, dass Irene S. nicht lernfähig ist: Obwohl Etiketten ihrer Erfahrung nach immer kratzen, wartet sie erst ab, bis sie gekratzt und genervt wird, statt nach dem Einkauf mit ruhigen Nerven und dementsprechend ruhiger Hand das Etikett aus dem Pullover zu trennen – ohne Gewebeschäden.

Der Vollständigkeit halber sei hier doch noch angefügt, dass sich Irene S. täuscht: Kratzende Etiketten sind nicht zur Umsatzsteigerung gedacht. Nein, sie sind Zeichen einer schwelenden

Unzufriedenheit unter den armen Näherinnen in Entwicklungsländern, die unsere billigen Pullover herstellen müssen. Wenn sie unter unwürdigen Umständen über Nähmaschinen gebeugt sind, ist Schadenfreude ihre einzige Freude. Die angehenden Revoluzzerinnen denken dann mit Häme an die Menschen, die sich ihre Pullover leisten können – und die es kratzt, weil die Näherinnen den extra borstigen Faden gewählt haben.

Warum steht im Programmheft nichts über die Fusslung?

Es ist so weit. Man küsst der Askforce die Füsse. Jedenfalls Herr H. G. aus L. mittels Schlussfloskel seines Briefes. Dort heisst es wortwörtlich: «Mit Hand- und Fusskuss dankt Ihnen …» Ein wenig peinlich berührt starrten die Mitglieder der Askforce auf das Blatt Papier. War da ein Fetischist am Werk? Ein Royalist? Ein Süssholzraspler?

Das genauere Studium des Schreibens vermochte die Anspannung zu lösen: Herr G. zog lediglich ein Wortspiel mit grosser Konsequenz durch. Folgendes möchte er nämlich wissen, wie er, «von Hand und nicht von Fuss», schreibt: «Kurz vor Aufführungsbeginn im Stadttheater. Der Vordermann liest im Programmheft auf einer Seite mit dem Titel ‹Handlung›. Handlung, geht es mir durch den Kopf – ein Theaterstück sollte doch Hand und Fuss haben! Warum steht denn nirgends etwas über die Fusslung?» Bestimmt, so Herr G., finde die Askforce zur Behandlung seiner Frage «einen klärenden Fussabdruck».

Die Askforce weist die Unterstellung zurück, sie trete bei der Beantwortung in die – womöglich grösseren – Fussstapfen anderer. Die Askforce hat zwar alle Hände voll zu tun, bekommt jedoch keine kalten Füsse, und sei die Frage noch so pferdefüssig. Allenfalls vertritt sie sich zum Nachdenken etwas die Füsse, in der Regel hat sie aber ein glückliches Händchen. Die Askforce steht nur im Ausnahmefall mit dem linken Fuss auf.

Fussend auf dieser Einleitung nun kurzerhand die Antwort, Herr G.: Im Programmheft des Stadttheaters steht nichts zur

Fusslung eines Stücks, weil dies die Aufmerksamkeit der Leu-te auf ihre Füsse und damit auf die beengten Sitzverhältnisse in den Theaterrängen lenken würde. Die Askforce weiss zwar nicht, auf wie grossem Fuss Sie leben, aber vielleicht haben Sie auch schon die Erfahrung gemacht, dass Sie, sagen wir, im 3. Rang, 5. Preiskategorie, nicht wussten, wohin mit den Knien. Das Stadttheater tritt unsere Beinfreiheit mit Füssen, Herr G., und um dies zu verschleiern, legt das Programmheft den Akzent auf die Handlung eines Stücks!

Warum flackert eine Flamme?

«Ich habe einen wunderschönen Adventskranz mit vier grossen Kerzen», schreibt uns Herr Martin Sch. aus Liebefeld. Nun habe er festgestellt, dass die eine oder andere Flamme zu flackern beginne, «dann wieder ruhig wird, um dann wieder zu flackern». Da die Dochte etwas lang waren, habe er sie gekürzt – aber ohne Erfolg. Deshalb stelle er die Frage: «Weshalb flackert eine Kerzenflamme?» Vor Weihnachten sei das doch wichtig zu wissen.

Lieber Herr Sch., zunächst sind wir froh, dass wir Ihre Frage, die Sie uns am 3. Advent zugestellt haben, noch fristgerecht beantworten können. Allerdings dürfte unsere Antwort kaum die Tiefe erreichen, die Sie erwarten. Mehr als die folgende, grundsätzliche Überlegung will uns nämlich nicht in den Sinn kommen: Das Flackern einer Kerzenflamme muss zwangsläufig in einem Zusammenhang stehen mit Luftbewegungen oder Unregelmässigkeiten in der Brennstoffzufuhr. Darum ist die Empfehlung, den Docht zu kürzen, sicher vielversprechend – und auch entsprechend oft zu hören.

Aber was, wenn die Flamme nachher immer noch flackert? Dann müssen es innere Werte der Kerze sein, welche die feinen Unterschiede ausmachen. Bei Menschen weiss man ja auch nicht immer genau, warum sie sich einmal so und dann wieder ganz anders verhalten. Der Berner Psychologe August Flammer hat dies vor ein paar Jahren in einem Interview sehr schön in Worte gefasst: «Wir Menschen sind halt immerwährend fluktuierende Wesen.»

So gesehen sind Flammen ebenfalls immerwährend fluktuierende Wesen, denn auch ihr Verhalten beziehungsweise ihr Flackern lässt sich nie genau vorhersagen. Schauen Sie sich im Internet einmal den Start einer Saturn-5-Rakete an, Herr Sch., und beobachten Sie die wohl grösste gleichmässig brennende Flamme, die von Menschenhand je geschaffen wurde – auch sie flackert.

Das tiefe Geheimnis der flackernden Kerzenflammen liesse sich wahrscheinlich nur dann gänzlich ergründen, wenn wir – Sie, Herr Sch., und der interessierte Teil der Askforce – mit Ihrem Adventskranz im Kernforschungszentrum Cern ein Experiment durchführen dürften. Wir würden den Kranz samt brennenden Kerzen auf nahezu Lichtgeschwindigkeit beschleunigen und mit einem passenden Gegenstand kollidieren lassen, sagen wir mit einer Christbaumkugel. Mit etwas Glück könnten wir der Öffentlichkeit anschliessend nicht nur das Flackern erklären – sondern gleich noch ein weiteres Gottesteilchen präsentieren.

Dämliche Damen, herrliche Herren?

Unser heutiger Fragesteller ist ein alter Bekannter: Bereits vor einigen Wochen hatte sich Martin S. aus L. vertrauensvoll an die Askforce gewandt. Zur Erinnerung: Es ging damals um den Begriff «Hundstage». Herr S. meinte, diese bezeichneten die heisse Zeit Anfang Juli. Die Askforce teilte ihm mit, dass dem nicht so sei, und machte einen Exkurs ins alte Ägypten. Fertig. Herr S. war mit den Ausführungen auf jeden Fall derart zufrieden, dass er uns erneut angeschrieben hat. Die jetzige Aufgabe ist allerdings ungleich schwieriger, geht es dabei doch nicht nur um eine Antwort, sondern um die Glaubwürdigkeit von Herrn S. als Familienoberhaupt.

Also, die Ausgangslage ist die folgende: Sein Sohn habe ihn vor vielen, vielen Jahren gefragt, warum man «herrlich» und «dämlich» sage. «Kommt das von Herr und Dame», wollte der Sohnemann damals wissen. Und: «Sind Herren herrlich und Damen dämlich?» Herr S. war ratlos. «Hätte er mich gefragt, woher die kleinen Kinder kommen, wäre ich gewappnet gewesen.» Der Sohn sei mittlerweile längst gross, eine Antwort auf seine Frage habe er aber bis heute nicht bekommen. Martin S., inzwischen «ein ältlicher Herr», erhofft sich von der Askforce «inständig» eine Antwort, um dieses Versäumnis nun endlich nachzuholen.

Gerade weil uns die Tragweite dieser Aufgabe bewusst ist, helfen wir sehr gerne. Also, Herr S. senior, es ist so: Das Adjektiv «dämlich» gehört zum Verb «dämeln» oder «dammeln». Das heisst so viel wie «sich kindisch benehmen», «verwirrt sein».

Der Ursprung liegt wahrscheinlich im Verb «dämmern». Und, dämmerts Ihnen? Genau. Wenn jemand als dämlich bezeichnet wird, dann, weil er nicht ganz hell ist und geistig im Dunkeln tappt. Mit einer Dame hat das nichts zu tun. Diese stammt vom lateinischen Begriff «domina» ab, wie eine «Herrin» oder «Hausherrin» im alten Rom genannt wurde.

Es geht etymologisch weiter: «Herrlich» ist eine Weiterbildung des Adjektivs «hehr». Dieses stammt vom germanischen Begriff «haira» ab, was so viel heisst wie «grauhaarig» oder «ergraut». Und weil ergraute Männer damals noch nicht als Sexsymbole galten (George Clooney gab es noch nicht), wurde die Bedeutung des Begriffs zuerst in «ehrwürdig» und später in «erhaben» weiterentwickelt. Auch der «Herr» stammt von «hehr» ab, und wurde im Mittelhochdeutschen zunächst für «Gebieter» oder «Hochgeborener» verwendet. Kurz und gut: Beide Wörter haben dieselbe Wurzel, «Herr» ist aber nicht direkt von «herrlich» abgeleitet.

Übrigens: Ihr Sohn ist längst im Bilde. Weil Sie damals im Dunkeln tappten, wandte er sich an die Dame des Hauses, die ihm die Frage beantwortete. Sie war es auch, die ihm erklärte, woher die Kinder kommen.

Die grosse Frage nach der Ausrichtung des Sofas

Die Askforce hat es gewusst: Irgendwann wird sie kommen, die Frage nach der Ausrichtung des Sofas. Und siehe da. Am 8. April traf folgende E-Mail von Gregor W. bei uns ein: «Nach was würde der Mensch sein Sofa ausrichten, wenn er keinen Fernseher hätte?»

Es ist eine Frage, wie sie nur von Menschen stammen kann, die sich gerne auf eine Metaebene begeben, um von dort aus andere und auch sich selber zu beobachten. Auf dieser Ebene fallen ihnen dann Dinge auf, die normalerweise gar nicht auffallen, weil sie gar nicht auffällig sind. Bei manchen Menschen verselbstständigt sich dieses Verhalten, und sie neigen mit der Zeit dazu, ihre Mitmenschen immer wieder mit skurrilen Fragen zu verblüffen oder verblüffen zu wollen. Die Askforce kennt das von sich selber.

Typisch an solchen Fragen ist, dass die Antwort oft auf der Hand liegt. Es ist ähnlich wie mit dem Hund im Schatten. Wer sich darüber wundert, warum Hunde im Sommer im Schatten und nicht an der Sonne liegen, soll einmal die Hand auf die Herdplatte legen.

Da in der Durchschnittsstube nun mal ein Fernseher und ein Sofa drinstehen, ist es naheliegend, dass der Mensch sein Sofa so hinstellt, dass sein Kopf, wenn er auf dem Sofa sitzt, mit dem Gesicht in Richtung Fernseher schaut (ist das nicht erstaunlich: «schaut» kommt von «schauen»!). Hätten wir die Augen hinten am Kopf, würde der Fernseher selbstverständlich hinter dem Sofa aufgestellt – ausser dort, wo man lieber kniet als sitzt.

Aber nach was würde das Sofa ausgerichtet, wenn es keine Fernseher gäbe? Wahrscheinlich nach irgendetwas. Zwei Beispiele: Ein Sympathisant des Verkehrsclubs der Schweiz würde es so in die Wohnung stellen, dass die Kinder nur noch langsam herumrennen könnten. Ein Mitglied des Alpen-Clubs dagegen würde es bei der Wohnzimmertür platzieren – so, dass die Bergkameraden, wenn sie zu Besuch kommen, darüberklettern müssen.

Gegenstände der Ermittlungen

Wenn Verbrechen geschehen, liegt es in der Natur der Sache, dass diese aufgeklärt werden müssen. Polizei und Untersuchungsbehörden ermitteln. In diesem Zusammenhang fragt uns Frau S.: «Immer wieder sind Motive und Hintergründe von Verbrechen Gegenstand der Ermittlungen. Es muss folglich nach all den Jahren und all den Schandtaten eine Menge solcher Gegenstände geben. Schon lange frage ich mich, wie sie aussehen. Sind sie alle gleich oder unterscheiden sie sich voneinander? Wenn ja, worin? Ich möchte auch wissen, wo sie aufbewahrt werden. Kann man sie besichtigen? Gibt es am Ende sogar eine Ausstellung?» Das sind viele vitale Fragen auf einmal, und die Askforce zweifelt, ob sich diese in einer einzigen Kolumne erschöpfend beantworten lassen. Andererseits möchte das Gremium doch das «Ein-Kolumnen-Prinzip» nicht über Bord werfen.

Uns ist Folgendes aufgefallen: Wenn die Polizei ermittelt (wir nehmen an nach den angesprochenen Gegenständen), dann tut sie dies gern «in alle Richtungen». Wir wollen jetzt nicht spitzfindig sein und sagen, wenn man ermittle, lande man irgendwann in der Mitte und es mache also keinen Sinn, lange an den Peripherien oder in abgelegenen Gebieten zu forschen. Andererseits machen die Protagonisten in vielen Bildungsromanen immer wieder wertvolle Erfahrungen in der Fremde, um dann gescheiter(t) und geläutert nach Hause, in die traute Mitte zurückzukehren, wo es doch am schönsten ist.

Nur logisch ist es, dass bei solchen Ermittlungen in alle Richtungen diverse Gegenstände gefunden oder angetroffen werden:

Die Formen der Objekte, die dazu dienen, Subjekte vor Gericht zu belasten, sind variabel. Wir stellen sie uns aber eher eckig als rund vor. Zudem haben sie die Tendenz zu verblassen oder sich sogar aufzulösen, weshalb Ausstellungen nur selten durchgeführt werden. Anzumerken ist noch, dass es sich bei «Stände» (wie etwa Bern, Tessin oder Appenzell) und «Gegenstände» nicht um ein klassisches Gegensatzpaar im Sinne von «Materie» und «Antimaterie» handelt.

Sind all diese Sitzungen nötig?

Herr C. B. aus B. stellt uns eine «doch sehr komplexe Frage, die meinen Horizont klar übersteigt». Die Askforce lässt sich davon nicht kopfscheu machen, weiss sie doch, dass auf der anderen Seite des Horizonts Antworten in rauen Mengen zu finden sind. Herr C. B. umreisst sein Problem so: «Immer, wenn ich jemanden geschäftlich zu erreichen versuche, heisst es: ‹Sie ist gerade an einer Sitzung›, oder: ‹Er hat heute den ganzen Tag Sitzungen›.» Herr C. B. richtet den Blick auf die ganze Schweiz, woraus für ihn folgt, dass täglich eine enorme Anzahl Sitzungen stattfindet. Er hegt eine Befürchtung, die nicht aus der Luft gegriffen ist. «Ich bin mir nicht sicher, ob auch wirklich alle stattfinden müssen.»

Die Frage lautet nun, wie viele Sitzungen täglich in der Schweiz stattfinden und wie viele davon tatsächlich nötig sind. Die Askforce hat ihre Späher ausgeschickt, Erkundigungen eingezogen, den Mailverkehr der Schweizer Bürgerinnen und Bürger durchforstet und sieht sich nun in der glücklichen Lage, bekannt geben zu können, dass letzte Woche in der Schweiz 2,34 Millionen Sitzungen mit einer Dauer von (abgerundet) 41 Minuten stattgefunden haben, im Schnitt nahmen 3,59 Personen teil. Wie viel Arbeitszeit dadurch in Anspruch genommen wurde, kann jeder, der einen Rechner besitzt, selber kalkulieren – es sind 5,74041 Millionen Stunden.

Unklar erscheint, wie viele dieser Sitzungen tatsächlich nötig sind, gibt es doch höchst unterschiedliche Ansichten. Hätten die Arbeitnehmer nicht vielleicht etwas Dümmeres getan, wenn sie nicht an den Sitzungen Däumchen gedreht hätten? Ein Projekt verbockt, einen Schnitzer begangen, einen Kunden auf unfreundliche Art und Weise abgewimmelt? Im Internet das «Gesichtsbuch» aufgeschlagen? Wir sind keine Propheten. Wir verstehen aber, dass es unangenehm ist, wenn niemand erreichbar ist.

Das Malaise liesse sich leicht durch die Einführung des Sitzungs-Taktfahrplans (analog SBB) ändern. Dadurch kann man vor einem Telefonat feststellen, dass in Willisau Sitzungen anstehen, in Escholzmatt aber die Sitzungen gerade – wenn alles nach Fahrplan gelaufen ist – beendet worden sind, also wird man vorerst in Escholzmatt und nicht in Willisau anrufen.

Bis es so weit ist, braucht es noch einige Koordinationssitzungen der Sitzungseinberufer; die Askforce ist gerne bereit, als externes Beratungsorgan (ExBo) zu fungieren. (ExBo = Riesenhonorar, keine Verantwortung.)

Wie laut war der Urknall, ungefähr?

Herr Ruedi D. aus Bern hat seine Zuschrift kurz gehalten, umso explosiver ist ihr Inhalt: «Ich hätte da eine ganz einfache Frage», schreibt er. «Wie laut war, nur ungefähr, der Urknall? Vielleicht hat ja die Askforce im Archiv ein Tondokument davon.»

Das Augenzwinkern, mit dem diese Frage formuliert wurde, bewegt sich schon fast im hörbaren Bereich. Und es ist eine Frage, die uns auf die Probe stellen will. Mehr als für die Antwort interessiert sich der Fragesteller dafür, ob wir die Falle bemerken, die er uns stellt. Selbstverständlich tun wir das: Der Urknall war gar nicht hörbar, weil es kein Medium gab, in dem sich die Schallwellen fortpflanzen konnten. Zudem expandierte das Universum in diesen ersten Augenblicken so stark, dass sogar wir als Laien annehmen dürfen, dass diese Expansion schneller als mit Schallgeschwindigkeit erfolgte.

Es ist nicht das, was Sie von uns hören wollten, Herr D., das ist uns klar. Denn eigentlich möchten Sie wissen, wie laut der Urknall gewesen wäre, wenn man ihn hätte hören können. Und da Sie es nur ungefähr wissen wollen, wagen wir den Versuch einer Antwort.

Und dabei beginnen wir, aus Respekt vor der Grösse des Alls, mit einer Vereinfachung: Wir nehmen an, beim Urknall sei nicht das ganze Universum entstanden, sondern bloss unsere Milchstrasse. Für Sie, Herr D., heisst das: Am Ende müssen Sie die Lautstärke, die Sie sich vorstellen, noch um einen Faktor von ein paar Milliarden verstärken.

Jetzt versuchen wir, einen Grössenbezug herzustellen zwischen uns und der Milchstrasse: Rührt man einen Milchkaffee, nimmt der Schaum die Form einer Spiralgalaxie an. Der springende Punkt ist nun der: Während unsere Schaum-Galaxie sich einmal pro Sekunde dreht, dauert eine Umdrehung der Milchstrasse etwas über 200 Millionen Jahre. Die gigantische «Grössen-Kluft», die sich zwischen unserem Alltagskram und der galaktischen Ebene öffnet, kann somit mit einem Faktor von ziemlich vielen Milliarden umschrieben werden. Der auf die Milchstrasse reduzierte Urknall dürfte deshalb ungefähr um so viel lauter gewesen sein als ein Knall, wie Sie ihn aus Ihrem Alltag kennen.

Die Frage, die offen bleibt, ist die nach der Art des Knalls: Womöglich klang der Urknall gar nicht wie ein Knall. Vielleicht klang er eher wie ein unanständiges Sprotzen im Auspuff eines Cabriolets.

Über die seltene Objektivierung der Liebe

Psychologie und Erotik sind zwei Themengebiete, die durch eine tiefe Schnittmenge miteinander verbunden sind. Und genau in diese werden wir durch die Frage von M. L. hineingezogen. Es ist wegen Roger Federer. Der hat kürzlich in Miami so gut Tennis gespielt, dass er dafür einen Pokal überreicht bekommen hat. Dieser wurde darauf von Federer geküsst. Laut M. L. kein Einzelfall. Er stelle immer wieder fest, dass erfolgreiche Menschen Gegenstände wie Pokale oder Medaillen küssten. Nun will er wissen: Ist das eine spezielle erotische Neigung, die er als Erfolgloser einfach nicht kenne?

M. L. hat Glück. Der unergründliche Askforce-Wissensfundus deckt auch die Philematologie ab, also die wissenschaftliche Erforschung des Kusses. Diese bringt uns in eine Welt, in der aus unzähligen Gründen Lippen auf alles Mögliche gedrückt werden. Papst Johannes Paul II. küsste als Zeichen der Verehrung diverse Böden von ihm erstmals bereister Länder. Der sozialistische Bruderkuss diente Kommunisten im Ostblock als Begrüssungsritual, und im Mafia-Milieu angesiedelte Menschen küssen, um jemandem den baldigen Tod in Aussicht zu stellen.

Der emotionale Anlass für einen Kuss kann also unterschiedlichster Natur sein. In unserem Kulturkreis werden Küsse aber vermutlich am häufigsten aus Gründen gesteigerter Zuneigung, sprich Liebe, vergeben. Wenn das Objekt der Begierde dabei ein Gegenstand ist, dann sprechen wir Fachleute von Objektophilie – eine sexuelle Orientierung, zu der nur wenige Dokumentationen vorliegen. Berühmtestes Beispiel ist die schwedische Mo-

114

dellbauerin Eija-Riitta Eklöf, welche 1979 die Berliner Mauer in einem symbolischen Akt geheiratet hat. Oder Jutta W., die 14 Jahre lang eine Liebesbeziehung mit der Bodensee-Fähre Euregia führte.

Zudem gibt es erfasste Fälle von Beziehungen zwischen Menschen und dem Eiffelturm, landwirtschaftlichen Fahrzeugen und Lokomotiven. Sogar eine Jukebox zog humane Sehnsucht auf sich. Eines haben die Beziehungen dabei gemeinsam: Der menschliche Teil von ihnen hat nie gut in Miami Tennis gespielt und war auch in anderen Belangen nicht sonderlich erfolgreich. Deshalb ist ein direkter Zusammenhang zwischen Erfolg und Objektophilie grundsätzlich auszuschliessen.

Ohne Vorschläge geht es nicht

Heute geht es um die Verbesserung der Welt. S. G. aus B. ist nämlich Folgendes aufgefallen: «Kürzlich vermerkte der Unternehmer und Buchautor Jörg Knoblauch, dass letztes Jahr in seinem Betrieb pro Mitarbeiter 11,2 Verbesserungsvorschläge gemacht worden seien. Frage an die Askforce: Wie darf ich mir einen Verbesserungsvorschlag von 0,2 vorstellen?»

Zuerst einige einleitende Bemerkungen. Die Firma von Herrn Knoblauch zählt rund 100 Mitarbeiterinnen und Mitarbeiter. Pro Jahr landen nach unserer Rechnung also etwa 1120 Vorschläge auf dem Pult von Herrn Knoblauch, das heisst, im Extremfall – wenn wirklich alle Vorschläge eine Verbesserung bewirken und auch umgesetzt werden – müssen in der Firma pro Arbeitstag vier bis fünf Verbesserungen vorgenommen werden. Also hat man rund zwei Stunden Zeit für eine Verbesserung. Allerdings, wer macht dann die eigentliche «Büez»?

Herr Knoblauch erwähnt als abschreckendes Beispiel Deutschland, wo pro Angestellter nur 0,5 Verbesserungsvorschläge gemacht werden. Das ist in der Tat ein himmelweiter Unterschied. Aber wir müssen Folgendes bedenken: Deutschland kommt immer noch auf Millionen und Abermillionen von Verbesserungsvorschlägen, ist also Knoblauchs Firma haushoch überlegen, auch wenn dessen Angestellte im nächsten Jahr die Verbesserungsvorschlags-Produktion noch in die Höhe schrauben sollten.

Nun zur Frage: Ein Verbesserungsvorschlag von 0,2 kann man sich leicht so vorstellen: Mitarbeiter A macht zum Beispiel den Vorschlag, die Kaffeemaschine um 10 Meter näher an seinen Arbeitsplatz zu rücken. Weil dieser Vorschlag aber mit den Vorschlägen von Mitarbeiter B und C in Konflikt steht, die die Kaffeemaschine näher zu sich verschieben möchten, krebst Mitarbeiter A zurück und macht den neuen Vorschlag, die Maschine nur um 2 Meter näher zu sich zu bringen. Dies wird genehmigt und umgesetzt. Das also bedeutet 0,2 Verbesserungsvorschläge. Warum eigentlich Plural, es ist ja nicht einmal ein ganzer?

Abschliessend erlauben wir uns, zu bemerken, dass es einen ganzen Berufsstand gibt, der täglich weit mehr als die erwähnten 11,2 Verbesserungsvorschläge macht: die Lehrerinnen und Lehrer. Ganze Heerscharen von Schülerinnen und Schülern sind tagein, tagaus damit beschäftigt, Verbesserungen ins Reine zu schreiben.

Wie man mit fragwürdigen Fragen umgeht

Fragen stellen zu müssen, ist die Bürde der Unwissenden. Deshalb kommt es äusserst selten vor, dass die Askforce eine Erkundigung einholen muss. Bei Herrn G. kam es jedoch zu einer dieser raren Ausnahmen.

Dem heutigen Fragesteller ist nämlich seine ursprüngliche elektronische Zusendung, noch bevor er sein Anliegen schildern konnte, entglitten, wodurch wir eine Nachricht erhalten haben, die wie folgt endete: «Nun zu meiner Frage.» Da wir nur über theoretisches Wissen über das Hellsehen verfügen, war es uns unmöglich, Herrn G.s Absichten zu erahnen, so mussten wir diese per Nachfrage klären. Herr G. will also wissen, ob nur würdige Fragen eine würdige Antwort verdient haben und fragwürdige Fragen ignoriert werden sollen.

Zudem fragt er sich, ob Fragen von würdig in unwürdig und umgekehrt wechseln können. Da uns diese Frage als würdig erscheint, nehmen wir uns dieser an und eröffnen unsere Antwort mit Kolumbus. Zu Lebzeiten des berühmten Seefahrers war im Kollektiv des gesellschaftlichen Denkens eingemeisselt, dass die Erde eine Scheibe ist.

Alles andere waren fragwürdige Theorien. Erst als Kolumbus' Berufskollege Magellan den ganzen Planeten umrundet hatte, ohne dabei ins Weltall zu plumpsen, wurde die Frage nach alternativen geometrischen Formen der Erde als würdig erachtet, wobei die Kugel nach wissenschaftlichen Abklärungen das Rennen machte.

Nun werden aber wieder vereinzelte Stimmen laut, die von einem Irrtum ausgehen und behaupten, die Welt sei doch eine Scheibe. Das Kollektiv des gesellschaftlichen Denkens ist sich jedoch einig, dass dies eine äusserst fragwürdige Feststellung ist.

Dadurch zeigt sich: Gemessen am Zeitstrahl der menschlichen Entwicklung ist es durchaus möglich, dass eine Frage ihre Würde verliert oder auch wieder gewinnt. Dies ist letztlich abhängig vom Stand der Wissenschaft und von der zeitgeistlichen Befindlichkeit der jeweiligen Epoche.

Weil dies alles ein wenig kompliziert ist, wäre es wohl am besten, auf Fragen künftig gänzlich zu verzichten. Wir raten davon aber nur ab, weil das unsere Rolle als antwortgebende Instanz obsolet machen würde.

Mit der Frau Doktor an den Tanz?

Seit Januar, so schreibt sie, grübelt Frau S. über folgende Frage nach: «Halten Sie es für möglich, dass Frau Dr. med. A. T. von Osteoporose betroffene Männer aus therapeutischen Gründen mit auf Dancefloors oder zu Partys nimmt?» Die Beilage, eine Fotokopie, bringt Klarheit: Auslöser für die monatelangen Grübeleien von Frau S. war nämlich ein Ausgangshinweis in der Tageszeitung. Unter dem Stichwort «Dancefloor/Party» wurde da ein Referat der Frau Doktor A. T. aufgeführt: «Osteoporose: Es betrifft auch Männer …»

Wir haben uns kundig gemacht: Frau Doktor A. T. ist eine topseriöse Medizinerin, eine Kapazität auf dem Platz Bern. Als solche holt sie – offenbar durchaus auch mit unkonventionellen Mitteln – ihre Patienten dort ab, wo sie gerade sind. Oder eben da, wo sie gerne wären. Begriffen, Frau S.?

Wir wollen es als Theaterstück erklären: Auf der Bühne, vorzugsweise vor einer nackten Betonwand der Vidmar-Hallen, sitzt ein immer noch attraktiver, aber offensichtlich unglücklicher Schauspieler, der irgendwie einem Berner Oberländer Politiker ähnelt. Zwischen je einem Schluck Kamillentee (gelb) und Whisky (Single Malt) erzählt er in einem packenden Monolog dem vor ihm auf dem Tisch stehenden Totenschädel von seinen Bresten; er hat nämlich Osteoporose. Der Schädel reagiert nicht – Knochenschwund ist nicht sein Thema. Tief geknickt wendet sich der Protagonist ab und starrt in sein Leibblatt.

Wir kommen zum Pantomimenteil. Auftritt: schöne Tänzerinnen. Sofort ist klar: Unser tragischer Held liest die Ausgangshinweise, denkt an wilde Partynächte und ist traurig, weil ihm sein böser Rücken so etwas nie mehr erlaubt. Die Frauen huschen ab, Tränen fliessen, alles ist Dunkel und Elend. Trauermarsch, dann Stille. Wieder ertönt Musik, diesmal aber weicher. Von der Decke herunter schwebt, eingehüllt in eine Wolke aus hellblauem Tüll, eine kompetente Ärztin. Sie wolle niemandem falsche Hoffnungen machen, erzählt sie dem Mann und dem – desinteressierten – Schädel, aber es gebe Möglichkeiten, auch als Mann der Osteoporose zu begegnen. Zuerst einmal biete sie Leidenden einen Informationsabend an: «Osteoporose: Es betrifft auch Männer …».

Und noch einmal wechselt das Licht, ein Hoffnungsschimmer erhellt den Vidmar-Beton. Langsam streckt der Oberländer Beau den Rücken durch, erhebt sich. Er faltet seine Zeitung zusammen und legt sie, fast zärtlich, auf den Tisch. Der Schädel lächelt.

Elementary, my dear Watson!

Einigen Leserinnen und Lesern macht es Spass, die Grenzen der Askforce zu testen. Mit einem besonders kritischen Ansatz tut dies Herr T. aus Lamboing. Er findet die Askforce nämlich eher «bemüht originell» und «irgendwie ärgerlich». Er habe deshalb mit seiner Gattin gewettet, er könne der Askforce die unentschlüsselbare Frage auftischen. Nun schickt er uns ein Bild, das einen handlichen Gegenstand zeigt, und sagt dazu, er habe ihn auf einer Trockenwiese gefunden. Seine Frage: «Was könnte das bedeuten?»

Die Askforce erkennt zweifelsfrei einen Trichter. Und freut sich, denn Trichter funktionieren ähnlich wie die Askforce. Trichter bündeln breit Fliessendes zu einem dichten Strahl. In vergleichbarer Weise lässt sich der breite Gedankenfluss zu einem Kanal der Erkenntnis bündeln. Nur dürfte Herr T. sich kaum ein Rätsel ausgedacht haben, das den simplen Schluss zulässt, das Bild zeige einen Trichter, und ein Trichter sei auch im übertragenen Sinn eine gute Sache. Es gilt also, die von T. beiläufig mitgelieferten Zusatzinformationen zu werten. Er will den Trichter auf einer Trockenwiese gefunden haben; es ist kein henkelloser Trichter; der Rätselautor wohnt in Lamboing.

Tja, Herr T., unter dem Strich ist alles schliesslich gar simpel und offensichtlich. Ihre Frage bedeutet, dass Sie uns gerne bewiesen hätten, dass die Askforce-ExpertInnen unbelesene BanausInnen sind, die lediglich wikipediagegoogletes Halbwissen verwursten.

Wie wir das gemerkt haben? Herr T. ging davon aus, dass wir nur den Trichter sehen. Aber vor uns liegt der Trichter und sein

Henkel. Schliesslich musste die beiläufig erwähnte Trockenwiese stutzig machen. Wer von Twann nach Lamboing hochfährt, begegnet keiner Trockenwiese. Logisch, denn die Trockenwiese ist nur ein wirklich leicht durchschaubares Kryptonym. Trockenwiese. Dürrenmatt. «Der Trichter und sein Henkel» wird zu «Der Richter und sein Henker». Kommissär Bärlach fährt von Twann ins trockenwiesenfreie Lamboing hoch, schafft sich dort seine Art von Gerechtigkeit. Das zu merken, ist so schwierig nicht: Man muss nur wie Bärlach das Schöpferische des Verdachtschöpfens schätzen und die Gedanken trichterartig bündeln. Oder mit Sherlock Holmes: «Elementary, my dear Watson!»

Politisch extrem korrekte Antworten

Mami, was ist Politik?

«Liebe Askforce», schreibt unsere heutige Fragestellerin aus der weiteren Umgebung von Bern, «ich habe im Radio von der SVP gehört und meine Mutter gefragt, ob das etwas Ähnliches sei wie YB. Sie meinte nein. YB mache Sport, die SVP aber Politik. Leider konnte sie mir dann nicht erklären, was Politik ist. Ein Kollege meiner Mutter meinte, du könnest sicher helfen. Jelena, 5 Jahre alt.»

Da hat es sich der Kollege von Jelenas Mutter ja reichlich einfach gemacht. Die Askforce dagegen ist sich ihrer staatspolitischen Verantwortung bewusst. Brachte doch jüngst eine Studie ans Licht, dass es Schweizer Schülern an politischer Ahnung gebricht. Wenn nun wissbegieriger Bürgerinnen-Nachwuchs 13 Jahre vor Erreichen der direktdemokratischen Reife Auskunft begehrt – wohlan!

«Politik ist der Komplex sozialer Prozesse, die speziell dazu dienen, das Akzept administrativer (Sach-)Entscheidungen zu gewährleisten. Politik soll verantworten, legitimieren und die erforderliche Machtbasis für die Durchsetzung der sachlichen Verwaltungsentscheidungen liefern», schlug ein – kinderloses – Askforce-Mitglied vor. «Vielleicht etwas zu komplex für eine Fünfjährige?», wandte ein anderes Mitglied ein. Die Definition von Politik müsse stärker auf die Lebenswelt eines Kindes Bezug nehmen.

«Was tragen Kinder? Windeln! Und was machen sie dort rein?», fragte ein drittes Mitglied rhetorisch. «Politik ist ein Dreckgeschäft!», triumphierte die Askforce im Chor. Ja, das

126

würde Jelena aus den Erfahrungen ihrer ersten Lebensjahre heraus verstehen. Doch nach Abklingen der ersten Euphorie, eine kindgerechte Definition von Politik gefunden zu haben, schlich sich bei einzelnen Mitgliedern der Askforce Unbehagen ein. Vermittelte man hier nicht einem unschuldigen Mitglied der Gemeinschaft ein allzu negatives Bild von Politik?

Es galt, einen Kompromiss zu finden. Irgendetwas zwischen sozialen Prozessen und Dreckwindeln. Vielleicht etwas mit den – innen hohlen – Puppen Barbie und Ken? Mit dem Farbstiftspektrum Grün, Rot, Orange, Blau, Braun? Oder mit Chrämerliladen? Nach langer Diskussion sprach die Askforce einen Projektierungskredit, setzte die Arbeitsgruppe «Kind & Politik» ein und beauftragte sie mit der Erarbeitung eines Konzepts «Kindgerechte Definition von Politik».

Irgendwann, liebe Jelena, wirst du begreifen: DAS ist Politik.

Die Mitte zwischen irgendwo und nirgendwo

«Für was genau steht ein CVP-Mann in einem Rat, der hälftig aus Deppen und hälftig aus Schlauköpfen besteht, wenn dieser Mann entschieden die Mitte vertreten will?» Das fragt Lehrer Rolf S. aus K. und verrät uns, er unterrichte übrigens Mathematik.

Dem Mathematiker Rolf können wir nur sagen, was er eh schon weiss: Die Mitte ist der Punkt auf einer Geraden, der vom einen Ende dieser Geraden exakt gleich weit entfernt ist wie vom anderen. Bilden Deppen und Schlauköpfe die Enden, ist der sich zur Mitte Bekennende entweder der schlaue Depp oder der depperte Schlaukopf. Doch das Beispiel wirkt konstruiert, denn Rolf entwirft ein Gremium ganz ohne Frauen. Fragen müsste man eher, was politisch exakt in der Mitte zwischen – sagen wir mal – einer Putzfrau und einem Ombudsmann liegt. Ja, es ist der/die/das Omputznonbinäre.

Allerdings kann sowieso niemand der Mitte angehören wollen, denn sie ist immer fremdbestimmt: Die Mitte kann sich nie bewegen, weil sie sonst subito nicht mehr die Mitte zwischen den zwei Polen ist. Sie kann aber auch nie dort bleiben, wo sie gerade ist, denn die Pole, zwischen denen sie als Mitte liegt, bewegen sich, und so verschiebt sich auch die Mitte selbst. Die Mitte, ein trauriger Unort!

Tieftraurig ist er für jene, die Wert auf Werte legen. Wer genau die Mitte zwischen Mut und Feigheit sucht, steht für Halbherzigkeit. Und in der Mitte zwischen Wahrheit und Lüge kann nur die Halbwahrheit zu Hause sein. Wir merken: Die Mitte ist ein insgesamt irgendwie ungemütliches Irgendwas zwischen dem Irgendwo und dem Nirgendwo.

Was aber nur Insider wissen: Die CVP wollte gar nie «Die Mitte» werden. Gesetzt war der Name «Die Bitte», also das ans Beten angelehnte Flehen um Wählerstimmen angesichts des eigenen Zerfalls. Weil aber der Buchstabe B noch weiter links im Alphabet steht als das C, fiel «Die Bitte» – obwohl klanglich okay – aus dem Rennen. Als Alternativen galten dann «Die Sitte» und das nicht ganz glaubwürdige «Die Fitte». Als Erstbuchstabe wurde gar das T eingesetzt – und voller Schrecken wieder fallen gelassen. Erst dann landete man beim schön eingemitteten dreizehnten Buchstaben des Alphabets, dem M wie Mitte: keine perfekte, aber die perfekt mittelmässige Wahl. Chapeau!

Wie lösen Grüne dieses Dilemma?

Den regelmässigen Askforce-Kunden Rolf S. aus Bern hat es neulich in den Jura verschlagen. Dort ist er auf etwas gestossen, das ihn zum Nachdenken genötigt hat. Es waren die Windräder, die gemächlich ihre Runden drehen. Wie Grüne und Umweltschützer zu diesen stehen, will Rolf S. nun wissen. Schliesslich würden die Räder bekanntlich ökologischen Strom produzieren, aber durch ihr Aussehen eben auch die Natur verschandeln. Herr S. sieht darin ein unlösbares Dilemma.

Da die Bewältigung von unlösbaren Dilemmata zur Askforce-Kernkompetenz zählt, sehen wir uns in der Lage, dieses Problem angemessen zu durchleuchten. Das Wichtigste zuerst: Stromproduktion war noch nie ein Schönheitswettbewerb. Denn sämtliche Varianten der Stromerzeugung sind in ihrer architektonischen Beschaffenheit nicht gerade mit Schloss Versailles vergleichbar.

Führen wir uns bloss einmal das handelsübliche Atomkraftwerk in all seinen misanthropischen Grautönen vor Augen. Aus dem Blickwinkel der Ästhetik ist dieses bestimmt keine strahlende Schönheit. Doch auch moralisch hochtrabende Stromerzeuger wie beispielsweise Solarzellen sind nicht gerade ein Augenschmaus. Lassen sie doch auf den ersten Blick stets vermuten, dass ein verrückter Professor die Keramikplatte seines Elektroherds auf das Hausdach geschraubt hat. Und selbst das bereits angesprochene Windrad hat letztendlich das Erscheinungsbild einer Semesterarbeit eines erfolglosen Kunststudenten, der das Objekt unter dem Projekttitel «Ventilatoren der Ruralisierung» in die Idylle der Abgelegenheit gestellt hat.

Für Grüne und ähnliche Zeloten der konsequenten Instandhaltung der Natur gilt somit das, was bei so manchen schwierigen Situationen des Lebens zum Zug kommt: Sie müssen sich für das kleinste aller Übel entscheiden. Natürlich will niemand so ein Übel direkt vor der Haustür stehen haben, auch wenn es noch so klein ist. Nein, Übel sollen so weit weg stehen, wie es nur geht. Und da Grüne mehrheitlich in urbanen Zentren zu finden sind, ergibt es schliesslich nur Sinn, dass sie sich für die Stromproduktion starkmachen, die irgendwo in der Idylle der Abgelegenheit stattfindet.

Können Tote die Politik beleben?

Unser treuer Leser L. schickt uns aus Brissago eine Karte mit einer Frage, die wir unserer werten Leserschaft nicht vorenthalten wollen: «Obwohl sehr tot, bleibt Giuliano Bignasca Kandidat für die Luganer Kommunalwahlen vom 14. April. Sind kandidierende Tote für die Demokratie wirklich belebend?»

Die Askforce besitzt mangels eigener Todeserfahrung nicht die Kompetenz, die unmissverständliche Frage eindeutig zu beantworten. Sie wagt es aber, die Chancen und Risiken für die Demokratie zu benennen, die von kandidierenden Toten ausgehen.

Zunächst ist es sicher so, dass der eigene Tod den persönlichen Wahlkampf tatsächlich beleben kann. Uns scheint die Annahme berechtigt, dass die von der plötzlichen Absenz von Lebendigkeit ausgehende Publizität die Chancen erhöht, gewählt zu werden. Man könnte dies aber auch als wettbewerbsverzerrend beklagen. Ganz grundsätzlich gibt es natürlich mehr politisch begabte Tote als politisch begabte Lebende. Das ist so, weil praktisch alle langfristig gesehen deutlich länger tot als lebendig sind. Deshalb könnte es ein Gewinn sein, wenn beispielsweise die CVP hin und wieder den sehr toten, aber in seinem Wirken immer noch lebendigen Niklaus von Flüe (1417–1487) nominieren würde. Er ist bestimmt weniger wankelmütig als ein Teil des lebenden Personals. Überhaupt könnte es eine überzeugende Qualität jenseitiger Politiker sein, dass sie sich nie öffentlich widersprechen. Sie sind unbeeinflussbar, gewissermassen aufrecht, obwohl sehr oft waagrecht gelagert.

Ungeklärt ist aber die Frage, wie der Dialog in einem gemischt-lebendigen Gremium vonstattengehen soll: Wie erklären die Jenseitigen ihren Standpunkt? Wie sieht ihre konkrete Mitarbeit in Gremien der Lebenden aus? Wie bezahlen sie ihre Mandatssteuer? Je nach persönlicher Jenseitsvorstellung gibt es weitere Komplikationen. In Bedrängnis geraten etwa Agnostikerinnen und Atheisten. Besonders Letztere kennen ja die Tradition nicht, nach dem Tod weiterzuleben. Sie scheiden damit aus dem Nach-tod-Kandidatenpool aus. Das ist zwar diskriminierend, aber auch richtig, denn man weiss ja von prominenten Atheisten, wie beharrlich sie seit ihrem Tod schweigen. Das Urteil der Askforce kann nicht abschliessend sein. Klar scheint uns immerhin, dass sich vor kandidierenden Toten vor allem die Untoten fürchten müssen, jene Volksvertreter also, die wir zwar wählen, die aus eigener Kraft ihren Sitz erklimmen, dann aber in Scheintodstarre verharren.

Wahre Toleranz. Oder: Das Neue Cassis-Prinzip

Der Tabakmulti Philip Morris will der Schweiz helfen. Er will ihren Expo-Pavillon in Dubai finanzieren. Aber seit diese Public-Private-Partnership vorliegt, hören wir das Publikum pöbeln. So fühlt sich unser Leser Rolf E. aus K. ermutigt, Bundesrat Cassis an den Karren zu fahren: «Beim heiligen Ignorazio! Ist der Mann bei Trost?» Er sinniert dann über Tabak, Tod und Mitverantwortung und fragt: «Darf der das überhaupt?»

Unser Trostwort an Rolf E.: Der darf das nicht. Der muss das. Denn der Deal ist wegweisend, überzeugend, zwingend. Nur Banausen merken dies nicht und übersehen sogar, wie poetisch sich hier Staat und Multi ergänzen. Unten im Pavillon wird Fendant kredenzt, oben auf der Dachterrasse Nikotin gereicht. Es ist die symbolstarke Abbildung unserer Wirklichkeit: Während unten der tapfere Versuch läuft, der Walliser Weissweinschwemme Herr zu werden, ist das Tabakglimmen die sublime Andeutung des atemberaubenden Alpenglühens und der alpinen Höhenfeuer. Wir meinen: Das ist ein helvetisches Gedicht.

Weit wichtiger ist freilich, dass Staatsmann Cassis hier eine verbesserte politische Kultur implementiert. Es geht um nicht weniger als die Einführung des Neuen Cassis-Prinzips (NCP). Dessen Kern: Wir stärken den gesellschaftlichen Zusammenhalt durch einen persönlichen, inneren Meinungspluralismus. Es entsteht nämlich mehr wahre, verbindende Toleranz, wenn jeder und jede mehrere Haltungen gleichzeitig hat, statt immer nur die eine, eigene Meinung.

Stellen Sie sich beispielsweise einen toleranten Arzt vor, etwa einen Tessiner Präventivmediziner. Als Arzt warnt er überzeugt vor dem Rauchen. Als Toleranter raucht er trotzdem. Als Raucher ist er total für die persönliche Freiheit. Als Verfechter persönlicher Freiheit ist er total gegen Rauchverbote. Als Verbotsgegner ist er total für mehr Eigenverantwortung. Und als Mega-Eigenverantwortlicher ist er total gegen das Rauchen.

Zeitgleich kann er so locker für und ebenso überzeugt gegen eine Sache sein. Diese Fähigkeit zur akzidentellen Entwicklung situativ gültiger Haltung trägt viel zur Beweglichkeit bei, von der viele wohl erst träumen.

Die Albisgüetzlirede im Originalton

Ziemlich dezidiert teilt uns ein Herr L. mit: «Die Albisgüetzli-rede sagt doch einfach die folle Wahrheit!!!!» An sich ist das gar keine Frage. Aber die Askforce analysiert Zuschriften auch dann sorgfältig, wenn das Fragezeichen fehlt. Herr L.s Feststellung zwingt immerhin zu Fragen: Ist seine Rechtschreibung Hinweis auf intellektuelle Sparsamkeit oder besondere Kreativität? Ist er Bilingue und meint mit «folle Wahrheit» eigentlich «la vérité folle»? Will er prüfen, ob die Askforce den Zusammenhang zwischen der Albisgüetli- und der Albisgüetzlirede kennt?

Sie kennt ihn. Für die Uneingeweihten: Bäcker-Konditor Albert «Albi» Münger hielt vermutlich um 1953 an verschiedenen Partei- und Vereinsversammlungen seine legendäre Güetzlirede. Gerne zitieren wir aus dem metaphorischen Werk:

«(…) Was soll das Gerede, es gebe in unserer Güetzlibüchse zu viele Spitzbuben? Wie fad wär' denn der Alltag ohne diese aus feinem Mailänderliteig Hervorgegangenen! Vergessen wir eines nicht: All das Eigene, das uns so heimatstiftend erscheint, trägt in sich die Würze des Fremden. Im Güetzli steckt nicht nur die bindende Kraft des Mehles und – je nach Rezept – die triebhafte Energie des Backpulvers. Im Güetzli steckt auch der mundende Beweis, dass das Leben durch das bislang Unvertrau-te reicher wird. Der Zimtstern ohne Zimt aus Zeylon? Fad! Das Bärner Brätzeli ohne Zitronenschale aus Sizilien und etwas Va-nille aus Madagaskar? Fad! Das Basler Leckerli ohne Nelkenpul-ver aus Sulawesi? Das Anis-Chräbeli ohne Anis aus Korinth? – Man muss in dieser Frage immer klar auf der Seite des Volkes sein, das weiss, wie viel reicher sein Leben durch Weltoffenheit wird (...).»

Albi Müngers Mission blieb äusserst erfolglos. Anderseits wirkt seine Rede bis zum heutigen Tag in der fast gleichnamigen Albisgüetlirede nach. So kam Christoph Blocher heuer nicht umhin, fürs Basler Leckerli zu werben. Und ganz in Anlehnung ans Original betitelte er seine Rede mit den Worten «auf der Seite des Volkes». Abgesehen davon unterscheiden sich die beiden Reden. Nicht beide sagen die «folle» Wahrheit.

«Sind wir eine Willensnation?»

Die Frage, die uns Herr Reinhard L. aus Münsingen stellt, ist sehr elegant formuliert: «Einmal mehr», schreibt er, «bleibe ich an einem Ausdruck hängen, der bei näherem Hinsehen einer Kritik nicht standhält.» Kürzlich habe er gelesen – nicht zum ersten Mal –, die Schweiz sei eine Willensnation. Das würde bedeuten, folgerte er, «wir sind also ein Volk mit einem Willen, wir sind willens, etwas zu tun, zu sagen, zu ..., ja was eigentlich?» Logischerweise müsse es daher auch Nationen geben, die ohne Willen seien, fährt Herr L. fort, kommt aber zum Schluss, dass es schwierig werden dürfte, solche zu finden. «Ich vertraue fest auf Klärung Ihrerseits», schreibt er.

Ein Ausdruck, «der bei näherem Hinsehen einer Kritik nicht standhält»: Das klingt wirklich gut, Herr L. Und wir dürfen Ihnen mitteilen: Beim Ausdruck Willensnation hegen auch wir nach längerem Hinsehen unsere Zweifel. Vor allem, wenn behauptet wird, die Schweiz sei eine Willensnation. (Nur nebenbei: Wenn man sich vorstellt, aus dem Wort «behauptet» wären Buchstaben herausgefallen, entdeckt man bei genauerem Hinsehen das Wort «Hupe»). Denn aus unserer Sicht ist die Schweiz gerade das Gegenteil einer Willensnation.

Warum? Aufgrund der Lage! Oft wird behauptet, Menschen, die sich an unwirtlichen Orten niederlassen, hätten einen sehr starken Willen. Das stimmt gerade nicht: Menschen, die einen starken Willen haben (und diesen auch durchzusetzen vermögen), wohnen an schönen Orten – aber sicher nicht in entlegenen Bergtälern wie seinerzeit die guten alten Eidgenossen.

Zur Veranschaulichung: Ähnlich verklärt wie der Blick auf die Schweiz ist der Blick auf die Kaiserpinguine. In zahlreichen Dokumentarfilmen werden sie als Sonderfall-Tierart dargestellt – nur weil sie fähig sind, mit den gelegten Eiern auf den Füssen im antarktischen Winter auszuharren.

Aber sagen Sie selber, Herr L., was ist daran so toll? Wer dort lebt, hat jeden Kampf um ein wärmeres Plätzchen verloren, liess sich nadisna abdrängen an einen Ort, wo es dunkel und kalt ist. Kaiserpinguine sind keine Stars. Sie sind Loser! Ob es mehr als ein blosser Zufall ist, dass sie auf eine ähnliche Weise herumstehen wie Jodler?

Und hier unten – wo sonst? – noch die oben herausgefallenen Buchstaben: beatt

Wir haken dieses Thema heute ab

Trotz der allgemeinen Politikmüdigkeit bemüht Andy I. aus der friedlichen Stadt B. am lieblichen Fluss A. die Askforce mit einer hochpolitischen Frage. Ihm fällt auf, dass Verbrecher oft als «eingebürgerte Schweizer» bezeichnet werden, und er fragt sich, ob eingebürgerte Schweizer nicht richtige Schweizer seien.

Die Askforce ist enttäuscht über die verbreitete Absenz von Logik, die Herr I. hier stellvertretend für Tausende dokumentiert. Sie ist zudem enttäuscht über die Tatsache, wie sehr die Frage tabuisiert wird. Denn die Antwort ist simpel: Ja, «eingebürgerte Schweizer» sind keine richtigen Schweizer. Sie sind Ausländer. Die Sachlage ist sonnenklar: Schweizer und Schweizerinnen können sich in der Schweiz nicht einbürgern lassen. Sie können dies vielleicht in Molwanien, Transnistrien oder zusammen mit ihrem Fluchtgeldkonto in Jamaica tun, aber dann werden die eingebürgerten Schweizer zu Ausländern. Um die Einbürgerungsdebatte ein für alle Mal abzuschliessen, sei somit betont: Was wir hierzulande kennen und akzeptieren, sind einzig und ausschliesslich «eingebürgerte Ausländer», und die sind Schweizer, sogar richtige Schweizer, aber nicht unbedingt rechte Schweizer.

Wegen der kollektiven Begriffsstutzigkeit lohnen sich Analogieschlüsse: Ist ein konvertierter Katholik ein Katholik? Eben gerade nicht. Er ist ein ehemaliger Katholik, also beispielsweise ein Reformierter. Analog dazu ist der eingebürgerte Ausländer ein konvertierter, also ein ehemaliger Ausländer, und somit ein Schweizer. Und der eingebürgerte Schweizer ist – richtig! – ein ehemaliger Schweizer.

Andy I. stört sich somit zu Unrecht an der subtilen Betonung von Verbrechen im Zusammenhang mit «eingebürgerten Schweizern». Sich in der Schweiz als Schweizer einbürgern zu wollen, um hier «eingebürgerter Schweizer» zu werden, käme der Erschleichung einer Staatsbürgerschaft gleich, die das betreffende Individuum bereits besitzt. Dieser krankhafte Drang zum Doppelschweizerbürgerrecht ist natürlich ein übles Tun und wird nach landesüblicher Norm verständlicherweise in gefährlicher Nähe zum Verbrechen gesehen.

Wer verhängt die Heiratsstrafe?

Eigentlich kennt man das Phänomen ja aus der Musik: Eine Melodie, ein Liedchen schlängelt – oder prügelt – sich ins Hirn und verschwindet scheinbar nie wieder. Löschen geht nicht, jede Beschäftigung mit ihm macht den Ohrwurm nur stärker. Was ihn ganz besonders fies macht, ist sein Hang zum Trash. Der gemeine Ohrwurm – nicht zu verwechseln mit dem Gemeinen Ohrwurm, einem unbescholtenen Insekt – neigt dazu, sein Opfer allein durch seine Existenz zu beleidigen. Beispiel gefällig? «Atemlos durch die Nacht, bis ein neuer Tag erwacht …» Genau, das ist ein Ohrwurm. Entschuldigung.

Auch gewisse Wörter haben die Qualität eines Ohrwurms. «Heiratsstrafe» etwa. Man weiss zwar nicht genau, was das bedeutet, aber man könnte sich gut vorstellen, dass die Frau Fischer es nächstens in ihr Repertoire aufnimmt. «Jede Nacht, wenn ich tief schlaf', heimsuchst du mich mit der Heiratsstraf'» oder so ähnlich.

Der Begriff ist so gaga und eingängig zugleich, dass er sich auch für politische Zwecke eignet – darum durften wir kürzlich sogar über die «Abschaffung der Heiratsstrafe» abstimmen. Wir haben sie aber dann behalten, weil wir sie im Grossen und Ganzen ganz gut finden, da sie ja vorab Leute trifft wie zum Beispiel die Martullos, während unsereins KleinsparerInnen auf die Abschaffung auch noch draufgezahlt hätte. Trotzdem lohnt es sich, weiter über sie, also die Heiratsstrafe, nicht die heiratsgestraften Martullos, nachzudenken. Unsere Brieffreundin Frau J. macht es vor: «Was ist eine Heiratsstrafe, und für welche Vergehen wird sie verhängt? Wer soll auf diese Weise sühnen und wie lange?»

Wir greifen für die Antwort gerne auf unsere umfassende Lektüre historischer Romane, Fachrichtung finsterstes Mittelalter, zurück. Hierbei handelt es sich übrigens um gemeine Ohrwürmer zwischen Buchdeckeln, und damit sind wir gerade richtig.

Also, normalerweise läuft das mit der Heiratsstrafe so: Der arme Tunichtgut – er hat der reichen und lasziven Vorindustriellentochter einen wurmstichigen Apfel und die ebensolche Unschuld geraubt – steht schon unter dem Galgen. Da meldet sich die schüchterne Nonne beim Richter. Sie würde entgegen ihrer Berufung dem Schleier entsagen, um dieses junge Menschenleben zu retten und den Burschen auf den rechten Weg zurückzuführen. Der Jüngling – ein sexy Mannsbild mit halblangen blonden Locken, auf der Galeere gestählten Muskeln und blitzenden Blauaugen – windet sich zwar, schluckt aber angesichts des sich ebenfalls windenden Seils über seinem Haupt den Frosch und lässt sich standrechtlich mit der welken Jungfrau trauen. Das hat er jetzt davon. Für immer und ewig und bis der Tod – aber nicht via Henker – sie scheidet. So geht das.

Allerdings nur in der Kurzversion. In der Langversion schält sich zur Überraschung aller ein langbeiniges Model aus dem Nonnengewand, das zum Glück im fünften Band dann nebst süssen Zwillingen auch noch einen total reichen Erbonkel kriegt. Damit hat sich die Heiratsstrafe gegen die habgierige und verdorbene Vorindustriellentochter gedreht. Und das ist nur gerecht.

Die Askforce testet den präventiven Maulkorb

Unsere begnadete Fragestellerin A. Z. sieht auf Trottoirs und Velowegen massenhaft Masken. Warum sind es so viele? Warum sind sie oft noch sorgfältig zusammengefaltet? Obwohl der Schwerkraft nicht stärker ausgesetzt als etwa Papiertaschentücher, sei die Maske heute ein auffällig häufiger «Fallgegenstand», sagt A. Z.

Die Askforce hat schon vor Wochenfrist ihre Kompetenz in Maskenfragen belegt und kennt auch diesmal die Antwort. Aber aus aktuellem Anlass will sie sich nicht mit ihrem Wissen vordrängen, sondern gibt der Weisheit der nationalrätlichen Wirtschaftskommission (WAK) den nötigen Raum. Es ist ja die WAK, die fürsorglich dafür kämpft, dass Wissen und Wissenschaft im Hintergrund bleiben – und da gilt es tatsächlich empirisch zu prüfen, ob die Politik nicht grundsätzlich die besseren Antworten bereithält.

Erhellend ist die Antwort des rechtsbürgerlichen Edelkinder-Komitees. Jede abgezogene, weggeworfene und übers Pflaster flatternde Maske, heisst es da, sei ein ermutigender Protest gegen die von fremden Kräften angestrebte Verhüllung der guteidgenössisch-christlich-abendländischen Antlitze. Was A. Z. als Littering missdeutet, ist also sichtbar gewordener Freiheitswille.

Vom Freisinn hören wir auch Positives: Die vielen im öffentlichen Raum exponierten Masken belegten eindrücklich die Rückkehr zur ökonomischen Normalität. Das wirtschaftsbelebende Prinzip des materiellen Überflusses werde punktuell wieder fassbar. Die Grosszügigkeit, mit der selbst unbenutzte

144

Masken der Umwelt anvertraut würden, sei ein Anzeichen allgemeiner Konsumfreude.

Von einer politischen Kraft, die derzeit unter dem Begriff «Die Mitte» firmiert, haben wir schliesslich erfahren, das Phänomen mache Hoffnung. Die oft akkurat und schön in der Mitte (!) gefalteten Masken seien nicht verloren gegangen, sondern stellten die mutige und zugleich subtile Frühlingsbotschaft dar, sich zu entfalten und für Zuwachs inmitten der Mitte-Wählerfamilie zu sorgen.

Offen gesagt hat die Askforce die letztgenannte und leicht frivol wirkende Aussage nicht ganz verstanden. Klar wird trotzdem: Drei Parteien, drei positive Wahrheiten. Das hätten wir mit einer bloss wissensbasierten Antwort nicht hingekriegt.

Die wahre Ursache der Gefühlskälte

Erich H. aus K. findet es «ehrlich unerträglich», dass viele Menschen gezwungen werden, einen «völlig zwecklosen Textilwickel» zu tragen, der für nichts anderes stehe als «für Unfreiheit, Sexismus, Unterdrückung, Denkverbot». Die Askforce habe er zwar im Verdacht, «politisch voreingenommen» zu sein. Trotzdem frage er: «Finden Sie nicht auch, es braucht hier ein Verbot?»

Die Askforce hat sich zunächst gefragt, welchen Textilwickel Herr H. gemeint haben könnte. Die Burka kann er kaum gemeint haben, denn die häufigste Textilie, die a priori zwecklos und häufig unfreiwillig um ein Körperteil gebunden wird, ist die Krawatte. Und da trifft H. ins Schwarze. Es ist in der Tat kaum hinnehmbar, dass sich in den als aufgeklärt geltenden Ländern der Erde Hunderte von Millionen Menschen ein längliches Stück Stoff um den Hals knoten müssen, um keine gesellschaftliche oder berufliche Herabminderung zu erleiden.

Die Halsverschleierung ist doppelt diskriminierend. Sie diskriminiert die Träger durch die Einschränkung, die vom Textil selber ausgeht. Zusätzlich werden die Träger diskriminiert, weil unterschichtige und feministische Kreise der Gesellschaft die Krawatte als phallisches, spiesserisches und anpasslerisches Symbol geisseln. Allein in der Schweiz werden Hunderttausende gezwungen, Halsbinden zu tragen. Wie gross der Druck ist, zeigt sich am Verhalten der Opfer, die den Zwang zum «freiwilligen Ausdruck von Kultur» umdeuten und behaupten, sie trügen das Textil gerne. Diese Unterform des Stockholmsyndroms wird vollends zur Perversion, wenn Opfer ihre Situation zu mildern

146

versuchen, indem sie auf reinseidene Designer-Krawatten ausweichen.

All diese Überlegungen sind nebensächlich, gemessen an der Gefahr, die von der Krawatte ausgeht: Die enge Schnürung kann zur partiellen Durchflussverminderung der Arteria carotis, der Halsschlagader, führen – und zwar ausgerechnet dann, wenn das Individuum den Kopf nach rechts oder links zu drehen versucht. So wird der Mensch, der in diesem Fall meistens ein Mann ist, gezwungen, sklavisch nach vorne zu blicken – und trotzdem drohen ihm die Synkope und Durchblutungsstörungen im Empathiezentrum des Kleinhirns. Krawatten machen also die Welt wissenschaftlich untermauert etwas gefühlskälter. In diesem Sinne kann die Askforce dem Vorschlag von Erich H., dieses Textil zu verbieten, durchaus etwas abgewinnen.

Warum lupfte es Köppel den Nuggi?

Vorletzten Donnerstag kurz nach 14 Uhr gab in Zürich der SVP-Vertreter und Verleger Herr Köppel seine Nationalratskandidatur bekannt. Er trug einen dunklen Anzug, ein hellblaues Hemd und eine rot-weiss gemusterte Krawatte, als Hommage an die Schweizer Farben. Er stand vor einem Fenster mit blauem, seitlich gerafftem Vorhang. Draussen sah man ab und zu ein Tram vorbeifahren, wie wenn nichts wäre. Der Auftritt erreicht jetzt auch noch die Askforce in Bern, aber sie kann nichts dafür. Es ist Leserin A. Z., die uns fragt: «Der bekannte Quereinsteiger begründete seinen Wechsel in die Politik damit, es habe ihm ‹den Nuggi glupft›. Wie wird das Nuggi-Lupfen ausgelöst? Durch einen Reflex? Ist das nicht äusserst gefährlich für die oberen Schneidezähne?» Sie sei an die Grenzen ihrer Vorstellungsfähigkeit gelangt, schreibt Frau Z., nur die Askforce könne ihr helfen.

Wie bei anderen Grossereignissen der Geschichte weiss die Askforce auch hier noch ganz genau, was sie gemacht hat, als sie von der Kandidatur erfuhr: ein- und ausgeatmet. Man erinnert sich ja jeweils, als ob es gestern gewesen wäre. Filmdokumente legen nahe, dass die Nuggi-Formulierung tatsächlich vorkam: «Es isch bekannt, dass es mir damals, uf Düütsch gsäit (kurzer Griff an die Brille, Anm. d. Red.), e chli de Nuggi glupft hät.» Hatte doch der Bundesrat die Frechheit, sich anders zu verhalten, als Köppel dies erwartete. Frau Z. trifft mit ihrer Anspielung ins Blaue: Die Redewendung würde anders lauten. Entweder jagt es einem den Nuggi raus. Oder es «lupft» – berndeutsch:

«lüpft» – einem den Deckel. Aber das ist metaphorischer Mainstream. Köppel befreit sich vom üblichen Bildergebrauch in den Medien des Juste Milieus. Er schenkt uns reinen Tisch ein. Er hört das Gras husten. Er zieht mit uns am gleichen Boot. Ihn sticht das Haar in der Suppe.

Für die unstimmige Verbindung mehrerer Sprachbilder in einer Texteinheit gibt es sogar einen Fachbegriff: Katachrese. In der Antike war dies offenbar ein Stilmittel. Heute müsse man bei einer Katachrese aber eher von einem «peinlichen oder komischen Stilfehler» ausgehen, heisst es in einem Sprachlexikon schnöde. Offenbar hat man dort noch nie etwas vom Auftrag gehört. Dem Auftrag, ein ganzes Land vor dem Untergang zu retten und dafür zu sorgen, dass es dem Tod gerade noch einmal von der Klippe springt. So einen Auftrag fühlt Köppel, und er kam zu ihm wie die Jungfrau zum Nuggi. Da geht es nicht mehr nur um Stilfragen, sondern um des Pudels Wurst. Die Askforce, werte Frau Z., hat Grund zur Annahme, dass des Kandidaten Schneidezähne vollkommen intakt sind. Die oberen und die unteren. Das wird ein bissiger Wahlkampf.

Will der Bub etwa Kissen schlachten?

«Seit sich unser Jüngster (3) artikulieren kann», schreibt Herr M. L. aus K. bei B., «versuche ich ihm jeden Herzenswunsch zu erfüllen.» Kürzlich hat das Büblein «Kissenschlachten» gesagt, weshalb die Familie von Herrn L. sich nun allabendlich zum Fleiss mit Kissen bewirft. So schön! Was Herrn L. aber umtreibt: «Ich habe hin und wieder das ungute Gefühl, dass es sich beim Wort ‹Kissenschlachten› gar nicht um einen kindlichen Versprecher für ‹Kissenschlacht› handelt.» Die bange Frage lautet: «Will das Kind wirklich Kissen schlachten? Und wie habe ich diesem Wunsch als Pazifist zu begegnen?»

Nach Auslegung der Askforce steckt im deutschen Wort «Kissen» der englische Ausdruck «Kiss». Das Kind von Herrn L. wird wohl bereits etwas Frühenglisch gelernt haben und das Gelernte jetzt halt auch anwenden wollen. Da kann nun wirklich niemand etwas dagegen haben. Und der Kuss ist ja ein äusserst gewaltloser Vorgang. Die Vokabel «Kissen» weckt überhaupt lauter harmonische Assoziationen. Ein gutes Gewissen ist ein sanftes Ruhekissen. Oder: seinen Kopf auf das Kissen betten. Das bedeutet doch, dass der Stress des Tages vorbei ist. Sagt Herr L.s Kind also «Kissen», wirkt sprachliches Feng Shui und ebnet alle Differenzen ein.

Die Askforce muss aber einräumen: Das nachfolgende Wort «schlachten» stört den Frieden ein wenig. Doch selbst wenn das Kind von Herrn L. tatsächlich vom Wunsch getrieben wäre, Kissen zu traktieren – was würde denn passieren? Federn flatterten im Wind. Lautlos. Leicht. Okay, vielleicht müssten ein paar

Staubmilben, die im Kissen wohnen, ihr Leben lassen. Aber betrübt uns das, Herr L.? Milben sind Krieger. Ihre Ausscheidungen versetzen das Immunsystem vieler Menschen in eine übersteigerte Kampfbereitschaft, die mit Tränen endet. Je mehr von den Biestern das Kind um die Ecke bringt, desto besser geht es allen Allergikern. Ihr Jüngster tut nur Gutes, Herr L., er schlägt pazifistisch gewiss nicht aus der Art. Die Askforce wünscht weiterhin frohes Kissenschlachten.

Passivrauchen: Werde ich geraucht?

In letzter Zeit werde viel geschrieben über das Passivrauchen, wird uns von Reinhard L. aus M. geschrieben. Ihm seien «als nicht sonderlich begabtem, aber aufmerksamem Gymeler damals vor 45 Jahren» die grammatikalischen Begriffe aktiv und passiv bekannt und er stelle daher fest: Aktivrauchen heisse «ich rauche», Passivrauchen heisse folglich «ich werde geraucht». Mit der ersten Aussage hat Herr L., obzwar Nichtraucher, «keine Probleme». Die zweite hingegen «verschwimmt» etwas in seiner Vorstellungskraft: «Könnte es sein, dass da weltweit ein grammatikalischer Irrtum vorliegt, oder mache ich etwa einen Denkfehler?»

Bescheidenheit in Ehren, lieber Herr L., aber einer wie Sie, der die Askforce als globale Instanz anerkennt, macht ganz gewiss keine Denkfehler. So gesehen ist das Wort «Passivrauchen» in der Tat eine grammatikalische Fürchterlichkeit. Und jetzt, wo Sie es sagen, Herr L., fällt auch der Askforce auf: Die Gymeler, die später ja nicht selten Beamtenlaufbahnen einschlagen und dort Gesetzestexte verfassen, in denen beispielsweise das Wort «Passivrauchen» vorkommt, sind in den letzten 45 Jahren immer fauler geworden. Nimmt man die verbale Unzulänglichkeit von Gesetzestexten zur Inhalation von Tabakrauch aus der Raumluft als Indikator, fällt die Bildungsbilanz unseres Landes offensichtlich in die Passiven. Die Rauchverbote hingegen lassen sich definitiv unter den Aktiven verbuchen. Was die Weltgesundheitsorganisation freut und den Rössli-Wirt reut, dürfte zumindest eines bewirken: Das Problem des Passivrauchens verflüchtigt sich, auch sprachlich. Wir alten Gymeler wissen ja noch: Das Passiv ist die Leideform. Doch das Leiden hat ein Ende.

Trotzdem erledigt sich Herr L.s Frage damit nicht etwa. Über das lungenpolitische Tagesgeschäft hinaus bleibt die Kritik aus Münsingen brennend aktuell. Herr L. hat den Begriff «Passivrauchen» als «ich werde geraucht» wörtlich genommen. Das ist nur scheinbar naiv. Die Askforce sieht darin vielmehr ein Statement in einem anhaltenden Demokratie-Diskurs. Denn in welcher Bürgerhaltung sind sie am Rössli-Stammtisch, der jetzt landesweit den Stumpen kalt lassen muss, wieder einmal bestätigt worden? Die in Bern oben, die rauchen uns doch in der Pfeife.

Was wärmt «kalte Betten» am besten?

Alois F., derzeit wohnhaft an der Lenk, wundert sich über das Geschrei wegen der «kalten Betten». Er friere nachts nie und frage sich wirklich, warum sich die Politik überhaupt mit dieser Bettenfrage herumschlage.

Alois F. unterschätzt die Problematik kalter Betten. Denn: Wer im kalten Bett liegt, verkühlt sich, hustet im Tram, steckt so ganze Belegschaften an, löst womöglich eine Pandemie aus, die den Weltfrieden aus dem Lot bringt, und nimmt so in Kauf, dass am Schluss der Kausalitätskette viele im kalten Särglein statt im warmen Bettchen liegen.

Wie sind solche Dramen zu vermeiden? Der grosse Denker und Dichter Heinrich Heine reimte vor 160 Jahren sehr Wahres zum Thema kalte Betten und warme Gräblein:

Unser Grab erwärmt der Ruhm.
Torenworte! Narrentum!
Eine bessre Wärme gibt
Eine Kuhmagd, die verliebt
Uns mit dicken Lippen küsst
Und beträchtlich riecht nach Mist.

Und, einfach weils hübsch ist:

Gleichfalls eine bessre Wärme
Wärmt dem Menschen die Gedärme,
Wenn er Glühwein trinkt und Punsch

Oder Grog nach Herzenswunsch
In den niedrigsten Spelunken,
Unter Dieben und Halunken,
Die dem Galgen sind entlaufen,
Aber leben, atmen, schnaufen.

Was Heine Ihnen, lieber Alois F., also sagen will: Der Beizug eines wärmenden Leibes ist ein erprobtes und taugliches Mittel zur Hebung der Bettentemperatur. Das ist zwar ein wahrer, aber zugleich problematischer Ratschlag, denn er ist kaum in Einklang mit den gängigen Sittenvorstellungen zu bringen. Deshalb werden heute im Kampf gegen kalte Betten primär Wärmeflaschen aus Kunstgummi, ägyptische Kamelhaaruntermatratzen, chinesische Gänsedaunen aus Lebendrupf angeboten – lauter wärmende Güter, die bei genauem Hinsehen gar nicht so unproblematisch sind. Ergo ist das wachende Auge des Staates verständlich.

Konsequenterweise müsste sich der Staat aber auch gegen heisse Betten einsetzen. Sehr hohe Schlaftemperaturen behindern die Erholung des Körpers. Die Reproduktion der Arbeitskraft wird gehemmt. Unausgeschlafene Schlaffis verursachen enormen volkswirtschaftlichen Schaden. Allzu heisse Betten können gar die Reproduktion der eigenen Spezies zum Erlahmen bringen. In sehr heissen Laken evaporiert auf die Dauer also die Gesamtexistenz des Staates. Dagegen gilt es etwas zu unternehmen!

Wer ist der unbekannteste Politiker?

Die bekanntesten Politikerinnen und Politiker seien natürlich bekannt, schreibt Hanna L. aus T. Die Askforce-Mitglieder nickten gequält, sich der irritierenden Wahrheit dieser Feststellung zutiefst bewusst. «Wer aber ist der unbekannteste Politiker?», lautet die konkrete Frage von Hanna L., die sich auf das männliche Geschlecht beschränken will, um es der Askforce «etwas einfacher zu machen».

Gut gemeint, Frau L., aber: Schon Nachforschungen nach unbekannten «Normalbürgern», wie Nicht-Stars und Nicht-Politiker in der Rechtsprechung genannt werden, sind ein Ding der Unmöglichkeit. In Meditations- und Hypnose-Workshops kam die Askforce gar zum Schluss, dass solche Leute rein theoretische Existenzen darstellen und womöglich nicht (mehr) unter uns weilen. Denn schon Normalbürger sind doch irgendwem bekannt.

Gänzlich unlösbar schien aber die Suche nach unbekannten Politikern. Einzelbefragungen in ländlichen Gemeinden – dort vermutet die Askforce am meisten Unbekannte – brachten immerhin Folgendes zutage: In der Gemeinde Munkwil gibt es den Gemeinderat Erwin Frei, den, wie er selbst bestätigt, ausser seiner Frau niemand kennt, nicht einmal die andern Gemeinderatsmitglieder. Munkwiler sagten denn auch übereinstimmend: «Erwin Frei ist extrem unbekannt. Noch nie hatten wir einen so unbekannten Gemeinderat.» Selbst in den Nachbargemeinden war klar: «Erwin Frei ist weitaus der Unbekannteste.» Dies habe man sogar im «Blick» und in einer Homestory der «Schweizer

Illustrierten» lesen können. Ohne diese Berichte wäre, hiess es, Freis Wiederwahl gefährdet gewesen.

Was sollte denn das nun wieder?, fragte sich die Askforce verzweifelt. Jemand so Unbekanntes, dass man über ihn schreibt? Nehmen Sie, Frau L., den Namen Erwin Frei als Antwort. Er erfüllt Ihre Ansprüche weitgehend. Und wer weiss, vielleicht finden die Boulevard-Medien eines Tages noch Unbekanntere! Lesen Sie künftig solche Blätter, und behelligen Sie die Askforce nicht mehr mit diesem Thema, Frau L.!

Wo ist mein Leistungsausweis?

Herr Reinhard L. aus M. schreibt uns, er sei auf eine Partei gestossen, die dazu aufrufe, nur «Leistungsträger» zu wählen. Und diese Partei präsentiere ihre Kandidaten mit einem sogenannten Leistungsausweis. Sein Problem nun: Er habe gesucht und ausser einem Fahrzeug-, einem Führer- und einem Blutgruppenausweis nichts gefunden. «Kann es sein, dass ich gar keinen Leistungsausweis habe? Wenn ja, wer würde mir so einen ausstellen?»

Uns scheint, Sie benötigen nicht einen Leistungsausweis, sondern etwas Trost, Herr L.: In der Politik wird oft und gern von Knochenarbeit und Leistung gesprochen. Dabei setzt schon die Physik gewisse Grenzen: Die grösste Leuchte unter den Politikern leistet auf Dauer nicht viel mehr als eine Glühbirne – jedenfalls deutlich weniger als ein Heizlüfter.

Zudem müssen Sie den Wirkungsgrad beachten, Herr L.: Es gibt Politikerinnen und Politiker, die leisten tatsächlich viel, aber irgendwie scheint ihnen der Übertragungsriemen zu fehlen, der ihre Ideen in Realitäten verwandelt. Kein Wunder, dass einige von ihnen manchmal ausrasten, durchdrehen oder überschnappen – um begrifflich in der Nähe der Transmissionstechnik zu bleiben.

Kommt hinzu, dass Politiker, die sich loben, von morgens um halb fünf bis um elf Uhr in der Nacht durchzuarbeiten, nie erwähnen, dass sie ihre überhitzte Stirn gern an die kühle Scheibe des Dienstwagens drücken – wenn sie von einem Anlass zum nächsten gefahren werden.

Zeitgeist,
sauber seziert

Im Bauch des Schmetterlings

«Warum heissen neue Überbauungen ‹Schmetterling› oder ‹Papillon›?» Mit dieser Frage ist Frau J. aus Bern an die Askforce herangetreten. Schmetterlinge zum darin Wohnen? Ja, die gibt es: So entpuppt sich bei Niederwangen derzeit praktisch ein neues Dorf unter dem Namen «Papillon», und in Ostermundigen logiert man elegant im «Schmätterling». Klar: Ein Schmetterling, so würde Ihnen, Frau J., jede PR-Honigbiene aus dem Stand vorsummen, weckt Gefühle von Leichtigkeit, Anmut und Sonnenschein – das Tierchen wird ja vielerorts auch «Sommervogel» genannt. Sogar das schönste aller Gefühle klingt an – Schmetterlinge im Bauch! Umgekehrt gefragt: Wer möchte schon in die Überbauung «Kakerlake» oder die Siedlung «Schmeissfliege» ziehen?

Trotzdem verstehen wir Ihre Frage, Frau J. Denn der «Schmätterling» hat auch etwas gar Kindliches. (Sein winterliches Pendant, dies nur am Rande, wäre übrigens nicht der «Pflotsch», sondern das «Schneeflöckli».) Sehr süss und allzu niedlich, nicht wahr? Und auch zu unspezifisch. Eine Strasse wird ja auch nicht einfach «Vogelstrasse» genannt, sondern etwa «Amselweg» oder «Schwanengasse». Leider helfen aber auch die Schmetterlingsarten unserem Werber nicht weiter, denn um eine Siedlung «Admiral» zu füllen, mangelt es an Kriegsgurgeln, in der Überbauung «Kohlweissling» drohen Blähungen, und das «Grosse Ochsenauge» ist als Adresse schlicht zum Heulen.

Also doch «Papillon». Immerhin evoziert er – siehe oben. Und wir wagen die Prognose, dass sich viele junge Familien um die Wohnungen reissen werden, denn der «Schmätterling» holt genau sie ab. Nein, Frau J., keine Panik! Auch heute bestimmen die Kleinsten (noch) nicht den Wohnort. Das übernehmen ihre Eltern, alle die in den mittleren 1980er-Jahren geborenen Stephanies und Michaels, die mit ihren kleinen Noahs und Emmas in der familienfreundlichen Agglomeration ihre Eigenheimträume verwirklichen. Jene Erwachsenen also, die zur ersten Generation der Kita-Kinder zählen. Und wie heissen diese Kindertagesstätten? Genau!

Lehnen wir uns also zurück und freuen uns auf eine bunte Zukunft im Altersheim «Mogli», «Schnäggehüsli» oder eben «Schmätterling».

Bedrohlich Tiefgründiges im Jahresbericht der Gemeinde

Wenn du eine weise Antwort verlangst, musst du vernünftig fragen: Davon war bereits Johann Wolfgang von Goethe (1749 bis 1832) überzeugt. Seither wurde in der Welt viel gefragt. Das wird zukünftig nicht anders sein. Eine Frage hat auch Herr M. B., der jetzt in Ittigen wohnt, wie er die Askforce wissen lässt. Wie schön! Doch kaum am neuen Wohnort angelangt, plagen Herrn B. Sorgen. Stellte ihm doch die Gemeinde Ittigen ihren Jahresbericht 2015 zu. Dieser sei zwar recht informativ, schreibt Herr B., konfrontiere den Bürger aber, eingangs und fett gedruckt, mit folgenden Worten: «Nichts ist beständiger als der Wandel: Davon war bereits Charles Darwin (1809 bis 1882) überzeugt. Seither hat sich die Welt grundlegend verändert. Das wird zukünftig nicht anders sein.»

Stünde die Passage in einem anderen Kontext, würde er sagen: brillant, einfach nur brillant, so Herr B. Aber dass es «als ‹Anleser› im Jahresbericht meiner Einwohnergemeinde steht, beunruhigt mich etwas». Des Lesers Frage an die Askforce: «Wie ist diese Passage zu interpretieren, und womit muss ich rechnen?» Wenn jemand etwas vom Wandel versteht, dann tatsächlich die Askforce. Seit vielen, vielen Jahren beobachten wir Pfeife rauchend, wie sich alles um uns herum wandelt. Beispielsweise die Urheberschaft von Zitaten.

Denn was die Gemeinde Ittigen dem britischen Naturforscher Darwin in den Mund legt, soll gemäss anderen Quellen schon vor 2500 Jahren der griechische Philosoph Heraklit ge-

162

sagt haben. Heraklit. Ittigen. Heraklittigen. Möglicherweise liegt hier die Erklärung, warum das Zitat vom Wandel Eingang in den kommunalen Jahresbericht fand. Es war eine kleine namenkundliche Reverenz an den Urvater, wenn auch gänzlich unbewusst.

Genauso gut kann es aber sein, dass ein Sachbearbeiter der Gemeinde Ittigen Aphorismen zum Thema Veränderung googelte und dann auf Darwin alias Heraklit stiess. Genauso wie die Askforce das für ihre Zwecke zu tun pflegt, siehe ganz oben. Und auch Legionen von Tagungsreferenten, die einen sinnigen Einstieg für ihre Powerpoint-Präsentationen suchen. Da ist das Zitat vom beständigen Wandel übrigens ein Favorit und wird in den Folien gerne mit einem Fluss illustriert. Denn alles fliesst – wie wereliwer sagte? Genau: Heraklit. Machen Sie sich nicht zu viele Sorgen, Herr B. Vermutlich das Einzige, was Sie von Ihrer neuen behaglichen Wohngemeinde zu befürchten haben, ist ein weiteres tiefgründiges Zitat im nächsten Jahresbericht. Die Askforce hätte da bereits einen Vorschlag: Nichts ist sicher in dieser Welt, ausser dem Tod und den Steuern (Benjamin Franklin, 1706 bis 1790).

Wie weiter mit der Lochjeans?

Keine Einleitung, kein Geplänkel – Frau Anna M. aus Locarno kommt in ihrer Zuschrift gleich zur Sache: «Können Sie mir erklären, warum heute niemand mehr kaputte Jeans tragen würde, ausser sie sind schon kaputt gekauft?» Und weiter: «Die Löcher in den Jeans werden immer grösser; was sehen Sie für eine Entwicklung in dieser Mode voraus? Wie kann das noch gesteigert werden?»

Zuerst gilt es ein Missverständnis zu klären, Frau M. Sie setzen Jeans, die neu sind und nur kaputt aussehen, mit Jeans gleich, die richtig kaputt sind. Aber das ist nicht dasselbe. Der Beweis: Auch Jeans, die von Anfang an kaputt ausgesehen haben, werden nicht mehr getragen, sobald sie richtig kaputt sind. Kaputt muss nicht immer schlecht sein.

Bei der Leuchtreklame könnte es so gewesen sein: Die allerersten Leuchtschriften leuchteten schön brav – bis eine Glühlampe zu flackern anfing. Die kaputte Leuchtreklame erzielte den grösseren Effekt. In der Folge wurden Leuchtreklamen gebaut, die von Anfang an so arbeiteten, als wären sie kaputt. Bei den Lochjeans ist es das Gleiche. Die Löcher befinden sich nicht umsonst genau dort, wo sie ohnehin entstehen würden. Eine geniale Idee – weniger bünzlig jedenfalls, als Knieschoner über die Jeans anzuziehen.

Nun fragen Sie, Frau M., wie diese Mode sich entwickeln wird. Nehmen wir wie Sie an, die Löcher würden immer grösser: Die natürliche Grenze wird erreicht, wenn die Löcher so gross sind wie die Gesamtfläche der einzelnen Hosenbeine. Wir hätten dann Extrem-Shorts, die eigentlich lange Hosen sind. Anders käme es heraus, wenn das Loch vom Knie aus nur rundherum vergrössert wird. Am Schluss hätten wir oberhalb der Knie Shorts – und unterhalb eine Art Stützstrümpfe. Eine unwahrscheinliche Entwicklung.

Auch wenn es den Trägern von Lochjeans nicht primär darum geht, Aufmerksamkeit zu erzielen, könnte es doch sein, dass sich mit der Zeit die Art der Löcher verändert. Das Modell «Animal-Attack» zum Beispiel sähe so aus, als wäre man von einem Bären aus einem Zelt geschleift worden. Sicher aufsehenerregend wären die Modelle «Grillunfall» und «Chemielabor» – oder die ganze Modellreihe «Kantonspolizei Bern» mit dem Bestseller «Diensthund fies von hinten».

Isch es zum Mitnäh?

Kaufe er mittags etwas Essbares, fragten die Verkäuferinnen bei Migros immer: «Isch es zum Mitnäh?», schreibt uns Herr L. aus L. und fragt die Askforce: «Ist es üblich, gekaufte Ware NICHT mitzunehmen? Ist es unhöflich, ALLES Gekaufte mitzunehmen? Ist die korrekte Antwort auf die Verkäuferinnenfrage: ‹Nei, es isch nid zum Mitnäh. Dir chöits grad bhaute›?»

Lieber Herr L., nicht ums Behalten gehts den Verkäuferinnen, sondern ums Teilen – Teilen, diesen Akt schwesterlichen oder brüderlichen Verzichts, damit andere ebenfalls etwas abbekommen! Nicht Höflichkeit darf aber dafür den Ausschlag geben, sondern die Gewissheit, das Richtige zu tun. Viel zu selten versuchen wir im Alltag, bewusst zu teilen, was wir bereits besitzen oder eben gekauft haben – und was uns, seien wir doch ehrlich, kaum haben wir uns dafür entschieden, bereits ein wenig zur Bürde wird.

Sie sehen also, Herr L., dass die kurze und fast stereotyp wirkende Frage der Verkäuferinnen in Tat und Wahrheit eine Einladung ist, die Last des Gekauften zu teilen mit den Anwesenden, den Verkäuferinnen, den anderen Kundinnen und Kunden, dem Filialleiter, der Kioskfrau … Die Antwort aber, die Sie vorschlagen, Herr L., «Nei, es isch nid zum Mitnäh. Dir chöits grad bhaute», wäre eine ebenso schnöde Rückweisung Ihrer Mitmenschen, wie wenn Sie, ohne andere teilhaben zu lassen, das Geschäft verlassen würden. Denken Sie darüber nach!

Aber kommen wir nun noch zum ganz praktischen Teil Ihrer Frage: Es empfiehlt sich, künftig immer ein Messer, einige Servietten und Zahnstocher mitzunehmen, wenn Sie aufbrechen, um Ihr Mittagessen einzukaufen, Herr L. Und vielleicht eine Wolldecke. Gemeinsam mit anderen vor der Migros-Theke am Boden sitzend, werden Sie sehen, wie viel besser ein geteiltes Spargelcanapé schmeckt!

Wie möchte die Rose denn heissen?

Das von den eidgenössischen Räten ausgearbeitete neue Namensrecht sieht vor, dass Mann und Frau bei der Heirat ihre Familiennamen behalten, aber festlegen müssen, ob künftige Kinder den Familiennamen von ihm oder von ihr erhalten sollen. «Das ist bestimmt im Sinne der Gleichberechtigung, wird aber häufig zu Streitigkeiten angehender Eheleute und möglicherweise zum Heiratsverzicht führen», fürchtet nun Herr G. aus B. «Wäre es daher nicht viel logischer, von Amts wegen Buben künftig den Familiennamen des Vaters und Mädchen jenen der Mutter zu geben? Es gibt ja ohnehin immer mehr Patchwork-Familien, also solche mit unterschiedlichen Nachnamen unter einem Dach.»

Eigentlich versteht die Askforce Herrn G.s Grundsörgeli nicht ganz: Bereits seit Jahren müssen sich Ehewillige überlegen, welcher der beiden Namen zum gemeinsamen Familiennamen und damit auch zum Namen der Kinder wird. Anders als Herr G. sind wir aber der Ansicht, es handle sich hierbei um einen ganz nützlichen Belastungstest für eine auf Lebzeiten ausgelegte Partnerschaft: Ein Paar, das sich schon über diesen Punkt dermassen zerstreitet, dass es «zum Heiratsverzicht» kommt, heiratet wohl tatsächlich besser nicht.

Recht hat Herr G. allerdings, wenn er auf die neuen Familienstrukturen hinweist – und insbesondere, wenn er nach mehr Kreativität ruft. Oder fällt Ihnen, liebe Leserin, lieber Leser, etwas Staubigeres ein als die allermeisten Familiennamen? Ob bündig wie etwa Schmied oder ausufernd wie Leutheusser-

Schnarrenberger: Da können sich die werdenden Eltern bei der Wahl des Vornamens noch so grosse Mühe gegeben haben – der Absturz ist garantiert.

G.s Vorschlag – die Buben heissen wie Papa, die Mädchen wie die Mama – finden wir im Ansatz nicht schlecht. Man könnte allerdings noch weiter gehen und dem Kind jenen Namen geben, der am besten zu ihm passt – das Prinzip ist aus der Pfadi bekannt. «Was ist ein Name? Was uns Rose heisst, wie es auch hiesse, würde lieblich duften», liess Shakespeare seine Julia schmachten. Und wirklich: Muss ein Bub wirklich Müller heissen, wenn er sich keinen Deut um Mehl, Brot und Kulinarik kümmert – warum darf das Kind nicht Klaus Bagger heissen? Und warum heisst die kleine Leticia Weiss, obwohl sie Pink viel schöner findet? (Klar darf Klaus auch gerne Herr Lila und Leticia Frau Hubschrauber heissen.) Und sollte sich der Wahlname irgendwann verwachsen und das Kind dann halt lieber Herr Schwarzer beziehungsweise Frau Schwarzenegger werden, bleibt es trotzdem identifizierbar: Seine Handynummer behält es ja von der Wiege bis zur Bahre.

Was ist spannend an Fussball?

«Seit Jahren bemühe ich mich vorab aus partnerschaftspflegerischen Überlegungen immer wieder ganz ernsthaft, mich für den Fussballsport zu interessieren. Bislang ist mir dessen Faszination aber verborgen geblieben», schreibt Frau S. S. aus Z. Sie könne einfach nicht nachvollziehen, was daran so spannend sein soll, dass Menschen, die auf sie sonst einen ganz vernünftigen und besonnenen Eindruck machten, vor dem Fernseher plötzlich wild gestikulierend Satzfragmente von sich gäben.

Während des EM-Ausscheidungsspiels Schweiz-Russland habe sie erneut versucht, der Ursache solch eigenartigen Verhaltens auf die Spur zu kommen – erfolglos. Die Askforce sei ihre letzte Hoffnung: «Wenn jemand Licht in dieses Mysterium bringen kann, dann sie.»

Die Zeilen von Frau S. haben die Askforce gespalten. Der eine Teil des Gremiums konnte darin keine echte Frage erkennen, sondern fasste sie als subtile Kritik an leidenschaftsbetontem Freizeitverhalten und aktiver Harmonie im Wohnzimmerkollektiv auf. Der andere Teil fühlte sich von Ihnen, Frau S., dermassen ganzheitlich verstanden, dass er Sie sofort zur Gründungspräsidentin der Selbsterfahrungsgruppe «Im Abseits» ernennen wollte.

Unser Supervisor erklärte sich schliesslich bereit, uns mit einer durch und durch schiedsrichterlichen Antwort zu unterstützen. Also: Es gibt Dinge, die sich weder erklären noch verstehen lassen. Auf kulinarischer Ebene gehört dazu die Vorliebe für Schwartenmagen mit Mayonnaise, Sauerkraut und

170

Pommes frites, auf musikalischer die Begeisterung für gerappte 60er-Jahre-Schnulzen mit Orgel- und Dudelsackbegleitung. Im sportlichen Bereich sind es halt eben die zwei Mal 45 Minuten, in denen sich zwei Mal elf erwachsene Männer um einen Ball balgen. Jedem das Seine, meint unser Supervisor. Grämen Sie sich bloss nicht, weil das Ihre nicht das runde Leder ist, Frau S., Sie befinden sich in allerbester Gesellschaft. In unserer nämlich. Der Rest der Askforce hat sich grad auf den Fussballplatz verabschiedet.

Wie kann ich schnell warten?

«Sehr geehrte Askforce-Redaktion», schreibt uns V. G. aus Thun, «häufig höre ich – an andere oder an mich selbst gerichtet – die energische Aufforderung ‹Wart schnäu!› (Schriftdeutsch: ‹Warte schnell›). Leider ist es mir bisher trotz aller Anstrengung noch nie gelungen, diesem Befehl zu folgen.» Warten könne sie zwar, ja müsse sie meist, einfach gezwungenermassen, so Frau G. Und was «schnell» bedeute, sei ihr trotz echt bernischer Abstammung klar. Aber: «Wie bestimme ich die Geschwindigkeit meines Wartens? Wie warte ich schnell?»

Eigentlich, Frau G., hatte das Askforce-Team vor, Ihre Frage schnell zu beantworten und sich dann weniger anspruchsvollen Aufgaben zuzuwenden. Nun aber brüten wir schon seit Tagen darüber. Obschon wir die Tücken des Begriffs «schnell» bestens kennen, sind wir voll in die Falle getappt. Das Wort ist in Kombination mit einigen Tätigkeitsumschreibungen, zu denen eben auch warten und über Askforce-Problemstellungen philosophieren gehören, nämlich nicht als Geschwindigkeitsdefinition, sondern als Warnung davor aufzufassen, dass sich eine Aktivität in die Länge ziehen kann. «Warte schnell!» bedeutet nichts anderes als: «Achtung, du wirst hier vielleicht Wurzeln schlagen, bis du hast, was du willst!» Wenn Sie jemand bittet, «schnell» zuzuhören, kommen Sie eine Weile nicht mehr zu Wort. Und Gäste, die nur mal «schnell reinschauen» wollen, wird man oft kaum mehr los.

Weitere Beispiele müssen Sie sich selber zusammensuchen, Frau G., wir wollen jetzt wirklich noch schnell in die Beiz. Hier aber doch noch ein Tipp: Fordert Sie jemand dazu auf, schnell zu warten, stellen Sie sich am besten darauf ein, sich eine Weile selber beschäftigen zu müssen. Es empfiehlt sich, für solche Situationen stets eine Lismete, ein Manicure-Set oder ein Springseil bei sich zu haben. Die aktiv ausgefüllte Wartezeit wird Ihnen viel kürzer erscheinen, als wenn Sie ungeduldig herumstehen. Sie warten subjektiv also schneller – und genau das wollten Sie ja. Am besten probieren Sie es doch schnell aus.

Warum so übermässig freundlich?

Eigentlich schäme sie sich für ihre Frage, schreibt uns Frau K. W. aus O. Angesichts der vielen traurigen Nachrichten, von denen man täglich vernehme, sei ihr Anliegen «sehr banal»: Warum müssen die Radiomoderatoren von SRF 1 eigentlich so «überfreundlich, stets fröhlich, judihui und fast singend» sprechen? Diese Moderatoren sprächen, «als wären wir Kinder oder senile Alte und nicht mündige Zuhörer», findet Frau W. Sie sei 70-jährig, möge an sich freundliche Leute, «aber doch nicht so übertrieben». Und jetzt würde es sie einfach mal interessieren, «ob ich ganz allein bin mit meinem Problem», so Frau W.

Aber Frau W., für eine Frage an unser äusserst kompetentes Gremium muss man sich doch niemals schämen, ganz im Gegenteil. Auch gibt es für die Askforce keine banalen Fragen. Es ist ja geradezu unser Alleinstellungsmerkmal, noch in den kleinsten Dingen das grosse Ganze zu sehen, das unsere Welt zusammenhält. So auch im – wortwörtlichen – Mikroproblem unserer lieben Frau W., die wir an dieser Stelle ganz herzlich im Kreis der Askforce-Fragestellerinnen und -Fragesteller begrüssen. So, hänzi guet gschlafe? Isch au Näbel bi Ihne? Sägezi, wo liit äigetli das O. genau? Ja, auch die Askforce kann sehr, sehr freundlich sein, wenn sie nur will.

Aber das war jetzt natürlich bloss ein Stilmittel, um den SRF-1-Radiomoderatoren-Sound zu kopieren, den Frau W. wahrscheinlich meint. Die Askforce selber hört ihn praktisch jeden Tag, frühmorgens am Lavabo beim eiligen Zähneputzen. Und jetzt kommts: Sie hört ihn gern. Nicht nur, weil da die hohe Kunst des Small Talks zelebriert wird, von der man immer etwas lernen kann. Sondern auch aus Gründen der Entstressung und der Entspannung. Favorit der Askforce ist das SRF-1-Rätselspiel «Morgenstund hat Gold im Mund». Bei den einfachsten Fragen – à la: Von welchem Land ist Barack Obama Präsident? – zeigt der Moderator grösstes Verständnis, wenn der Hörerin am Telefon die Antwort partout nicht einfallen will vor lauter Nervosität. Er rät ihr dann jeweils sogar ausdrücklich zu reiflicher Überlegung: Tüend Sie nöd driischüüsse.

Ist das nicht wunderbar, Frau W.? Ein bisschen Frieden, ein bisschen Milde zwischen den Nachrichtenbulletins mit ihren garantiert deprimierenden Inhalten. Die Askforce meint: Wir brauchen dringend mehr Freundlichkeit und Höflichkeit und sollten uns alle ein Beispiel nehmen an den zuvorkommenden SRF-1-Moderatorinnen und -Moderatoren. Sehen Sie es doch einmal so, liebe Frau W.: All die Terroristen, Polterer, Krieger, Hater und Abbauer da draussen – hätten sie doch nur jemanden, der ihnen zuriefe: Tüend Sie nöd driischüüsse! Die Welt wäre ein besserer Ort, glauben Sie uns, sehr verehrte Leserin. Und jetzt wünsched mir Ihne no ganz en schöne Tag. Passed Sie uf, wänn Sie usegönd. Es hät viellicht Glattiis am Bode.

Gehen da die Arbeiter denken?

Herr O. hat viel nachgedacht – über Denkfabriken – und kann die Frage, wie eine solche Produktionsstätte denn funktioniert, für sich nicht zufriedenstellend beantworten, weshalb er sich an uns wendet – wir nehmen an vertrauensvoll. «Gehen da die Arbeiter von 8 bis 12 Uhr und 14 bis 18 Uhr denken? Wird das Denken in der Mittagspause und nach Arbeitsschluss abgestellt? Was passiert, wenn jemand Überstunden macht und zu viel denkt?»

Denkfabriken sind gemeinhin neueren Datums, und es wäre irreführend, wenn wir uns diese Fabriken mit rauchenden Schloten, die das Umland verpesten, und ratternden Maschinen, die schlecht bezahlte Kinderarbeiter verstümmeln, vorstellten. Bereits Grimms Wörterbuch führt aber das Wort Gedankenfabrik auf, weil Goethe dichtete: «Zwar ists mit der Gedankenfabrik / Wie mit einem Weber-Meisterstück / Wo ein Tritt tausend Fäden regt / Die Schifflein herüber hinüber schiessen / Die Fäden ungesehen fliessen / Ein Schlag tausend Verbindungen schlägt.» Fabrikmässig wiederum sei etwas zu nennen, das unfrei und eintönig behandelt werde, heisst es im Wörterbuch ausserdem.

Die Antworten der Askforce werden nie fabrikmässig oder industriell hergestellt, sondern entstehen in einem natürlichen und einmaligen Reifeprozess nach allen Regeln der Denkkunst. Wir verstehen uns – ähnlich wie der Ständerat – als Denkkammer, als «chambre de réflexion». Eine Denkkammer oder eine Denkstube ist denn auch viel heimeliger als so eine Denkfabrik, die einfach auf Bestellung irgendwelche Dutzendware absondert. In diesen Denkfabriken passiert es eigentlich nie, dass jemand zu viel denkt. Es kann weiter vorkommen, dass diese sogenannten Gedankenarbeiter grösste Mühe damit haben, das Denken in die richtigen Bahnen zu lenken. Andererseits ist es eine Irrlehre, dass das Denken abgestellt werden könnte, weder in der Mittagspause noch nach Arbeitsschluss.

Am ehesten lässt sich so eine Fabrik mit einer Mühle vergleichen, in der die Denkkörner der Menschheit bis zur Unkenntlichkeit zermahlen und zermalmt werden. Die Aufgabe der Arbeiter in diesem Vermüllerungsprozess ist es, die Mühlsteine aus Glimmerschiefer in Gang zu halten. Die einen treiben die Steine mit ihren Händen an, die anderen durch angestrengtes Meditieren – und die dritten machen Verbesserungsvorschläge. Denken gehen alle übrigens sehr selten, meistens gehen sie spazieren oder nach Hause. Wenn sie nach den vielen Mahlgängen noch gehen können.

Arbeitsagogik im Gefängnis:
Nichts leichter als das

Leser A. W. aus N. hat auf einem Bild im «Bund» gesehen, dass an der Mauer des Gefängnisses Witzwil geschrieben steht: Zentrum für Arbeitsagogik im Freiheitsentzug. Pädagogik sei ihm ein Begriff, schreibt Herr W. der «hochverehrten Denkfabrik» (selbstredend meint er damit die Askforce). Aber «was zum T … ist Arbeitsagogik?» Seines Wissens seien doch die Insassen jener Anstalt dort, um wieder auf den rechten Weg zu kommen.

Ein verbales Verbrechen nach dem anderen, Herr W.! «Anstalt» sollte man nicht mehr sagen, das sind heute Zentren. Und «Insassen» sind Menschen im Strafvollzug. Deren Handlungskompetenz gilt es durch individuelle Förderung zu erhalten und zu erweitern, via Arbeitsagogik, die auf Führung und Beziehung baut. Gezielt wird das Medium Arbeit als Spiegelbild und Lernfeld eingesetzt.

So hat es sich die Askforce angelesen und ist danach zum Selbstversuch geschritten. Eine Woche lang eingeschlossen im stickigen Sitzungszimmer, bei Wasser, Brot und Arbeit à gogo. Begleitet von Askforce-Mitglied A entstaubte Askforce-Mitglied B die Zimmerpflanze. Mitglied C reparierte unter motivierenden Rückmeldungen von Mitglied D einen defekten Computer. Mitglied E markierte Akkusativ-Fehler in Zeitungen hellgelb und las sie den anderen laut vor. Mitglied F buk Brot, neben ihm entkeimte Mitglied G das Wasser. Am siebten Tag formierte sich die Askforce zu einem kleinen Orchester und begann Johnny Cashs «Folsom Prison Blues» zu spielen. Ganz natürlich hatte sich ihr der Kern der geschuldeten Antwort erschlossen: Agogik, lieber Herr W., ist ursprünglich ein Begriff aus der Musik und meint die Kunst der Tempoveränderungen. Accelerando, fast ein wenig stringendo kommt die Askforce zum Schluss: Diese Arbeitsagogik ist eine tolle Sache.

Übrigens: Noch bevor die Antwort publiziert werden konnte, hatte sich Fragesteller W. zur Arbeitsagogik selber kundig gemacht und der Askforce nochmals geschrieben. Rein sachlich sei alles in Ordnung, befand er. Und doch: «Für eine Strafanstalt (= alter Begriff für das Institut Witzwil) scheint mir das Wort Arbeitsagogik etwas hoch gegriffen, verstanden wird es von der Allgemeinheit kaum.» Herr W. wirkt auf die Askforce sehr handlungskompetent.

Warum sehen sich Missen
zur Schauspielerin berufen?

Ihre Frage sei relativ simpel, werde jedoch im Freundeskreis heiss debattiert, schreibt Alexandra B. aus B.: «Warum, um alles in der Welt, warum hat fast jede zweite Miss Schweiz ein derart grosses Sendungsbewusstsein, sieht sich zur Schauspielerin berufen und zieht für ein läppisches Jährchen nach New York City, um an der ‹renommierten Lee-Strasberg-Schule› eine Pseudoausbildung in Schauspiel zu erhalten und dann als Ansagerin bei ‹Telebärn› zu landen?» Frau B. bittet die Askforce dringend um eine Antwort, denn: «Ich verstehe die Welt nicht mehr.»

In typisch weiblicher Manier wertet Frau B. gleich zu Beginn ihre eigene Frage ab («relativ simpel») und am Schluss auch noch sich selber als Fragestellerin («verstehe die Welt nicht mehr»). Die Askforce meint: Nehmen Sie sich am Sendungsbewusstsein der von Selbstzweifeln völlig unangekränkelten Missen ein Beispiel, Frau B.

An dieser Stelle folgte in der Beratschlagung der Askforce ein kleiner grammatikalischer Exkurs zur Pluralform der Wortfolge Miss Schweiz. Heissts Miss Schweizen? Heissts Missen Schweiz? Heissts Missen Schweizen? Oder Schweizer Missen? Wer wird Miss Schweiz? Wer misst die Schweiz? Wer schweisst die Miss? Und schwitzt Miss Schweiz?

Zurück zum Sendungsbewusstsein. Der Zusammenhang liegt eigentlich auf der Hand, Frau B. Wer ein Sendungsbewusstsein hat, will in die Sendung. Klar? Und gegen die rein optische Aufwertung der schweizerischen Medienbranche ist ja auch nichts weiter einzuwenden. Zudem ist zu sagen, dass gerade die hauptsächlichen Tätigkeitsbereiche der Miss Schweiz einer fundierten Schauspielerinnenausbildung bedürfen. Im Film rehäugig in die starken Arme von Clark Gable sinken: Das kann jede. Den Kundenanlass von Sanitär Hugentobler irgendwo im Mittelland moderieren hingegen und dabei motiviert wirken – das erfordert doch beträchtliche Schauspielkunst. Und damit zweifellos den vorgängigen Aufenthalt bei Lee Strasberg in New York.

Das Mirakel des Sortierens

Jeder, der arbeitet oder auf dieser Welt in arbeitsähnliche Machenschaften verstrickt ist, weiss um die Wichtigkeit des Sortierens. Sobald etwas schön «büschelet» ist, kann es im Handumdrehen erledigt werden, oder meistens. Die Wichtigkeit des Sortierens am eigenen Leib erfuhr Dr. med. F. aus Bern, dem die Post ein Päckli in die Ferien zustellen wollte. Herr F. spielte uns den «Geheimsortierungsplan» der Post zu: Daraus geht hervor, dass das Päckli vom 31. Juli bis zum Tag der Zustellung am 20. August nicht weniger als 14-mal sortiert wurde, entweder in 4620 Härkingen oder in 1310 Daillens Centre Colis.

Ein Beispiel: Am 9. August einmal in Härkingen und gleich zweimal in Daillens sortiert. Im Feriendomizil in Zwischenflüh erfolgte nach 12-maliger Sortierung ein leider nicht erfolgreicher Zustellversuch, weil Herr F. unterdessen wieder nach Hause abgereist war. Das Päckli musste ins Paketzentrum nach Härkingen zurück und von dort wieder in die Romandie, dann ging es nach Ostermundigen und von dort schlussendlich an den Wohnort von Herrn F. in Bern, der im Übrigen, wie er der Askforce schreibt, gar nicht gerne Geburtstagspakete erhält und sogar einen Auftrag für 10 Franken an die Post erteilt hatte, ihm Pakete während der fraglichen Zeit nicht in die Ferien nachzusenden.

Das Sortieren ist eine Kunst, auch wenn es um das Sortieren des Sachverhalts geht – was nun die interne Dienstaufsicht der Askforce bemerkt hat, als sie soeben bemängelte, dass noch gar keine Frage gestellt worden sei. Tatsächlich findet sich im Schreiben von Herrn F. ein Fragezeichen, zu diesem wollen wir nun voranschreiten. Das Paket legte während der dreiwöchigen Sortierungsaktion nämlich an Gewicht zu: 1000 Gramm wurden am Anfang gemessen, am Schluss waren es 1020 Gramm. «Mirakel?», fragt uns Herr F. – «nein, normal», sagen wir. Das Paket ratterte zigmal durch die Maschinen und wurde über Kilometer von Förderbändern transportiert, das gab Metall-, Kunststoff- und Gummiabrieb, der auf dem Paket haften blieb. Dutzende von Angestellten kritzelten mit schweren Bleistiften kryptische Post-Zinken auf die Verpackung. Das alles fällt ins Gewicht. Herr F. kann von Glück reden, dass die Post neben den sechs Franken für die Zustellung durch den Boten nicht noch einen Zuschlag wegen ungenügender Frankierung erhob. Apropos Bote: Im Paket hatten sich Belegexemplare des «Hinkenden Boten» befunden. Kein Wunder, dass die Zustellung hinten links etwas lahmte.

Vom inneren Schweinehund

Die echt grossen Fragen des Lebens stellen sich stets aufs Neue. Peter G. aus L. etwa ist voller Zweifel, weil er noch nie einen «inneren Schweinehund» zu Gesicht gekriegt hat. Dabei möchte er doch wissen, wie ein solcher aussieht «und was er frisst». Er habe sogar im Internet (!) erfolglos nachgeforscht. Kein Wunder: Der Schweinehund lebt nicht im Netz, sondern in aller Regel in einem selber.

Gut fragt Peter G. die Askforce! Dieser Quell wahren Wissens offenbarte bereits vor Jahren viel Gültiges über die Schweinehund-Problematik. So wissen wir seither, dass der innere Schweinehund als parasitärer Begleiter des Menschen zu betrachten ist und weibliche Menschen vermutlich eher von inneren Sauhündinnen befallen werden und die juvenile Form des Wesens korrekt Ferkelwelpe heisst.

Peters Frage dreht sich aber nicht um die genderkorrekte Bezeichnung des Wesens. Vielmehr ist er der Mann fürs Praktische, will er doch zum Beispiel wissen, was der Kerl frisst. Eines ist klar: Er frisst nicht Frolic. Stattdessen, lieber Peter, frisst der innere Schweinehund gemäss der verbreiteten Lehrmeinung deine Schaffenskraft, deinen Willen, deine Abenteuerlust – und macht dich zum trägen Schlaffi, der dröge auf dem Sofa dahinvegetiert und mit der Fernbedienung sich durchs spannende Leben der anderen zappt. Darum – so die Lehrmeinung – ist das eigene Ringen mit dem inneren Schweinehund so wichtig.

Nach unserem Erkenntnisstand ist es aber ganz anders: Der innere Schweinehund ist bloss die Erfindung von äusseren

Schweinehunde, die uns weismachen wollen, wir müssten tun, was wir – wenn wir uns wirklich frei fühlten – nicht wirklich tun würden. Er ist der herangezüchtete Pseudoparasit aus der Retortenküche jener, die behaupten, nichts gehe über die stetige Steigerung von Produktivität und Loyalität. Diese Hunde wollen nicht, dass unsereins zweckfrei über Frühlingsblumenwiesen schlendert und dazu höchstens Gedichte – von Heinrich Heine bis Michael Fehr – rezitiert. Als Repetition nun die Kernsequenz aus der ersten Schweinehund-Lektion der Askforce:

(…) Warum es tugendhaft sein soll, den inneren Schweinehund zu überwinden, ist nämlich völlig schleierhaft, denn immer gehts um ein fremdbestimmtes Ziel. Mal wird einem diktierten Schönheits- oder Fitnessideal nachgehechelt. Mal gehts darum, jeden inneren Widerstand niederzuringen und in irgendeinen feuchten Schützengraben zu klettern. Apropos Schützengraben: Wollen wir hier die Wohlfühlzone vollends verlassen? Nun denn. Kultiviert und gefestigt wurde die Idee des Niederringens des inneren Schweinehundes von den nationalsozialistischen Kriegstreibern des Dritten Reiches. Wir können ja zur Gedächtnisauffrischung den SPD-Politiker Kurt Schumacher zitieren, der 1932 im Reichstag der NSDAP entgegenschmetterte: «Die ganze nationalsozialistische Agitation ist ein dauernder Appell an den inneren Schweinehund im Menschen.» Das eigentlich Herausragende des Nationalsozialismus sei, wie gut ihm «die restlose Mobilisierung der menschlichen Dummheit» gelinge. (…)

Also, lieber Peter, dass du den inneren Schweinehund noch nicht wirklich kennen gelernt hast, ist ein gutes Indiz: Du gehörst womöglich nicht zu den leicht zu mobilisierenden Idioten. Und sorry fürs Duzen.

Darf man sagen: So ein Saftladen?

«Wenn ich den Ausdruck ‹Das ist ja ein totaler Kindergarten› verwende, muss ich damit rechnen, von Kindergärtnerinnen oder von ihrem Berufsverband zurechtgewiesen zu werden», schreibt uns Frau Cordula B. aus B. Und fährt fort: «In diesem Zusammenhang nimmt es mich wunder: Darf ich den Ausdruck ‹Saftladen› bedenkenlos benützen?»

Tatsächlich, liebe Frau B., gibt es Kindergärtnerinnen (oder Männer, die eine bestimmte Kindergärtnerin beeindrucken wollen), die auf die Verwendung dieses Ausdrucks sehr betupft reagieren. Ein Blick ins Archiv genügt: Im Frühjahr 2004 schrieb ein Mann aus dem Emmental, ein Emmentaler, wahrscheinlich hätten sich solche «Kindergarten-Ausrufenden» noch nie Gedanken darüber gemacht, was eine gute Kindergartenzeit für einen Menschen bedeute. «In dieser Zeit kann er seine Schatztruhe unversiegbar auffüllen mit Lebensgold.» Ein paar Tage zuvor hatte der Präsident des Berner City-Verbands das Hickhack um die bürgerliche Stadtpräsidiumskandidatur als Kindergarten bezeichnet.

Eine Schatztruhe voller Lebensgold ist wichtig. Darum ist die Askforce der Meinung, der Ausdruck «Das ist ein Kindergarten» dürfe nicht bedenkenlos verwendet werden. Eigentlich sollte man anfangen, damit positive Zustände zu beschreiben. Wer sich am neuen Arbeitsplatz wohlfühlt, könnte das so ausdrücken: «Ich fühle mich wie im Kindergarten. Aufgehoben, verstanden, integriert. Die Ausstrahlung der Chefin wärmt meine innere Truhe.»

Nun zum Saftladen. Hier ist Zurückhaltung fehl am Platz, Frau B. «Saftladen» lässt sich nicht ins Positive drehen, auch wenn das Produkt süss und gesund ist. Darum dürfen sie «Saftladen» für all jene Firmen, Vereine und Verwaltungsabteilungen bedenkenlos benützen, wo Menschen unter Druck gesetzt werden oder wo die Zitrone noch nicht ganz ausgepresst ist.

Generell empfehlen wir Ihnen, Frau B., bei der Verwendung solcher Redewendungen stets den Kontext zu beachten: Wenn beispielsweise die Kindergärtnerin über Ihren Sohn sagt, er sei ein Früchtchen, wäre es eindeutig falsch zu antworten: «Und Ihr Kindergarten ist ein Saftladen.»

«Gendercap» im Coiffeursalon?

Mit folgendem Anliegen wendet sich Herr M. S. an die Askforce: «Zahlt ein Mann mit so richtig langen Haaren beim Coiffeur den Herren- oder den Frauentarif? Und wie sieht es aus, wenn der Herr einen Damenschnitt wünscht? Und umgekehrt?» Herr S. «möchte ja nicht alle Coiffeure über den gleichen Kamm scheren», vermeint aber «einen Gendercap» zu spüren. Erlauben Sie uns eine kleine Haarspalterei, Herr S.: Es heisst Gendergap. Mit G, nicht mit C. Aaaach woher, überhaupt kein Problem. Bestimmt waren Sie beim Formulieren der Frage derart ins Thema «Haar» verwickelt, dass Ihnen spontan eine Kopfbedeckung – das Cap – in den Sinn kam. Vollstes Verständnis. Wir wissen genau, was Sie eigentlich meinten, Herr S.

Darum: Gratulation zu dieser letztlich konsumentenschützerischen Frage. Sie geht unter die Kopfhaut. Sie packt das Problem beim Schopf. Nicht das Geschlecht darf über die Entwicklungschancen des Menschen entscheiden! Zu den Entwicklungschancen des Menschen zählt die Askforce auch das Recht, sich einem Verschönerungsprozess zu unterziehen. Waschen. Legen. Spülen. Schneiden. Färben. Fönen. «Glückspost» lesen. Wie gut das tut.

Warum soll nun aber eine Frau mit schicker Kurzhaarfrisur hierfür mehr bezahlen als ein Mann mit wallender Prachtsmähne? Nicht jede Frau ist Rapunzel, und nicht jeder Mann ist Kojak. Die Tarifgestaltung im Coiffeursalon mag komplex sein, die Askforce ist dennoch der Meinung: Der alte Zopf geschlechterspezifischer Coiffeusenpreise gehört abgeschnitten (Coiffeure sind mitgemeint).

Insofern schliessen wir uns der kritischen Haltung unseres Fragestellers an. Sie stimmt aufs Haar. Doch dann findet die Askforce bei der Zuschrift von Herrn S. prompt noch ein Haar in der Suppe: «Damenschnitt», Herr S.? Solche Ausdrücke sind Restbestände überholter Geschlechterklischees. Damenschnitte gibt es nicht mehr, seitdem das weibliche Model Twiggy den Bubikopf so richtig populär machte. Das war 1966. Die Askforce meint: Herr S. sollte häufiger die «Glückspost» lesen.

Für wen ist «der letzte Platz»?

Immer wieder lese sie, ein Saal, eine Kirche oder eine Veranstaltung sei «bis auf den letzten Platz besetzt», schreibt Barbara N. aus Ostermundigen. Nun möchte sie wissen, «für wen man denn immer diesen letzten Platz freihält».

Sie sind gut, Frau N.! Grad in den Details Ihrer Frage müssten Sie doch präzise sein, insbesondere bei Anliegen, die an die Hohe Askforce gerichtet sind. Es irritiert den ansonsten verwöhnten Intellekt der Askforce, dass Sie einen Saal, eine Kirche und eine Veranstaltung in einem Zug nennen und von «besetzt» sprechen. Säle und Kirchen pflegen doch physisch mit Menschen besetzt zu sein, wenn auch Kirchen bekanntlich seltener.

Von «besetzten» Veranstaltungen hingegen sprechen wir, wenn sie geistig okkupiert sind – sektiererische Gottesdienste, verschworene Treffen von Rechts- oder Linksextremen, ein Konklave zur Papstwahl. An solchermassen besetzten Anlässen gibt es keine «letzten Plätze», denn für passende Individuen bleibt da immer ein Plätzchen frei.

Ganz anders liegt der Fall bei Sälen und Kirchen: Für Ihre Verhältnisse recht scharfsinnig, Frau N., haben Sie erkannt, dass die Formulierung «bis auf den letzten Platz» genau besehen bedeutet, dass ein Platz frei bleiben müsste. Und wir sagen Ihnen klipp und klar: Dem ist auch so! In weltlichen Sälen wird dieser letzte Platz nämlich überall stets durch eine Vertreterin oder einen Vertreter der Askforce besetzt. Inkognito, daher der Eindruck, der Saal sei voll. Die Askforce garantiert minimale Geistesdisziplin an all diesen Anlässen, sonst stünde es noch viel schlimmer um das Niveau solcher Zusammenkünfte. Wie die Askforce das rein Human-Resources-mässig bewältigt? Das bleibt ihr Geheimnis.

In geistlichen Sälen, sprich Kirchen, liegt der Fall nochmals anders: Hier ist der letzte Platz dem geistlichen Pendant zur Askforce vorbehalten, dem Heiligen Geiste. Er benötigt keinen Stuhl, da man nicht einmal weiss, ob er steht, schwebt oder sitzt. Und siehe da: Wiederum erscheinen sämtliche Plätze besetzt!

Moderne
Körperkunde

Annäherung an den Körperteil Stöckelschuh

Frau A. Z. beehrt uns mit einer Frage, die es uns endlich erlaubt, unserer werten Leserschaft wirklich Neues zum Thema Stöckelschuhe anzuvertrauen. Aufgefallen ist der Fragestellerin ein Bericht in ihrem Leibblatt, der darlegte, wie eine Gruppe Frauen ein Taxi nahm, «da ihre hohen Absätze so sehr schmerzten». Schmerzende Absätze anstatt schmerzende Fersen? Frau A. Z. erkennt darin – richtigerweise – eine interessante neurologische Frage. Ihr scheine, hier liege ein bislang unbekanntes Leiden vor, «sozusagen ein umgekehrtes Phantomschmerzphänomen», das nicht von einem nicht mehr vorhandenen Körperteil ausgehe, «sondern von etwas, das bisher noch gar nicht zum Körper gehörte».

Die Fragestellerin ist an sich auf der richtigen Spur. Aber sie zieht aus ihrem Halbwissen bedauerlicherweise den falschen Schluss. Nähern wir uns dem Fragegegenstand deshalb streng wissenschaftlich an: Verlieren wir ein Körperteil, empfängt der sensomotorische Kortex, der Teil der Grosshirnrinde also, der fürs Tastempfinden des ganzen Körpers zuständig ist, weiterhin neuronale Impulse. Will heissen: Die abhandengekommene Hand oder der abfussengekommene Fuss schmerzt saumässig, obwohl nicht mehr im gängigen Sinn existent. Wir sprechen dann von Phantomschmerzen.

Völlig falsch ist nun der Schluss, es gebe vielleicht «umgekehrte Phantomschmerzen», ausgehend von etwas, «das bisher noch gar nicht zum Körper gehörte». Das ist blanker Unsinn: Neurologische Verbindungen gibts nur zu Körperteilen und nicht zur Welt der Dinge um uns herum. Wie aber ist nun der Fall der jungen Damen einzuordnen, die – hoch sensitiv – die Schmerzen wahrnahmen, an denen ihre Stöckelschuhe litten? Es gibt einen einzigen Schluss: Der Schuh – oder mindestens der Absatz – ist als zum weiblichen Körper gehörig zu betrachten. Es ist vermutlich – seit dem Scheitern von Dr. Kneipps Barfusstheorie – eine symbiotische Verbindung zwischen Fuss und Schuh entstanden, wie wir sie auch aus der Natur kennen: zwischen Köcherfliege und Köcher, zwischen Einsiedlerkrebs und seinem Muschelhaus etwa.

Zu akzeptieren, dass der Schuh als zum weiblichen Körper gehörig betrachtet werden darf, könnte eine emanzipatorische Befreiung darstellen: Imelda Marcos' 1200 Paar Stöckelschuhe wären so nicht mehr als Ausdruck pathologischer Konsumsucht zu verstehen, sondern lediglich als besonders sorgsame Pflege des Körperteils Absatz.

Die Askforce verwahrt sich präventiv gegen den Vorwurf, hier frauenfeindlich zu argumentieren. Bei Männern ist das beschriebene Phänomen nämlich schon lange bekannt. Nur ist der männliche Fuss keine symbiotische, neurologisch-emotionale Verbindung mit dem Absatz eingegangen, sondern mit dem Gaspedal. Nehmen Sie dem Herrn mit ausgeprägtem Bleifuss den Wagen weg, und Sie sehen angesichts der physischen und seelischen Schmerzen, die er dabei zu erleiden hat, dass es sich beim Gaspedal um einen körpereigenen Bestandteil des Individuums handeln muss.

Ob es dem sensomotorischen Kortex im weiteren Verlauf der Evolution gelingt, weitere Elemente scheinbar unbelebter Materie einzubinden, ist schwer abzuschätzen. Erweiterungen des Körperlichen sind bis jetzt auf die Füsse beschränkt. Dort droht den Damen übrigens am meisten Gefahr: Auch in Stöckelschuhen können Bleifüsse stecken.

Was ist das Beste im Mann?

Die knapp gefasste Frage, die uns Ruth Sch. aus Kirchberg zugestellt hat, bezieht sich auf den Gillette-Werbeslogan «Für das Beste im Mann!» Das Wörtchen «im» hat Frau Sch. unterstrichen und fragt: «Was ist überhaupt ‹das Beste im Mann›, und wenn es denn so was wirklich gibt (???), warum muss es dann auch noch wegrasiert werden? Schönes Wochenende und sonnige Grüsse.» Der Gillette-Werbeslogan ist nicht mehr taufrisch, aber es handelt sich zweifellos um einen sehr erfolgreichen Slogan. Vielleicht gerade deshalb, weil er so abstrus ist – so abstrus sein muss. Denn für einen Hersteller von Gerätschaften, mit denen sich Dinge abschneiden lassen, wäre es absurd, mit dem Slogan «Für das Beste am Mann» zu werben.

Als leicht beunruhigend interpretieren wir die Fragezeichen, mit denen Frau Sch. dreifach in Zweifel zieht, ob es im Innern von Männern «überhaupt» etwas Bestes gibt. Warum sollte es das nicht? Unserer Ansicht nach ist dieses «Beste» sogar recht einfach zu identifizieren: Es ist die innere Mitte, oder etwas technischer ausgedrückt: der Schwerpunkt. Befindet sich dieser am richtigen Ort, ist der Körper ausbalanciert, und der Mann fühlt sich wohl.

Veranschaulichen lässt sich das an einem Flugzeug. Verschiebt sich dessen Schwerpunkt nach hinten, wird das Flugzeug schwanzlastig – zum Beispiel dann, wenn sich im Frachtraum während des Steigflugs ein Container löst und ins Rutschen gerät. Verschiebt der Schwerpunkt sich hingegen nach vorn, wird das Flugzeug kopflastig – zum Beispiel dann, wenn die Hostessen sich zu den Piloten ins Cockpit begeben, um mit ihnen auf die bevorstehende Landung anzustossen.

Bei Männern liegt der Schwerpunkt ungefähr auf der Höhe der Gürtellinie. Die exakte Position lässt sich am einfachsten so bestimmen: Man lege sich bäuchlings auf die Rückenlehne eines Sessels und bewege sich so lange vor und zurück, bis der Körper sich im Gleichgewicht befindet.

Achtsamkeit gegenüber der inneren Mitte zahlt sich aus, als Frau wissen Sie das ganz bestimmt, Frau Sch. Wer den Schwerpunkt dagegen mit Übungen wie übertriebenem Armkreisen zu abrupten Lageänderungen zwingt, riskiert, dass dieser im engen Bauchraum an ungünstiger Position eingeklemmt wird. Immerhin kann dieses Problem heute mit einem Eingriff behandelt werden, den aber erst wenige Chirurgen beherrschen – mit einer Operation am offenen Schwerpunkt.

Entschuldigung, wo bitte sind die Hoden?

Als ausgewiesene Bildungsinstanz beschäftigt sich die Askforce regelmässig mit der Methodik des Wissensvermittelns. Dank jahrelanger Führungsrolle im Berner Bildungswesen kommen wir dabei immer wieder zur Ansicht, dass Lernen Spass machen sollte. Dass wir diesem Anspruch gerecht werden, beweist die heutige Fragestellerin Pascale. Sie eröffnet ihr Schreiben folgendermassen: «Ihre Texte sind sehr lustig.» Dieser nicht von der Hand zu weisende Umstand hat Pascale anscheinend so wissbegierig gemacht, dass sie eine Frage an uns richtet, die sie sich noch nie zu fragen getraut habe. «Bitte entschuldigen Sie: Wo haben die Männer beim Fahrradfahren ihre Hoden?»

Die Antwort scheint einfach. Wer über grundlegende Kenntnisse zur Beschaffenheit des männlichen Körpers verfügt, weiss, dass der Hoden so ungefähr in der Mitte des Mannes angebracht ist, wo er in zweckdienlicher Nachbarschaft mit dem Penis lebt. Wo sollte er auch anders sein? Denn er ist nicht sehr mobil, da er bloss über einen sehr eingeschränkten Bewegungsradius verfügt. Daraus ist zu schliessen, dass die Aktivität seines Trägers keinen Einfluss auf den Standort des Hodens hat. So ist er während des Radfahrens also nicht etwa plötzlich am Rücken oder am Ellbogen zu verorten.

Gerade weil der Hoden derart mit seiner körperlich angestammten Stelle verwachsen ist, kommt es beim Radfahren zu einem unerbittlichen Revierkampf mit dem Sattel. Und nun wird es spannend. Denn weil der Sattel ein wahrlich unbequemer Kerl ist, scheut er keine Gelegenheit, mächtig Druck auf den Hoden auszuüben. Das bleibt nicht ohne Konsequenzen für des Hodens Besitzer. Wie diverse Umfragen unter Radrennfahrern zeigen, gibt es immer wieder Beschwerden über ein unangenehmes Taubheitsgefühl im Testikel.

Diese Taubheit wiederum kann unerhörte Nebenerscheinungen mit sich bringen. Denn wie die Forschung ergeben hat, kann sie einen schlechten Einfluss auf die Qualität der Spermien haben. Wessen Hoden also übermässigen Kontakt zu drückenden Sätteln pflegen, läuft Gefahr, sich nicht mehr ergebnisorientiert am Fortpflanzungsprozess beteiligen zu können. Deshalb ist davon auszugehen, dass der Radfahrer, über längere Zeit gesehen, von der Evolution aus dem Verkehr genommen wird.

Der eigene Körper, ein Rüpel?

Rolf S. muss ein Bürger von grosser gesellschaftlicher Akzeptanz sein. Denn wie seinem Schreiben zu entnehmen ist, befindet er sich oftmals in der privilegierten Situation, eine Einladung zum Essen zu erhalten. Doch durch die Inanspruchnahme dieses Gastrechts bringt er sich regelmässig in Teufels Küche. Es ist wegen der Körpergeräusche. Wie Rolf S. einmal gelesen hat, sollen die, aus Gründen der Gesundheit, nicht unterdrückt werden. Gleichzeitig graut ihm davor, von seinen Gastgebern schräg angeschaut zu werden, wenn er seinen Erleichterungen freien Lauf lässt. Rolf S. fragt uns nach einem Ausweg aus diesem Dilemma.

Da uns Askforce-Mitgliedern der Ruf als berüchtigte Besserwisser stets vorauseilt, kennen wir Essenseinladungen nur vom Hörensagen. Dadurch konnten wir uns das ganze Wochenende ungestört mit dieser Frage beschäftigen und sind zu folgender Konklusion gekommen. Der menschliche Körper ist ein Konstrukt, das nicht auf gesellschaftliche Sittlichkeiten genormt ist. Gemessen an den Anstandsregeln der westlichen Welt sind wir in unserer menschlichen Hülle Wesen grosser Widerwärtigkeit. Da die Bauweise unserer Körper auf Plänen beruht, die seit Jahrtausenden nicht überholt wurden, konnten Instandhaltungsgeräusche wie Niesen, Rülpsen oder gar Flatulieren bisher nicht ausgemerzt werden.

Natürlich arbeitet die Wissenschaft schon lange daran, den menschlichen Körper in das enge Korsett der gesellschaftlichen Gepflogenheiten zu zwängen. Doch bisher konzentrierten sich diese Bemühungen nur auf Oberflächlichkeiten. Da es aus ästhetischen Gründen als unanständig gilt, den Verfall des eigenen Körpers sichtbar herumzutragen, wird Haut gestrafft, werden Lippen gespritzt, Haare implantiert. Doch Operationen zur Eindämmung der humanen Geräuschkulisse gibt es bisher kaum. Deplatziertes Niesen könnte zwar durch eine Entfernung der Nase unterbunden werden. Doch ohne Nase wird wiederum gegen die Anstandsregeln des Aussehens verstossen. Es ist wahrhaftig ein Dilemma.

Die Situation kann aus medizinischer Sicht also nicht entschärft werden. Rolf S. bleiben daher nur zwei Möglichkeiten. Die eine davon ist der gesellschaftliche Ausstieg. Er würde sein Leben in der Zivilisation abbrechen und in einsiedlerische Leere ziehen, wo er jeglichen Geräuschgelüsten seines Körpers nachkommen könnte. Die Anzahl Einladungen zum Abendessen dürfte dadurch jedoch drastisch sinken.

Daher raten wir dazu, die Behörden zu alarmieren. Die strenge Sittlichkeit führt schliesslich dazu, dass wir unseren Körper nicht so akzeptieren, wie er ist. Gesellschaftlicher Anstandsdruck führt also zu einer Art Body Shaming. Dazu kommt, dass das Unterdrücken von körperlichen Geräuschen der Gesundheit schadet, wie Herr S. richtig angeführt hat. Da von dieser Problematik der Grossteil der Bevölkerung betroffen sein dürfte, stehen die Chancen gut, dass der Bund bald Aufklärungskampagnen lanciert. Auf Werbeplakaten wird zu genüsslichem Niesen, Rülpsen ohne Reue und öffentlichem Flatulieren ermutigt. Rolf S.' nächste Essenseinladung dürfte völlig entspannt verlaufen.

Woher kommt der Rucksackmensch?

Frau B. R. ist in Sorge: «Warum trägt der Mensch heute Rucksack und schlägt mir denselbigen im Tram um die Ohren? Wird das bei kommenden Generationen besser, weil dann der Mensch den Rucksack in sein Körpergefühl integriert haben wird? Und stirbt meine rucksacklose Sorte dann aus?»

Werte Frau R., manchmal macht sich die Askforce einen Spass daraus, aufgrund der eingereichten Fragen ein Persönlichkeitsbild der Fragenden zu erstellen. Sie zum Beispiel fahren Tram, verfügen über mangelndes Distanzgefühl und träge Reaktionsfähigkeiten – sie können den Rucksäcken im Tram nicht ausweichen. Weiter haben Sie kein Verständnis für praktische Problemlösungen: Heute, da aufgrund der Klimaveränderungen täglich mit Hitze, Hagel, Schnee und Dachlawinen gerechnet werden und also vom Barryvox über den Regenschirm bis zum Badetuch stets alles verfügbar sein muss, da die Teilhabe an der Kommunikations- und Spassgesellschaft sowie die ständige Überwachung der Börsenkurse das Mitführen eines Gameboys, eines Handys und eines Kleincomputers erfordert, ist der Rucksack für den modernen Menschen unentbehrlich.

Weiter, geschätzte Frau R., hat die Askforce-Analyse ergeben, dass Sie sich durch eine elitäre Haltung auszeichnen – zumindest lässt die Betonung, dass Sie nicht zu den Rucksacktragenden gehören, darauf schliessen, dass Sie sich für etwas Besonderes halten. Wir müssen Sie enttäuschen: Namhafte Psychologen haben festgestellt, dass «wir alle unseren Rucksack tragen». Der rucksacklose Mensch ist bereits ausgestorben! Und wenn Sie

202

nun akzeptieren, dass auch Sie nicht ohne Ballast durchs Leben gehen, dann entwickeln Sie vielleicht Verständnis für Ihre Mitmenschen und ärgern sich nicht jedes Mal, wenn jemand im Tram mittels seines Rucksacks verzweifelt versucht, in dieser Welt der zunehmenden Vereinsamung mit Ihnen, Frau R., in Kontakt zu treten.

Knetbare Ärzte im Fokus

Gegen eine plastische Darstellung eines Sachverhaltes ist nichts einzuwenden, wohl aber gegen einen plastischen Chirurgen. «Als Mathematiker war und bin ich auch an sprachlicher Präzision interessiert», schreibt uns ein Leser aus B. Auf SRF sei ein «plastischer Chirurg» vorgestellt worden. Dieses Attribut habe ihn gestört, denn der Duden definiere das Wort plastisch als knetbar. Nun aber wundert sich der Mathematiker und wendet sich an die Askforce: «Was zeichnet einen knetbaren Arzt vor seinen Kollegen aus?»

Es ist allgemein bekannt, dass Menschen, wenn sie noch jung sind, besser formbar sind als im Alter. Die Knochen werden spröde, darüber ist schon viel geschrieben worden, das wir an dieser Stelle nicht zu wiederholen brauchen. Frisch ab Presse, also direkt von der Uni, dürften Mediziner am knetbarsten sein – allerdings muss man sich beeilen, wenn man sie weiter modellieren will, da die Aushärtung meist umgehend einsetzt.

Erstaunlicherweise trifft der Umstand der Knetbarkeit noch in anderem Sinne auf junge Ärzte zu: In der Ausbildung haben sie noch nicht viel Geld verdient, sie sind also zu diesem Zeitpunkt «der Knete am barsten», was wir mathematisch als Aneinanderreihung von Summanden betrachten und darum zu «am knetbarsten» umstellen, wobei wir ein E als «Quantité négligeable» wegstreichen, es gibt sowieso zu viele davon.

Da die Askforce mit diesen Erklärungen noch nicht vollständig zufrieden ist, haben sich einzelne Mitglieder des Gremiums in Operationssälen umgehört. Dort erhielten wir leider zwei weitere Begründungen, was einem Mathematiker, der naturgemäss viel Wert auf Eindeutigkeit legt, wohl kaum gefallen dürfte. So sagten einige, plastische Chirurgen dienten dazu, dass andere sie durchwalken und durchkneten könnten, um die eigenen Hände geschmeidig zu machen. Das diene der Vermeidung von Kunstfehlern. Andere jedoch behaupteten, damit seien Playmobil-Manoggeli gemeint, welche als Glücksbringer aufgestellt würden. Eine klare Fehlbezeichnung, so der Standpunkt der Askforce, das wären dann eher Plastikchirurgen. Aus all diesen Erwägungen folgt die Gleichung: «plastisch = knetbar = jung».

Wie gesund ist der Menschenverstand?

P. G. aus Schliern bei Köniz ist ratlos. «Im Verlaufe der Corona-Restriktionen und nun der Lockerungen wird uns der Begriff ‹gesunder Menschenverstand›, mit dem man mich schon als Kind genervt hat, wieder täglich um die Ohren geschlagen», schreibt er der Askforce. Er sei inzwischen «glatte 70», aber noch immer sei ihm schleierhaft, wie sich der gesunde Menschenverstand vom «kranken» unterscheide. «Die Corona-Debatten machen mich bisher auch nicht schlauer. Vielen Dank, wenn du mir weiterhelfen kannst.»

Herr G., wir können es kurz machen: Es gibt keinen Unterschied zwischen dem gesunden und dem kranken Menschenverstand. Nur eine Gemeinsamkeit: Sie sind beide unnötig. Denn eigentlich ist der Menschenverstand nichts mehr als eine leere Worthülse, der ein wertendes Adjektiv vorangestellt wurde, um ihr dennoch etwas Gewicht zu geben. Diese Worthülse dient dann dazu, das Gegenüber zu diskreditieren, indem die eigene Position als gesund und die andere folglich als krank bezeichnet wird. Und die Worthülse kommt oftmals dann zum Zug, wenn die Argumente ausgehen.

Sie sind noch nicht überzeugt? Na dann bringen wir halt noch den Immanuel Kant ins Spiel. Der deutsche Philosoph hat den Verstand vor langer, langer Zeit mal als «das Vermögen zu denken» definiert. Denken! Eine gute Sache, besonders in Corona-Zeiten.

Wenn Kant also recht hatte und der Verstand mit dem Denken verbunden ist, dann müsste nicht explizit vom Menschenverstand die Rede sein. Ansonsten wäre ein mögliches Gegenteil von gesundem Menschenverstand gesunder Tierverstand oder gar Maschinenverstand. Oder ungesunder Tierverstand oder vielleicht gar kranker Sachverstand. Und da wird es irgendwie absurd.

Hören Sie sie auch, Herr G.? Die Rufe jener, die der Askforce vorwerfen, sie habe nun endgültig den Verstand verloren? Einige stürmen gerade den Bundesplatz, bewaffnet mit Schildern, auf denen Sätze stehen wie «Den Menschenverstand kann man nicht gesundimpfen!», «Mehr gesunder Menschenverstand, weniger Askforce!» oder «Askforce kills Demokratie!» Lassen wir die mal, sofern sie die Abstandsregeln einhalten, und zitieren im Stillen den Satiriker Gabriel Laub: «Der Verstand ist begrenzt, nur die Dummheit ist grenzenlos.»

Aufruf zur Verteidigung der Darmflora

Endlich kann die Askforce längst Überfälliges klären. Den Steilpass dazu gibt uns Frau A. Z., unsere sehr treue Fragestellerin: «Warum heisst die Darmflora Darmflora? Und wie kommt es, dass der originelle Name bis heute verwendet wird?»

Die Askforce mit ihrer ausgeprägten Fähigkeit, die eigentliche Frage hinter der vordergründigen zu erkennen, war angesichts dieses Briefs verunsichert. Will A. Z. den Begriff Darmflora ächten und stattdessen das politisch und wissenschaftlich korrekte *intestinale Mikrobiota* durchsetzen, das so korrekt ist, das im Alltag aber niemand versteht? Oder findet sie den Begriff Darmflora sexistisch, weil hier die römische Göttin der Blüte – die Flora eben – in den dunklen Hades des Gedärms verbannt wird? Oder gibt es gar religiöse Bedenken? Wir wissen es nicht. Wir wissen nur: Es ist höchste Zeit, den Terminus Darmflora leidenschaftlich zu verteidigen. Er steht für die blühende Poesie der eigenen Innereien.

Streng wissenschaftlich liesse sich der Begriff als Irrtum strafen. Die auf der Darmoberfläche angesiedelten Mikroorganismen wurden in den Anfängen der Darmforschung als dem Pflanzenreich zugehörig betrachtet. Darum Flora. Insgesamt ist der Name aber ein Geschenk an die der deutschen Sprache Mächtigen. Gut, die Schweden (tarmfloran), die Norweger und die Dänen (beide tarmflora) und ein paar andere mehr gesellen sich dazu. In den meisten anderen Sprachen hingegen wird die Darmflora zum intestinalen Irgendetwas. So, nun appellieren wir!

208

Die Darmflora also. Der Begriff ruft uns stets aufs Neue ihre Existenz und ihre Qualitäten in Erinnerung. Weil wir eine Darmflora haben, ist uns sicher, dass jede wahre Einkehr auf eine innere Blumenwiese führt (und nicht in einen sich kontraktierenden Verdauungstrakt). Alle Darmzotten schön ausgebreitet ergeben eine 35 Quadratmeter grosse, kontemplative innere Wiese, in die infiltriert, was Mutter Natur uns als Nahrung zuteilwerden lässt. Wir meinen: ein schönes Bild.

Verböte man die Darmflora und schriebe man vor, von intestinaler Mikrobiota zu reden, wäre die Poesie dahin. Wenn es heute im Gedärm rumpelt, wissen wir: Es ist das laue Blütenwindchen, das durch die Flora streicht. Entweicht es unserem Innersten, ist es ein würziger Gruss unserer blumigsten Seite. Das Gleiche wird bei jenen, die nur über eine intestinale Mikrobiota verfügen, rasch einmal zum ganz ordinären Stinkefurz.

Lasst uns also zusammenstehen und sie verteidigen, die Flora, diese weiblichste aller inneren Weiten im Manne. Sollten Sie, liebe Frau A. Z., gerade keinen Nächsten finden, der diesen Gedanken mit Ihnen zu teilen bereit ist, dann finden Sie wiederum Trost – in der Darmflora. Die Darmflora ist nämlich auch das Zuhause der Darmfauna, einer Gemeinde kleinster Krabbeldinger. Sie sind also nie allein. Sie sind einer ganzen Welt ein Zuhaus. Und weil Sie ohne die schöne, harmonische Wechselbeziehung zwischen Ihnen und der Ihre Flora bewohnenden Fauna nicht existieren könnten, gilt sogar: Solange sie leben, sind Sie selbst genau genommen viele.

Woher kommen die unerwünschten Kinder?

Die ganze Frage, die Peter Z. aus W. der Askforce stellt, lautet so: «Woher kommen in einem kleinen aufgeklärten Land ohne Mangel an sehr sicheren Verhütungsmitteln jedes Jahr 12 000 bis 13 000 unerwünschte Kinder?»

Die Askforce hat es sich zum Prinzip gemacht, keine einfachen Fragen zu beantworten. In diesem Fall aber will sie eine Ausnahme machen. Und zwar nicht einmal wegen des leicht erpresserischen Tons, den Herr Z. am Ende seines Briefes anschlägt. Er schreibt nämlich, er finde es schade, dass die Wahrscheinlichkeit nahe bei null liege, dass sich die Askforce noch vor der Abstimmung über die Fristenregelung mit seiner Frage «ernsthaft» beschäftige.

Weshalb also eine Ausnahme? Nun, weil es um Sex geht. Und um Wahrscheinlichkeiten. Nehmen Sie bitte Ihren Taschenrechner zur Hand, Herr Z. Tippen Sie die Anzahl Menschen ein, die in der Schweiz leben, und teilen Sie diese durch zwei. Angesichts dieser Zahl können Sie sich leicht vorstellen, dass in unserer schönen Schweiz ziemlich viel gesexelt wird, tagein und tagaus, landauf und landab. Und wenn Sie jetzt noch die Versagensquoten der verschiedenen Verhütungsmittel mit den Pärchen verrechnen, die – aus welchen Gründen auch immer – darauf verzichten, wird rasch klar, dass unerwünschte Kinder einfach dazugehören.

Natürlich haben Sie recht, wenn Sie in Ihrem Brief andeuten, die Zeugung von Menschen habe etwas mit Verantwortung zu tun. Auf der anderen Seite stellt sich die Frage, wie viel denn

Sex eigentlich mit der Zeugung von Menschen zu tun hat. Biologisch gesehen sicher sehr viel. Aber psychologisch betrachtet möglicherweise fast nichts. Denn dass es zwischen Sex und Kinderkriegen einen Zusammenhang gibt – darauf mussten unsere Urahninnen und -ahnen zuerst einmal kommen. Immerhin liegen da jedes Mal einige Monate dazwischen.

Die Mund-zu-Mund-Lüge ist entlarvt

Unserer aufmerksamen Leserin A. Z. ist aufgefallen, dass sich Firmeninhaber häufig damit brüsten, ihr Geschäft entwickle sich einzig dank Mund-zu-Mund-Propaganda. A. Z. weiss zwar, was Mund-zu-Mund-Beatmung ist. Aber sie fragt sich, wie genau man sich den Vorgang der Mund-zu-Mund-Propaganda vorstellen müsse: «Wie läuft sie ab? Wie führt sie zu mehr Kundschaft?» Sie habe zudem punkto Mund-zu-Mund-Propaganda «ästhetische und hygienische Bedenken».

A. Z. gibt der Askforce die Gelegenheit, eine weitere grosse Lüge des Alltags zu entlarven: Mund-zu-Mund-Propaganda funktioniert nie. Niemals! Allein schon die sorgfältige Betrachtung des Vorgangs macht dies deutlich: Liegen Lippen auf Lippen, führt die vom Mund des Werbeabsenders ausgesprochene Botschaft beim Werbeempfänger lediglich zu einem signifikanten Überdruck im Mund- und Rachenraum, der über die eustachischen Röhren in unangenehmer Weise aufs Trommelfell einwirkt: Es knackt. Der Propagandainhalt bleibt dabei völlig unverständlich.

Versuchsweise können Sie einer beliebigen Versuchsperson während eines Mund-zu-Mund-Kontakts beispielsweise sagen «Heizen mit Öl – entschieden richtig». Es wird nicht funktionieren. Mund-zu-Mund-Propaganda in der behaupteten Form ist nur dann halbwegs denkbar, wenn der Werbeempfänger genau dann einatmet, wenn der Propagandaabsender spricht – und genau dann ausatmet, wenn dieser einatmet. Aber das erfordert erstens höchste Konzentration und macht zweitens klar: Solche Werbung ist bloss warme Luft.

Die Schlüsselfrage lautet zudem: Würden Sie einer völlig fremden Person zwecks Empfangs einer Werbebotschaft Ihren Mund zur Verfügung stellen wollen? Die einzige einigermassen erfolgversprechende Form der Mund-zu-Mund-Kommunikation verzichtet ganz auf Worte und kann durch gezieltes Handauflegen an erogenen Zonen des Gegenübers ergänzt werden. Damit entfernen wir uns aber definitiv von der – kommerziellen – Werbung und stossen vor ins Thema des libidinösen Werbens.

Relativ unproblematisch ist übrigens die Mund-zu-Ohr-Propaganda: Mund spricht, Ohr hört, Message kommt an.

Muss ich meine Brust rasieren?

Er sei eher ein «Lifestyle-Bube» als ein «Reitschüler», schreibt uns Herr M. B. aus W. Allerdings habe er «ziemlich viel Brusthaar». Nun habe er vernehmen müssen, dass dies offenbar nicht zu ihm passe – «muss ich nun meine Brust rasieren?», fragt er. Herr B. bezieht sich mit seiner Frage auf einen Leserbrief, das hat die Askforce rasch bemerkt: «Dass die Berner Reitschule für verwöhnte Lifestyle-Buben ohne Brusthaar (…) ein Ort des kulturellen Unbehagens ist, spricht voll und ganz für die Reitschule», heisst es darin.

Ohne zu zögern raten wir Ihnen, Herr B., Ihrem Brusthaar nicht in den Rücken zu fallen. Für uns weist Wahrhaftigkeit im Handeln einen hohen Stellenwert auf. Halten Sie deshalb an Ihrem Brusthaar fest, denn damit zeigen Sie, was wirklich in Ihnen steckt: Aus ihrem genetischen Bauplan lässt sich das Brusthaar nämlich noch nicht entfernen. Machen Sie sich aber auch kein Gewissen, wenn Sie der Versuchung erliegen, den leichteren Weg zu gehen. Frauen schaffen es seit Jahrzehnten nicht, zu den Haaren an ihren Beinen zu stehen.

Die Sache scheint sich heutzutage sowieso auszugleichen: Frauen gaukeln den Männern vor, glatte Beine zu haben, dafür präsentieren ihnen die Männer ihre unbehaarte Brust. Ausser in der Reitschule: Dort bevorzugen die Weibchen – wie man aus dem Leserbrief schliessen muss – offensichtlich Männchen mit Brusthaar. Denn nur dies kann der wahre Grund dafür sein, warum die Reitschul-Männchen Brusthaar so toll finden.

214

Weil es – Sie sind der Beweis dafür, Herr B. – Lifestyle-Buben mit Brusthaar gibt, darf man umgekehrt davon ausgehen, dass es auch Reitschul-Kerle ohne Brusthaar gibt. Die logische Folgerung: Während Lifestyle-Buben ihre Brust rasieren, nimmt in der Reitschule bestimmt der eine oder andere mit einem Brusthaar-Toupet an der Vollversammlung teil.

Gibt es einen königlichen Schnitt?

In ihrem Bekanntenkreis sei kürzlich ein Bub per Kaiserschnitt zur Welt gekommen, schreibt uns L. K. aus B. Sie habe sich nun gefragt, schreibt Frau K., ob es bei armen Völkern folglich nur einen «Königsschnitt» gebe. Zudem sinniert sie über einen möglichen «Prinzenschnitt» oder gar einen «Crèmeschnitt».

Nun, Frau K., dass beim Thema Kaiserschnitt Fragen aufgeworfen werden, können wir bestens verstehen. Auch innerhalb der Askforce bietet der kaiserliche Schnitt regelmässig Stoff für Diskussionen. An unserer letzten Retraite kam während einer Kaffeepause die Frage auf, weshalb der Kaiserschnitt nicht Kaiserinnenschnitt heisst. Wird er doch vorwiegend (wenn nicht gar ausschliesslich) an Frauen durchgeführt. Da wir aber die Askforce sind und die Geschichte des Kaiserschnitts kennen, konnten wir die Frage in ebendieser Kaffeepause gleich selber beantworten. Eine kurze Zusammenfassung möchten wir Ihnen nicht vorenthalten.

Also, Frau K., es ist so: Der Kaiserschnitt hat seinen Namen aus den Zeiten des alten Roms. In der griechisch-römischen Mythologie konnten Götter nicht «inter feces et urinam», also zwischen Kot und Urin, in die Welt treten, sondern nur auf reinem Weg «aus der Hüfte» der Mutter. Wie der römische Schriftsteller Plinius vor langer, langer Zeit behauptete, war einst auch Julius Caesar aus dem Leibe seiner Mutter geschnitten worden. Und mit seiner Geburt wurde denn auch der Name Caesar geboren. Aus Caesar wurde Kaiser, aus der Sectio caesarea der Kaiserschnitt. (Ein kleiner Zusatz für Interessierte: lat. caedere =

216

fällen, schneiden. Ein weiterer Zusatz für Fans: Caesar ist kaum per Kaiserschnitt zur Welt gekommen. Seine Mutter hat die Geburt überlebt, was damals bei einem Kaiserschnitt ganz und gar unüblich war.)

Äbe, das zum Hintergrund. Nun aber zu Ihrer Frage. Wir wollen ehrlich sein, Frau K.: Ihre Überlegungen sind doch eher absurd. Es macht überhaupt rein gar keinen Sinn, einen chirurgischen Eingriff aufgrund der herrschenden Staatsform anders benamsen zu wollen. Sonst dürften heute nur noch in Japan Kaiserschnitte durchgeführt werden. In Grossbritannien gäbe es nur Königinnenschnitte, in Nordkorea Diktatorenschnitte, in Monaco Fürsten- (nein, nicht Bürsten-!) schnitte, in Deutschland Kanzlerinnenschnitte, hierzulande Bundesratsschnitte und schon bald womöglich Köppel-Schnitte. Wäre irgendwie gaga, oder?

Bevor wir nun ganz ins Gagaeske abdriften, entscheiden wir uns für einen radikalen Schnitt: für eine vaginal operative Geburtsbeendigung oder Zangengeburt. Denn auch darin ist die Askforce Expertin.

Warum tragen Frauen Tangas?

Walter H. aus Münsingen kommt ohne Umschweife zur Sache: «Warum tragen Frauen, vor allem die jüngeren, String-Tangas?» Statt selber gleich die Antworten zu liefern (wie das oft vorkommt), schreibt er bloss noch Folgendes: «Als Mann trage ich keine solchen; ich frage mich aber, ob es angenehm ist, im Po-Spalt nur ein schmales Band zu haben.»

Die Askforce, die bekanntlich Fragen beantwortet, die kaum jemand zu stellen wagt, ist bekannt dafür, weit auszuholen, wenn es nötig ist. Hier ist es nötig. Zunächst aber eine Einschränkung: Weil auch Männer Tangas tragen, hat sie sich erlaubt, die Frage allgemeiner zu stellen: «Warum überhaupt Unterhosen?»

Also, Herr H.: Als Ihre Ahnen noch auf Bäumen hausten, war es für sie durchaus von Vorteil, ihr Dings frei hängen zu lassen. Dadurch lag ihr Körperschwerpunkt tiefer, was sich positiv auf das Halten des Gleichgewichts auswirkte. Man denke an die Bärenskulptur, die auf dem Berner Bahnhofplatz jahrelang auf einem Seil balancierte: Damit der Bär nicht herunterfiel, hatte ihm sein Schöpfer Carlo Lischetti ein Gegengewicht in Form einer tief hängenden Metallkugel verpasst.

In der Ebene wurde dieser Vorteil zum Nachteil. Mussten unsere Ahnen vor Raubtieren davonrennen, brachte ihr Dings sie im Extremfall zu Fall. Wer schon auf einem Fahrrad mit einer schweren Tasche auf dem Gepäckträger freihändig gefahren ist und erlebt hat, wie das Vorderrad zu vibrieren beginnt, kennt den Effekt. Ein Lendenschürzchen, das es erlaubte, das Dings mittels eines nach hinten laufenden Schnürchens zu fixieren, stellte im Kampf ums Dasein somit einen Pluspunkt dar – zumindest für die Männchen (und damit indirekt wohl auch für die Frauen).

Und was von Vorteil ist, wird rasch populär. Die Unterhose war geboren. Warum sich die Fluchthelferschürze aber zwischenzeitlich zu Stoffunterhosen weiterentwickelte, welche die beiden grossen Muskeln, die Wahrzeichen des aufrechten Gangs, verbergen, ist der Askforce nicht ganz klar. Und ob es angenehm ist, «im Po-Spalt nur ein schmales Band zu haben», wie Sie fragen, Herr H., können wir auch nicht abschliessend beurteilen. Sicher ist nur: Lieber ein Band im Spalt als Zähne in den Backen.

Was heisst Lebendgewicht?

In letzter Zeit sei sie oft dem Wort «Lebendgewicht» begegnet, schreibt Leserin Anita B. der Askforce. Sie möchte wissen, worin sich denn Lebendgewicht von Totgewicht unterscheide – beziehungsweise ob jemand, der eben verstorben sei, automatisch kein Lebendgewicht mehr habe. Ihr sei schon klar, fügt Frau B. an, dass beispielsweise die konservierte Gletscherleiche Ötzi nicht mehr gleich viel wiege wie zu Lebzeiten.

Die Askforce misst Frau B.s Frage durchaus Gewicht bei, gerät dadurch aber in eine missliche Lage. Zu gerne würde sie die Leserschaft nun mitnehmen auf einen spirituellen Höhenflug. Darüber philosophieren, wie Erde zu Erde wird. Asche zu Asche. Und Staub zu Staub. Federleichte Verse zitieren, den Renner in den Todesanzeigen: Und meine Seele spannte / Weit ihre Flügel aus / Flog durch die stillen Lande / Als flöge sie nach Haus.

Doch soll Frau B.s Frage seriös beantwortet werden, muss ein Abstecher ins Schlachtergewerbe erfolgen. Fleischwirtschaft statt Eichendorff. Vorsicht: Das könnte zarten Gemütern sowie Vegetariern zusetzen. Aber Frau B. hat es ja nicht anders gewollt. Also: Das Wort «Lebendgewicht» bezieht sich – korrekt eingesetzt – auf Schlachtvieh, und zwar ökonomisch. Es meint das Gewicht eines Fleischtiers, das noch Odem hat, und steht im Gegensatz zum Schlachtgewicht der, nun ja, getöteten Kreatur. Das Schlachtgewicht ergibt sich, indem man Haut, Blut, Magen, Därme, Köpfe, Füsse, Innereien und Fett vom Lebendgewicht abzieht. Aber auch vom Schlachtgewicht müssen dann streng genommen noch Knochen und Sehnen subtrahiert werden, um die Preise zu kalkulieren.

Die Lage der Askforce ist wirklich ausgesprochen heikel. Muss sie doch inmitten dieser Rohheiten auch noch eine würzige Schlusspointe finden. Vielleicht nochmals auf Ötzi herumreiten? Nein, zu platt. Unter Einsatz ihres ganzen Hirngewichtes brütete die Askforce lange ergebnislos über dem letzten Absatz dieser Spalte. Da erhob sich plötzlich am Horizont ein Tornado. Bedrohlich fauchend rückte er immer näher und fegte innert Sekunden einfach alles weg.

Der mobile Mensch

Menschen, die auf Züge starren

Wie allgemein bekannt ist, baut sich der Wissensgrundstock aller Berner durch Texte eines bekannten Mundart-Troubadours auf. So überrascht es nicht, dass M. L. seine Anfrage auf Antwort folgendermassen eröffnet: «Dass man in der Ysebahn so oder anders sitzen und schauen kann, nämlich in Fahrtrichtung oder in jene, aus der man kommt, ist mir seit Mani Matter bestens bekannt.» Seine Frage geht jedoch weit über die Sitzoptionen einer Zugreise hinaus. Er will wissen, wieso Leute, die auf dem Perron auf den Zug warten, stets in jene Richtung starren, aus welcher dieser kommen wird. «Als würde der Zug dadurch früher kommen», ätzt M. L.

Wenn es um Züge geht, hat die Askforce nur erstklassige Antworten auf Lager. So auch in diesem Fall. Um uns langsam an diese heranzutasten, muss zuerst die Sachlage genau umrissen werden. M. L. geht nämlich davon aus, dass Zugreisende stets wissen, aus welcher Richtung der Zug kommt, da sie ja konsequent in jene Richtung starren würden. Doch was, wenn man sich an einem fremden Bahnhof befindet, der an ein dem Passagier unbekanntes Zugnetz angeschlossen ist? Wie soll da in die richtige Richtung gestarrt werden? Da kann einem nicht einmal mehr Mani Matter helfen.

Da M. L. seine Beobachtung glaubwürdig schilderte, ist davon auszugehen, dass er diese an einem Bahnhof machte, an dem sich dieses Problem erübrigt. Nämlich an einem Kopfbahnhof wie zum Beispiel dem Wiener Westbahnhof oder Hamburg-Altona. Denn es ist mit grösster Wahrscheinlichkeit auszuschliessen, dass an solchen Bahnhöfen der Zug plötzlich aus einer anderen Richtung einfahren wird. So wissen die Passagiere stets, in welche Richtung gestarrt werden muss.

Doch wieso tun sie das? Es hat mit einer gewissen Erwartungshaltung zu tun, die zeigt, dass unser Zugswesen besser funktioniert, als oft behauptet wird. Denn Passagiere, die starren, hoffen, bald einen Zug in ihrem Sichtfeld erblicken zu können. Wenn sie nicht daran glaubten, dass dort jemals ein Zug auftauchen wird, würden sie wohl kaum starren.

Das zeigt, dass der Glaube an den Zug als Transportmittel bei der Bevölkerung intakt ist. Starren kann also als wertschätzende Geste gegenüber dem Schienenverkehr verstanden werden.

Was uns die herrenlosen Velos lehren

Herr P. aus Hinterkappelen wendet sich mit einer typischen Herrenfrage an die, wie er sagt, «unbestechliche» Askforce. Er hat nämlich gelesen, die Stadt Thun sammle herrenlose Velos ein, lasse diese instand stellen und exportiere sie daraufhin kurzerhand in Entwicklungsländer. Und da fragt sich Herr P. also: «Warum nicht auch damenlose Velos?»

Bei der Beantwortung kommt nun zunächst die von Herrn P. selber ins Spiel gebrachte Unbestechlichkeit der Askforce zum Tragen: Die Askforce verspürt überhaupt keine Lust, aus seiner Frage ein Gender-Problem zu drechseln und beispielsweise zu lamentieren, wie ungerecht herrenlose Velos gegenüber damenlosen Zweirädern behandelt würden. Keine noch so hohe Bestechung brächte uns heute dazu, diese alte Leier zu drehen (es gibt zum Thema «Fussgängerinnenstreifen» und dergleichen bereits genug dröge Entrüstungsprosa).

So beschränken wir uns also auf eine allgemeine Annäherung ans Thema Herrenlosigkeit. Es ist auch an der Zeit! Denn: Gerade aus dem Betrachtungswinkel des Ethikers müsste es einen ja schaudern, mit wie wenig Ehrfurcht heutzutage dem Herrenlosen begegnet wird. Herrenlosigkeit ist fast durchwegs negativ konnotiert: herrenlose Velos (Müll?), herrenlose Hunde (Flöhe?), herrenlose Koffer (Bombe?).

Dabei ist, wie uns das Schweizerische Zivilgesetzbuch (ZGB) belehrt, vielfach gerade das Wunderbare, Wundervolle herrenlos: Als herrenlos gelten gemäss ZGB. Art. 664 etwa felsige Bergzacken, weisse Firne und eisige Gletscher, samt den daraus sprudelnden Quellen – und etwas freier interpretiert auch Luft, fallender Regen und Schnee. Kurz: Zum Herrenlosen zählt vieles, das sich unserem penetranten Hang zum Besitz entzieht und uns gleichzeitig innigst beglücken kann. So schlecht ist das Herrenlose also nicht! Vielleicht gilt sogar: Wahre Freiheit ist herrenlos. Ergo darf nicht salopp gefolgert werden, der Umgang mit herrenlosen Drahteseln sei gegenüber dem Umgang mit damenlosen Velocipedes in irgendeiner Weise ungerecht.

Es mag gewagt sein, ist aber doch eine Überlegung wert: Herrenlose Velos sind möglicherweise Ausdruck einer erfreulichen und steigenden Bereitschaft zur Dereliktion, also zur willentlichen Aufgabe von Eigentum, quasi eine Vorstufe der Vergeistigung. Vielleicht gilt es lediglich, diesen Trend auf den automobilen Teil der Bevölkerung zu transferieren. Wie das zu geschehen hat, müsste noch genauer geprüft werden. Aber die Perspektive ist vielversprechend: Würden Motorfahrzeuge ähnlich freimütig dem Staat zur freien Verwertung überlassen, wie dies bei den Velos üblich ist, rückte die herrliche Vision von motorfahrzeugfreien Lebensräumen, gestopptem Klimawandel und sicheren Schulwegen rasant näher.

So viel zum Thema Herrenlosigkeit. Dann bliebe jetzt noch die Damenlosigkeit. Auch sie gibt es. Irgendwie interessant: Die Damenlosigkeit ist ein Los, das vor allem Herren trifft.

Wer zahlt den Schaden, wenn ein selbstfahrendes Auto verunfallt?

Es ist eine Frage ohne Schnickschnack, die Herr Ruedi D. uns stellt. «Guten Tag», schreibt er, «kann mir die Askforce erklären, wer den Schaden bei einem Autounfall mit einem selbstfahrenden Auto zu bezahlen hat?»

Zuerst wollen wir ein paar mögliche Unfälle skizzieren, damit wir wissen, wovon wir sprechen.

Unfall Nr. 1: Sie, Herr D., sind in einem «normalen» Auto unterwegs und kollidieren seitlichfrontal mit einem korrekt entgegenkommenden selbstfahrenden Auto, weil Sie gemäss Polizeimitteilung «vermutlich aufgrund der Ablenkung durch einen Hund auf dem Beifahrersitz» auf die Gegenfahrbahn geraten sind. Sie zahlen.

Unfall Nr. 2: Sie dösen in Ihrem selbstfahrenden Auto, als dieses von einem anderen selbstfahrenden Auto seitlichfrontal gerammt wird, weil dessen Fahrer sich laut Polizeimitteilung «während der Fahrt umziehen wollte und mit dem Fuss im Steuerrad hängen blieb». Der andere zahlt.

Unfall Nr. 3: Sie sind der Besitzer von zwei selbstfahrenden Autos. Das eine hat Ihr Kind in der Schule abgeholt. Das andere hat Ihren Hund an Bord und ist unterwegs zum Bremgartenwald, damit er dort Jogger vergrämen kann. Die beiden Fahrzeuge kollidieren seitlichfrontal, weil der Hund gemäss Polizeimitteilung «die Scheibe heruntergelassen, den Kopf hinausgestreckt und einen Sensor abgeleckt hat». Wer zahlt, ist unklar. Sie aber fahren mit ihrem «normalen» Auto, das noch

228

in Ihrer Garage steht, zur Autobahnraststätte Grauholz, wo Sie Ihren Hund an einer Leitplanke anbinden.

Unfall Nr. 4: Sie fahren in Ihrem selbstfahrenden Auto durchs Quartier, um Musik zu hören. Mit geschlossenen Augen lauschen sie Wagners «Ritt der Walküren». Plötzlich kollidiert Ihr Auto seitlichfrontal mit einem Betonelement. Gemäss Polizeimitteilung hatte Ihr Auto ein halbes Dutzend Kürbisse in einer Urban-Gardening-Anlage als Kinder interpretiert. Zum harten Aufprall kam es, weil Ihr Auto – gegen einen stolzen Aufpreis – so eingestellt worden war, dass es im «Konfliktfall» erst dann gegen «nichtweiche Hindernisse» ausweicht, wenn andernfalls mehr als fünf Drittpersonen gefährdet sind.

Mit dieser Auslegeordnung wollen wir Ihnen vor Augen führen, Herr D., dass es auch bei selbstfahrenden Autos nicht einfach *den* Unfall gibt. Selbstverständlich aber wissen wir, wovon Sie sprechen: Sie meinen Unfälle, bei denen der Fehler beim Auto und nicht beim Fahrer liegt. Die Sache scheint uns da einigermassen klar zu sein.

Wussten Sie übrigens, Herr D., dass es selbstfahrende Fahrzeuge schon viel länger gibt, als man gemeinhin annimmt? Pferdegespanne zum Beispiel sind nichts anderes. Es ist bekannt, dass Kutschenpferde den Heimweg auch dann finden, wenn der Kutscher schläft oder angeschossen wurde.

Ermöglichen Tramscheiben
Blicke in die Zukunft?

Unsere Dienste sind dermassen gefragt, dass wir für die Aufbewahrung sämtlicher Zuschriften externe Lagerräume dazumieten mussten, wo alle Einsendungen in feuerfesten Aktenschränken abgelegt sind. Bei einer neulichen Begehung dieses Archivs ist uns ein Stück Papier in die Hände gefallen, das schon so lange dort liegt, dass es erste Anzeichen von Vergilbung aufweist. Wie unser Archivar nach tagelangen Nachforschungen eruieren konnte, traf das Schreiben am 19. März 2013 bei der Askforce ein. Beantwortet wurde es jedoch nie. Grund dafür könnte sein, dass das Papier eine sehr merkwürdige Frage birgt. Frau Z. aus Bern erkundigt sich, ob es so etwas wie Zukunftsportale gibt. Denn sie glaubt ein solches entdeckt zu haben – und zwar im Tram.

Bei nächtlichen Fahrten ist ihr aufgefallen, dass ihre Reflexion in der Fensterscheibe bedeutend älter aussieht, als Frau Z. es in Erinnerung hat. Da seien Falten und Tränensäcke zu sehen, die zu Hause im heimischen Spiegel nicht zu erkennen seien. Deshalb will sie nun wissen, ob es sich dabei tatsächlich um Zukunftsvisionen handelt und wieso Bernmobil seine Gäste damit konfrontiert, denn dies sei nicht gerade kundenfreundlich.

Um diesem Phänomen auf den Grund zu gehen, hat sich das Askforce-Kollektiv mit Bernmobil-Monatsabos eingedeckt und nach Einbruch der Dunkelheit ausgedehnte Tramfahrten unternommen, um das eigene Spiegelbild unter die Lupe zu nehmen. Im Gegensatz zu Frau Z. hatten wir an der Reflexion unseres makellosen Äusseren gänzlich nichts zu beanstanden. Deshalb gehen wir davon aus, dass Tramscheiben auch nachts immer nur den Ist-Zustand widerspiegeln.

Im Rahmen dieser aufwendigen Recherche ist uns zudem ein Nebenaspekt aufgefallen, der Frau Z. interessieren dürfte. Anhand des Wissenstands aktueller Forschungen können wir ihr mit grosser Überzeugung versichern, dass sie kein Vampir ist. Denn wie in diversen einschlägigen Nachschlagewerken in Erfahrung zu bringen ist, verfügen Vampire über kein Spiegelbild.

Deshalb tut Bernmobil gut daran, auch weiterhin auf reflexionsfreundliche Glasscheiben zu setzen. Auch wenn Frau Z. mit ihrem Spiegelbild in Tramscheiben nicht zufrieden ist, ist es aus Gründen der Sicherheit wichtig, dass solche zugelassen werden. Wie sollte sonst festgestellt werden können, ob sich menschliche Blutsauger an der Fahrt beteiligen?

Warum verunfallen vor allem Lenker?

«Warum sind es meistens Lenker, die im Strassenverkehr ver-unfallen», fragt uns Gertrud L. aus Kirchberg, «eine gebürtige Lenkerin», wie sie in ihrem Brief betont.

Eine gute Frage. Die Feststellung von Frau L. ist nämlich nicht aus der Luft gegriffen. Wenn man die Pressemitteilungen der Polizei durchschaut, fällt in der Tat auf, dass es meistens Lenker sind, die in die Unfälle verwickelt sind. «Am Nydeggstalden geriet ein Lenker mit seinem Auto ins Rutschen und prallte in einen parkierten Wagen.» So steht es in einer Medienmitteilung der Stadtpolizei Bern. Und ähnliche Mitteilungen gibt es zuhauf.

Nicht immer aber sind die Lenker die Unfallverursacher, und nicht immer kommen sie in normalen Personenwagen aus dem Obersimmental in die Stadt Bern herunter, wie eine andere Mitteilung vor Augen führt. Als der Lenker – «mit eingeschalteter Drehleuchte» – die Fahrbahn habe überqueren wollen, sei ein Auto, das mit übersetzter Geschwindigkeit unterwegs war, in den Schneeräumungstraktor geprallt, heisst es da.

Und nicht selten sind auch die Frauen der Lenker in Bern unterwegs: «Aus unbekannten Gründen fuhr die Lenkerin dabei in zwei korrekt parkierte Personenwagen – und suchte das Weite», meldete der «Bund» am 25. März. Klar, dass die Polizei in der Folge um Hinweise bat. Und manchmal scheinen die Lenker sogar richtige Rennen zu veranstalten. «Der schnellste Lenker war auf dem Schermenweg in Bern mit 65 statt der erlaubten

40 Stundenkilometer unterwegs»: Mitteilungen wie diese verbreitet die Polizei in schöner Regelmässigkeit.

Sie sehen, Frau L.: Die Lenker und ihre Unfälle sind tatsächlich ein Phänomen, ein Phänomen, das selbst wir nicht zu erklären vermögen. Wir können uns höchstens darüber freuen, dass die Sache nicht schlimmer zu werden scheint. Grund zur Hoffnung besteht, denn kürzlich meldeten die Statistikdienste der Stadt Bern: «Die Zahl der Unfälle mit alkoholisierten Lenkern und Lenkerinnen sank gegenüber dem Quartal des Vorjahres um 5.»

Weshalb gibt es diese Verspätungen?

«Weshalb haben Züge immer dann Verspätung, wenn ich zu früh am Bahnhof bin?», fragt K. M. aus U. die Askforce. Eine Vorbemerkung: Wir glauben Ihnen, dass Ihre Behauptung zutreffend ist. Eigene Erfahrungen fehlen uns: Ausmass und Bedeutung unserer Aufgaben zwingen uns dazu, mit unserer Zeit haushälterisch umzugehen und immer und überall erst im letzten Moment aufzukreuzen. Manchmal ist dies gleichbedeutend mit ein paar Sekunden Verspätung. Offenbar wollen wir dann nie in einen jener Züge einsteigen, die Sie zu obiger Frage veranlassen, also in einen verspäteten: Auf dem Perron sehen wir jeweils grad noch den hintersten Wagen verschwinden.

Item. Kommen wir auf Ihr Anliegen zurück. Sie möchten also wissen, weshalb Sie immer dann auf einen verspäteten Zug warten müssen, wenn Sie zu früh dran sind. Erlauben Sie uns eine Gegenfrage, Frau M.: Haben Sie schon mal bemerkt, dass ein verspäteter Zug manchmal schneller fährt als ein pünktlicher? Es kann tatsächlich vorkommen, Frau M., dass Sie trotz anfänglicher Verspätung fahrplangemäss am Zielort eintreffen. Sie müssen sich also logischerweise auch die Frage stellen, weshalb die Züge immer rascher unterwegs sind, wenn Sie vor dem Einsteigen lange gewartet haben.

Die Ausweitung des Forschungsfelds drängt sich geradezu auf: Ist der Zugführer immer dann eine Frau, wenn Sie die gelbe Handtasche bei sich haben? Sind die Nichtraucherwagen voll, wenn Sie am Morgen Birchermüesli gegessen, und leer, wenn Sie sich ein Butterbrot geschmiert haben? Kommt die Minibar vor-

234

bei, wenn Sie im Zug die Zeitung lesen, und lässt schnöde auf sich warten, wenn Sie ein Buch dabei haben? Frau M., führen Sie genauestens Statistik, gehen Sie der Sache auf den Grund!

Stellen Sie sich vor, wie dankbar und grosszügig die SBB sein werden, wenn Sie Ihnen schwarz auf weiss belegen können, welch immensen Einfluss Sie auf das Geschehen auf dem Schienennetz haben. Ihr Beraterinnenhonorar wird fürstlich ausfallen. Und damit es gleich klar ist: Die Askforce erhält 30 Prozent Provision.

Tiefgründiges zum Nasenbohren

«Warum bohren so viele im Auto ausgiebig und selbstvergessen in der Nase, wie wenn sie meinten, ihre Fenster erlaubten zwar Ausblick, aber keinen Einblick?!» Mit ihrem Schreiben verpasste Frau A. Z. der Askforce ein zwar kleines, aber doch nachhaltiges Problem. Seit wir uns mit ihrer Frage befassen, begegnen uns (und Ihnen ab sofort auch, versprochen) allenthalben Autolenkerinnen und Autolenker, die mehr oder weniger genüsslich in und an ihrer Nase herumreiben. Wobei zu sagen ist, dass die meisten von ihnen dies nur in Wartesituationen tun, in der Regel vor einem Fussgängerstreifen oder am Rotlicht.

Nun ist die Askforce ein Gremium von Radfahrern (zweihändig und mit Helm) und ÖV-Benutzerinnen (wohlerzogen). Wir können also punkto Autogrübeleien kaum aus dem Vollen schöpfen. Aber immerhin sind wir seit unserer Gründung der gepflegten Frage verpflichtet. Zugegeben: Es ist nicht überaus angenehm, morgens um halb acht Uhr an Fahrzeugscheiben zu klopfen und tendenziell missmutige Pendler, die gerade mit der fachgerechten Trocknung von grüngrauer Schleimmasse befasst sind, nach ihrer Motivation für ebendieses Treiben zu interviewen. Die Antwort war darum meist auch ziemlich, sagen wir, mutz bis unfreundlich: «Das geht Sie nichts an» (Max G. aus S.), ist immerhin noch zitierfähig.

Sandra W. aus H. empfahl uns nach einer längeren Rede über Anstand und Kinderstube, die wir scheints im Schnellzug (ÖV! Stimmt!) passiert hätten usw., den Gang zum Psychiater, und Francine B. aus B. wollte uns wegen Unflätigkeit und sexueller Belästigung (?) anzeigen. Das Gros der Befragten behauptete allerdings schlicht, wir hätten uns getäuscht, sie würden sicher niemals in der Nase bohren, was uns eigentlich einfalle, und im Übrigen sei Nasengrübeln im Auto nicht verboten.

Doch hin und wieder erhielten wir auch eine echte Antwort: «Ich finde das einfach geil», sagte etwa Kevin B. aus K. bündig und gab seinem getunten Untersatz die Sporen. «Was soll ich sonst in diesen 15 Sekunden machen?», fragte Lena H. zurück.

Als echter Tiefgründler stellte sich Walter F. aus K. (behäbiger Familienwagen) heraus: «Also, das mache ich wirklich gerne im Auto, wissen Sie; zu Hause schimpft meine Frau, im Büro die Sekretärin, in der Beiz die Kellnerin. Sagen Sie mir: Wo, wenn nicht in seinem Auto, ist der Mann noch sein eigener Herr? Und wo, wenn nicht in meiner Nase, kann ich als etablierter Bürger noch auf Entdeckungstour gehen? Und jetzt lassen Sie mich in Ruhe, bin noch nicht fertig. Adiö.»

Liebe aufmerksame Frau A. Z. Wir wissen nicht, wie repräsentativ die Antworten unserer Umfrage wirklich sind und was Sie jetzt damit anfangen. Aber ein Anliegen hätten wir schon: Wenn Sie wieder einmal ins Grübeln kommen, sorgen Sie bitte, bitte dafür, dass Ihre Askforce nur den appetitlichen Teil davon abkriegt. Merci!

Haben die SBB ein Brett vor dem Kopf?

Eine Zugfahrt kann in dieser hektischen Zeit die notwendige Musse verschaffen, um über Probleme der menschlichen Existenz nachzudenken. So ging auch R. S. aus B. so einiges durch den Kopf, während der Zug durch die Gegend rollte. Er sah vorne im Eisenbahnwagen über dem Durchgang zum nächsten Wagen ein Schild mit der Aufschrift WC. «Wobei der Pfeil auf diesem Schild nach oben zeigt, um die Richtung zur Toilette anzugeben», wie Herr S. schreibt. Er müsse deshalb annehmen, «dass sich das WC auf dem Dach des Zuges befindet, was ja nicht gerade logisch wäre». Weshalb die SBB nicht auf die Idee kämen, das Schild in einem Abteil des Wagens neben einem Fenster anzubringen, wodurch dann der Pfeil in die richtige Richtung zeigen würde, hält unser Leser fest: «Haben die SBB hier ein Brett (oder Schild) vor dem Kopf?»

Wir haben an diesen Gedankengängen einiges auszusetzen: So sind solche Schilder lange nicht in allen SBB-Wagen Usus. Im Einheitswagen IV beispielsweise gibt es eine Leuchtanzeige, die je nachdem, ob die Toilette besetzt ist oder nicht, rot oder grün aufleuchtet. Zudem: Bringt man das Schild, wie von Herrn S. gefordert, neben dem Fenster an der Wand an, so zeigt der Pfeil ja immer noch nach oben, ausser man dreht das Schild um 90 Grad, aber dann läuft wiederum die Schrift nach oben und ist nur noch schlecht lesbar. Man müsste also neue Schilder herstellen lassen, letztlich auf Kosten der Bahnpassagiere. Es wäre auch zu befürchten, dass das Schild von einigen Plätzen aus gar nicht sichtbar wäre oder von einem aufgehängten Lumber oder Blouson verdeckt würde.

Die Askforce ist der Auffassung, dass jegliche Signaletik, auch die der SBB, gewisse Inkonsistenzen aufweist. So ist der Notausgang im Zug teilweise mit einem abwärts gerichteten weissen Pfeil auf grünem Grund gekennzeichnet, der Feuerlöscher mit einem abwärts gerichteten weissen Pfeil auf rotem Grund – aber es ist nicht erfolgversprechend, ein Loch in den Wagenboden zu hacken, wenn man Reissaus nehmen oder einen Brandherd bekämpfen will. Der Pfeil nach oben wiederum wird auch beim Schild für die Minibar verwendet. Wäre es den SBB ernst mit ihrer Richtungsangabe, so sähe man an Bahnhöfen viel mehr Menschen, die Leitern und Winkelschleifer mit sich trügen – damit sie, wenn sie durstig wären oder sich erleichtern wollten, aufs Dach gelangen könnten. Nein, die SBB haben kein Brett vor dem Kopf, sie erlauben sich einfach einen Jux. Vielen Bahnpassagieren haben sich aber wegen dieses Verwirrspiels tiefe Furchen ins Gesicht gegraben – vor allem morgens.

Überdies: Ist der Pfeil richtig nach vorne gerichtet, so erscheint er dem Betrachter nur als Strich oder Viereck. Das wäre keine Orientierungshilfe. Will man keine Verwirrung stiften, so braucht es Pfeile, die auf dem Boden oder an der Decke des Wagens angebracht sind, oder ein dreidimensionales Hologramm. Nur so zeigt der Pfeil korrekt nach vorne. Auch ein gelber Wegweiser auf einer Stange (Latrine: 5 Minuten, Bistro: 10 Minuten, Feuerlöscher: 15 Minuten) wäre zielführend.

Warum heisst es «ich nehme die Morgenmaschine»?

Die Askforce bewertet die eingegangenen Fragen in aller Regel nicht. Jene von Herrn Simon H. aus H. ist aber irgendwie besonders. Es ist, als ob sie einer bisher unbekannten Fragenkategorie angehörte. Sie lautet so: «Warum hält sich die Aussage ‹Ich nehme die Morgenmaschine› in allen möglichen Filmen von Humphrey Bogart bis George Clooney so hartnäckig?», fragt Herr H. Und er fährt fort: «Warum heisst es nicht: Ich nehme das erste Flugzeug. So wie man sagt: Ich nehme den ersten Zug.» Tatsächlich seien doch die Motoren von Schiffen oder Lokomotiven «veritable Maschinen» – im Gegensatz zu «diesen Turboheulern der Flugzeuge».

Ohne Ironie: Ihre Frage, Herr H., zeigt uns, dass dem menschlichen Denken kaum Grenzen gesetzt sind. Sie stossen zwar nicht an den Rand des menschlichen Horizonts vor, es geht hier vielmehr um die innere Verdichtung in bestehenden Gedankenlandschaften.

Also denn: Warum spricht man beim ersten Flugzeug am Morgen von der Morgenmaschine, beim ersten Zug am Morgen aber vom ersten Zug am Morgen? Zuerst müssen wir Ihnen widersprechen, Herr H. Sie schreiben, Motoren seien «veritable» Maschinen. Natürlich kann ein Motor eine Maschine sein, eine Kraftmaschine etwa. Aber wir finden, eine richtige Maschine ist eben mehr. Eine Maschine kann etwas, was ein Mensch nicht so schnell, nicht so gut oder überhaupt nicht kann. Ein Motor für sich allein ist eigentlich noch nichts. Erst im Zusammenspiel

240

mit etwas anderem ergibt seine Existenz einen Sinn, um es einmal so zu sagen.

Und aus der Perspektive des Motors gibt es attraktivere und weniger attraktive Möglichkeiten, Teil einer Maschine zu sein. Nehmen wir den Motor, der in einer Kaffeemaschine steckt: Ziemlich langweilig, ziemlich ortsgebunden, ziemlich wenig Energieumsatz. Im Gegensatz dazu sieht sich ein Flugzeugmotor in einer irrwitzigen Position: Er ist Teil einer Maschine, die sich dank ihm und mit ihm in die Luft zu erheben vermag. Die allergrösste Pointe der Flugmaschine besteht schliesslich darin, dass sich der Mensch, der sie sich ausgedacht hat, in sie hineinsetzen und sich forttragen lassen kann.

Eisenbahnen und Schiffe können da nicht mithalten. Sie erleichtern dem Menschen zwar die Fortbewegung auf der Erdoberfläche. Aber sie ermöglichen ihm nichts, was er selber nicht auch tun könnte – gehen und schwimmen. Unsere Antwort lautet deshalb so: Wer von der Morgenmaschine spricht, verneigt sich damit jedes Mal vor der Genialität des Menschen.

Was unterscheidet Ambulanzen eigentlich?

Wenn etwas passiert, kann es sein, dass ein Anruf auf die Nummer 144 erfolgt, woraufhin bei der Sanitätspolizei an der Murtenstrasse 111 in Bern gespannte Aufmerksamkeit in zielgerichtete Betriebsamkeit umschlägt, die von einem Ausrücken innert 120 Sekunden gekrönt wird. Dann düsen RTW, NEF, EA oder sogar ITW aus dem im Minergie-ECO-P-Standard erbauten Gebäude – für die anderen Verkehrsteilnehmer springen nun die Ampeln auf Rot.

Doch Christof L. fiel dabei eine Ungereimtheit auf. «Es gibt Fahrzeuge, angeschrieben mit ‹Sanitätspolizei›, und andere, die mit ‹Ambulanz› beschriftet sind. Was unterscheidet sie eigentlich?» Zuerst müssen wir die Abkürzungen erklären, die wir vorhin zur Entlastung der Satzkonstruktion gewählt haben: Rettungstransportwagen, Notarzteinsatzfahrzeug, Einsatzambulanz und Intensivtransportwagen. Zu beachten ist, dass Rettungstransportwagen grösser sind als Einsatzambulanzen, aber trotzdem mit «Ambulanz» beschriftet sein können.

Herr L. hätte auch fragen können: Warum sind einige Rettungsfahrzeuge gelb-blau und andere gelb-orange? «Seit Juli 2018 sind bei der Sanitätspolizei die ersten Rettungswagen in neuer blau-gelber Beschriftung im Einsatz», heisst es dazu auf der Website. Diese gelb-blauen Fahrzeuge sind nicht mit Ambulanz angeschrieben. Gelb-orange Fahrzeuge, die den Schriftzug «Ambulanz» aufweisen, sind dagegen auch mit «Sanitätspolizei» angeschrieben.

Zu weiteren verwirrlichen Begriffen: So heisst es zwar immer noch Sanitätspolizei, wie 1905, als die Stadt Bern einen Zimmermann und Samariter als «Sanitätsgehülfen» anstellte, die Mitarbeitenden nennen sich aber nicht Sanitätspolizisten, sondern Rettungssanitäter. Und die Sanitätspolizei ist Bestandteil der Abteilung Schutz und Rettung Bern – so wie auch die Feuerwehr, die sich in ein Berufs- und in ein Milizkorps unterteilt.

Aber alles, was man wissen muss, ist eigentlich die Notrufnummer 144. Kaum gewählt, schon eilt ein Gehülfe oder eine Gehülfin herbei. Als Gedankenstütze: Hundertvierundvierzig und Sanitätspolizei haben gleich viele Silben, nämlich sechs, und sechs ist bekanntlich ½ von 12, was mit sich selber mal genommen ein Gros, also 144 ergibt.

Die Gefahr von E-Banking am Skilift

Die Askforce kann nicht von sich behaupten, zu Frau G. eine innige Beziehung zu haben. Um ganz offen zu sein: Wir kennen Frau G. nicht einmal. Deshalb hat es uns zutiefst berührt, dass sie uns «herzliche Grüsse aus den Skiferien» zukommen liess. Wie wir jedoch mit bitterlicher Enttäuschung feststellen mussten, ist dieser Ausbruch von Gefühlswärme an eine eiskalte Forderung gekoppelt. Die uns einst so sympathische Frau G. will von uns bloss eine Auskunft zu einer Werbetafel einholen, die sie an einem Skiliftmast im Oberwallis gesichtet hat.

Auf besagter Tafel annonciert eine Schweizer Grossbank eine App mit der Losung «Skiliftbanking – erledigen Sie alle Bankgeschäfte unterwegs». Frau G. macht sich dazu praktische Gedanken. «Onlinerechnungen begleichen mit dicken Handschuhen oder eiskalten Fingern geht ja noch, aber spätestens, wenn ich zur Arztrechnung in Papierausgabe komme, wird das Ganze doch recht abenteuerlich.» Sie fragt sich, ob die App auch im Schneegestöber wegflatternde Arztrechnungen erfasst oder ob bei schlechtem Wetter eine Befreiung der Zahlungspflicht erfolgt.

Obwohl wir von Frau G. auf emotionaler Ebene schwer enttäuscht sind, bleiben wir professionell und nehmen uns ihrer Ratlosigkeit an. Wir wollen aber nicht bei den von ihr beschriebenen Kleinigkeiten verweilen, sondern den Fokus sogleich auf das grosse Ganze richten. Ungeübten Denkern mag nicht umgehend auffallen, dass von dieser Werbung eine tödliche Gefahr ausgeht.

Es ist so: Wessen Daseinsentwurf es als Option zulässt, Bankgeschäfte während einer Skiliftfahrt zu tätigen, führt ein Leben, in dem Zeit Mangelware ist. Wer über wenig Zeit verfügt, hat folglich viele Dinge zu erledigen. Wer viele Dinge zu erledigen hat, belastet sich. Und hohe Belastung führt wiederum zu Stress, der in chronischen Dosen schnell zu einem Herzinfarkt oder Schlaganfall führen kann.

Vor fatalem E-Banking am Skilift kann sich nur schützen, wer sich seiner monetären Mittel entledigt. Denn ohne Geld fällt die Notwendigkeit eines Kontos weg, wodurch die Skilift-Fahrt als lebensverlängernde Entschleunigungsphase genutzt werden kann.

Starker Rat
für schwache
Wesen

Warum tun Frauen so etwas?

Er will gänzlich anonym bleiben. Doch verraten sei: Der heutige Fragesteller ist ein Mann. Einer, der sich davor fürchtet, mit seiner Frau Klartext zu sprechen. Er schreibt selber, dass er mit seiner Frage den «Unmut der Frauenwelt im Allgemeinen und meiner Gattin im Besonderen auf mich ziehen könnte».

Die Frage: «Warum legen Frauen die WC-Papier-Rollen immer so in die Halterung, dass sich die Rolle im Gegenuhrzeigersinn bewegt und man kaum zu den Coupons kommt, weil sie hinten an der Wand liegen, während wir Männer die Rolle so einlegen, dass sie sich im Uhrzeigersinn dreht, die Coupons also vorne liegen?» Seine Vermutung: «Frauen haben weniger technisches und praktisches Flair, um nicht zu sagen, wenig Ahnung von Physik.»

Keine Angst, die Askforce wird Ihren Namen nicht nennen. Dies nicht etwa, um Sie zu schützen. Nein. Die Frauen in der Askforce haben sich durchgesetzt: Wenn wir Ihren Namen nicht nennen, geraten noch Tausende andere Ehemänner, die sich gegenüber ihren Frauen immer als Intelligenzbestien und Technikgenies ausgeben, unter Generalverdacht – alle Frauen werden meinen, ihr Mann habe uns diese Frage gestellt.

Die Askforce wird immer wieder mit Fragen rund um Rollenklischees konfrontiert. Oft stellt sich heraus: Es geht nicht um ein Geschlechterproblem, sondern um Konflikte zwischen zwei Menschen. Eine Umfrage der Askforce zeigt auch diesmal: «Coupon vorne oder hinten» ist keine Geschlechterfrage. Eine Minderheit legt die Coupons nach hinten – und in dieser Minderheit befinden sich nicht überproportional viele Frauen. Darum: Sprechen Sie mit Ihrer Frau über Ihr Anliegen, besuchen Sie eine Paartherapie – aber leiten Sie von Ihrem Problemchen nicht auf die Menschheit im Allgemeinen und die Frauen im Speziellen ab.

Herr Anonymus hat eine zweite Beobachtung angefügt: «Frauen ziehen die Drehverschlüsse der Konfitürengläser höchstens ganz wenig an, sodass der liebe Mann, wenn er das Frühstück abräumt, zuschauen muss, wie das Glas – von ihm gutgläubig am Deckel angefasst – auf dem Boden zerschellt.» Noch einmal: Regeln Sie dies mit Ihrer Frau. Und erklären Sie uns bei Gelegenheit, warum ein Technik- und Physikgenie einen Behälter an seinem Deckel anfasst, um ihn zu transportieren.

Warum heisst es nicht Dame Studer?

Leserin Nicole C. hat eine «sprachliche Ungleichheit» entdeckt. Werde ein Mann mit dem Nachnamen angesprochen, heisse es: Herr Studer. Werde hingegen eine Frau angesprochen, laute die Anrede: Frau Studer. «Müsste es nicht heissen Mann Studer und Frau Studer oder aber Herr Studer und Dame Studer?», fragt die Leserin. Die Askforce weiss ja nicht, wie alt die Fragestellerin ist. Aber es gab Zeiten, da wurde Frau Studer noch mit Fräulein Studer angesprochen. Die gröbsten Ungleichheiten sind also bereits ausgemerzt, es geht nun noch um die Feinheiten. Die Askforce vermutet schwer, dass es (sprach-)historische Erklärungen für den von der Leserin beanstandeten Herr-Frau-Unterschied gibt. Doch wie sich das genau verhält, muss an dieser Stelle offenbleiben. Bekanntlich recherchiert die Askforce nie, sondern schöpft alles Wissen aus sich selber.

Umso mehr sind wir unserer Leserin natürlich gerne behilflich. Und zwar mittels Reframing, einer psychologischen Methode der Umdeutung. Die Askforce lernte sie jüngst anlässlich ihrer alle zehn Jahre stattfindenden Supervision kennen. Ein Problem wird in einen neuen Bezugsrahmen gestellt, und so entsteht eine andere Sichtweise auf das Geschehen. Das kann für beide Seiten – Fragestellerin und Askforce – unheimlich entlastend sein. Betrachten wir also das vorliegende Anredeproblem in einem neuen, globalen Rahmen.

Da die Askforce oft mit wichtigen Personen in Kontakt steht, kennt sie den 20-seitigen Anrede-Leitfaden des Aussendepartements. Wie spricht man den Papst an? Herr Franziskus? Nein:

«Eure Heiligkeit» oder «Heiliger Vater». Der Metropolit von Athen hingegen kann mit «Herr Metropolit» angeredet werden, oder aber mit «Eure Seligkeit». Die britische Königin ist weder Frau noch Dame Windsor, sondern «Eure Majestät». Aber bitte beachten, nur Staatsoberhäupter und die Askforce dürfen sich direkt an die Queen wenden. Zum Fürsten von Liechtenstein sagt man «Durchlaucht». Und ausländische Regierungschefs sind in der Anschrift «Exzellenzen», mündlich tuts auch ein Herr Präsident oder eine Frau Präsidentin.

Sie sehen, verehrte Frau C., es gibt noch viel grössere Anrede-Probleme und viel krassere sprachlich-soziale Ungleichheiten. Das sollte doch die Ihrige ein wenig relativieren. Zum Schluss möchte die Askforce einen alten Nachbarn zitieren. Sprach ihn jemand mit Herr A. an, pflegte er zurückzuknurren: «Dr Herr isch im Himu.» Der Mann duzte seine Umgebung konsequent, was vieles vereinfachte. Die Askforce folgt jetzt seinem Beispiel und ruft der Fragestellerin zu: Lass es gut sein, Nicole, und erfreue dich des Lebens.

Ein Ratgeber zum Einschlafen

Uns liegen nicht viele Informationen über Herrn S. vor. Seiner Einsendung ist bloss zu entnehmen, dass er einst eine eheliche Verbindung eingegangen ist. Diese scheint bis heute gehalten zu haben. Vielleicht liegt das an Herrn S. fürsorglicher Art. Denn die Frage, mit der er uns konfrontiert, bezieht sich auf ein Problem, das seine Gemahlin betrifft.

Wie so viele Menschen pflegt sie sich nachts zur Ruhe zu legen. Doch dies hat kürzlich eine dramatische Wendung genommen, wie dem Schreiben von Herrn S. zu entnehmen ist. Denn Frau S. habe frühmorgens berichtet, sie habe während der Nacht den Schlaf nicht gefunden. Nun will der besorgte Ehemann dieser Insomnie tatkräftig entgegentreten und fragt, wie denn besagter Schlaf zu finden sei.

Obwohl die Askforce ausschliesslich aus äusserst wachen Geistern besteht, wissen wir so einiges über Schlaf zu berichten. Dieser ist in der Tat nicht immer einfach zu finden. Denn schliesslich hat man bei der Suche nach ihm üblicherweise die Augen geschlossen. Die Suche des Schlafes muss also in vollkommener Blindheit in Angriff genommen werden.

Deshalb ist es wichtig zu wissen, womit wir es überhaupt zu tun haben. Denn Schlaf zu definieren, ist relativ kompliziert. Da er nicht greifbar ist, schliessen wir aus, dass Schlaf ein Gegenstand ist. Da oft vom Land der Träume gesprochen wird, gingen wir zwischenzeitlich davon aus, dass Schlaf ein Ort sein muss. Doch nach ausschweifender wie erfolgloser Suche mussten wir diese Annahme wieder verwerfen.

Schlaf ist also nicht mit gutschweizerischer Kartografie zu finden. Denn er ist ein Zustand, was alles viel kniffliger macht. Ein Zustand ist nichts, was für gewöhnlich beim Fundbüro abgegeben wird oder mittels Kleinanzeigen erworben werden kann. Selbst spirituelle Hilfsmittel wie etwa Traumfänger bieten aus wissenschaftlicher Sicht keine Garantie für eine erfolgreiche Suche.

Wir haben einige schlaflose Nächte damit verbracht, darüber nachzudenken, wie Schlaf am besten zu finden ist. Wir sind zum Ergebnis gekommen, dass dieser immer weiter in die Ferne rückt, je intensiver über ihn nachgedacht wird. Deshalb raten wir Herrn S. zu einer einfachen, aber effektiven Lösung: Augen zu und durch.

Was ist bloss mit den Frauen los, heutzutage?

«Was ist bloss mit den Frauen los, heutzutage?» Werfen Sie nicht alle Frauen in einen Topf, sehr geehrter Herr C. K. aus B.: Frauen sind nicht einfach Frauen, sie sind nicht alle gleich – und darum ist Ihre Frage dumm. Frauen sind «heutzutage», was sie immer waren: unabhängige Individuen. Wenn mit einer Frau «etwas los ist, heutzutage», dann heisst das nicht, dass das auf alle anderen Frauen auch zutrifft. «Was ist nur mit den Männern los, heutzutage?», wäre übrigens eine genauso blöde Frage.

Lieber Herr K.: Bis hier haben auch die Frauen der Askforce an der Antwort mitgearbeitet. Doch nun haben sie den Raum verlassen: Sie fanden Ihre Frage keiner weiteren Erörterung würdig – das Thema sei sowieso voll daneben, meinten sie gereizt. Anders gesagt, werter Herr K.: Wir sind nun unter uns.

Nun, vielleicht ist die Diskussion, die ob Ihrer Frage hier entbrannt ist, zugleich schon die Antwort: Sie mögen es nicht, wenn sie als «die Frauen» angesprochen werden, und reagieren darauf in der Regel gereizt, die Frauen heutzutage. Ausserdem sind sie in ihrem Reden und Handeln oft nicht leicht durchschaubar für uns Männer. (Wobei wir sie meist dann begreifen, wenn sie meinen, wir verstünden sie nicht, und umgekehrt verstehen wir sie nicht, wenn sie etwas als völlig logisch ansehen.) Kurzum: Sie sind ein Rätsel für uns Männer, die Frauen heutzutage, ein Mysterium gar – aber das war wohl immer so. Doch Herr K., mal von Männern zu Mann: Das macht sie, die Frauen, doch so faszinierend – nicht wahr?

PS: Seit wir Askforce-Männer obige Erläuterung geschrieben haben, sind einige Tage vergangen. Unsere Frauen – sie haben diesen Text noch nicht gelesen – haben sich beruhigt. Und zwei von ihnen haben schon nach Ihrer Adresse gefragt, lieber Herr K.: Ihre Frage sei zwar «oberdoof», sagten sie – aber es würde sie irgendwie interessieren, was für ein Mann sie gestellt habe.

Wieso gerade 100?

«Bitte seien Sie versichert, dass ich Ihnen diese Frage nur einmal stelle», schreibt uns Herr S. aus K. «Wieso meint meine Frau, sie habe mir eine Frage schon 100-mal beantwortet, wenn es nur 2- oder 3-mal war? Warum gerade 100-mal?»

Lieber Herr S., wir plagen Sie hier jetzt nicht mit T-Shirt-Witzchen à la «Ich bin ein Mann, ich vergesse schneller, als meine Frau spricht». Aber tatsächlich verwundert uns die Anlage der Frage schon irgendwie: Da Sie ja offensichtlich noch wissen, dass Sie die betreffende Frage bereits mehrfach (wenn wohl auch nur im ein- und nicht im dreistelligen Bereich) gestellt haben, dürften Sie ja eigentlich auch die Antwort darauf noch kennen.

Vielleicht suchen Sie gar nicht das vorgebliche Objekt (doch, doch, die x-mal wiederholte Frage beginnt sicher mit «Du, wo ist eigentlich …»), sondern vielmehr den direkten Austausch mit Ihrer Gattin. Kleiner Tipp: «Danke dir, dass du die Rechnungen bezahlt / den Rasen gemäht / das Auto geflickt hast» / «Schau, Liebste, ich habe dir Rosen mitgebracht» / «Dein Haar glänzt so schön», sind möglicherweise zielführendere Gesprächseinstiege. Dies aber nur am Rande.

Warum, und damit zurück zu Ihrer Frage, wählt Ihre Gattin also gegebenenfalls die Zahl 100? Nun, wohl schlicht, weil sie als vernünftige Person zwar keine präzise Fragen-Strichli-Liste führt, ihrer Genervtheit ob der repetitiven Fragerei aber klar Ausdruck geben möchte.

Nun ist ja, wie wir alle wissen, die Hundert als einerseits «runde», andererseits die Lebensdauer eines Menschen überschreitende Zahl im gesellschaftlichen Kontext oft ein Synonym für eine besonders lange Zeit oder eine grosse Menge. Kurz, lieber Herr S.: hundert = (zu) viel.

So einfach ist das. Vielleicht aber interpretiert – und schätzt! – Ihre Gemahlin Ihre Nachfragen ähnlich wie wir als versteckte Annäherungsversuche. Sie findet die zarte Kontaktaufnahme in der Sekundarlehrersprache der 1980er durchaus «tschent» (cento, hundert, Neudeutsch: supernice).

Doch da sie ja nicht wegen nichts Ihre Frau ist, gibt sie, statt Sie in die Arme zu schliessen, eine Antwort mit ebenfalls verschlüsselter Botschaft. Alles klar? Sogar, wenn nicht: Gehen Sie jetzt einfach Rosen kaufen, Herr S.!

Wo befindet sich der «Weg zur Besserung»?

Die Antwort auf die Frage von Frau C. B. aus B. ist – einmal mehr – sehr einfach. Sie lautet: Der Weg zur Besserung liegt direkt vor Ihnen, Frau B., Sie befinden sich sozusagen bereits darauf, weil Sie sich vertrauensvoll an die Askforce gewandt haben. Gehen Sie nun nur unbeirrt geradeaus weiter, und alles wird besser – und vielleicht sogar gut, aber wir wollen nicht zu viel versprechen, das tun andere ja bereits zur Genüge.

Was aber sollen all jene tun, die zu stolz, zu dumm oder zu wenig originell sind, um die Askforce um Rat und Hilfe zu bitten, die aber ebenfalls den Weg der Besserung betreten wollen? Welche Richtung sollen sie wählen, um am schwierigen Scheideweg nicht – oh grässlicher Gedanke – unversehens auf den Weg der Schlechterung zu geraten?

Nun könnten wir ja einfach zur empirischen Suche raten: Machen Sie sich auf den Weg, und nach einer Weile merken Sie dann schon, obs besser oder schlechter wird! Allerdings, wer einmal auf den Weg der Schlechterung geraten ist, kommt nicht leicht wieder davon ab. Denn – so die Erkenntnisse der Askforce – der Mensch hat die Gabe, schlechterdings alles zu schlucken.

An dieser Stelle ist – wir geben es offen zu – die interne Diskussion der Askforce ins Stocken geraten. Denn die Frage tauchte auf, ob Sie, Frau B., aber auch alle anderen, tatsächlich den Weg der Besserung finden wollen. Dieser ist nämlich, so vermuten wir, etwa gleich langweilig wie der Pfad der Tugend.

Schlimmer aber erscheint uns unser zweiter Verdacht. Gaukelt der gefällige Ausdruck «Weg der Besserung» nicht Schöneres vor, als er ist? Erhebungen der Askforce zeigen nämlich: Im Wunschkonzert für die Kranken von Radio DRS 1 werden regelmässig Patientinnen und Patienten auf den Weg der Besserung geschickt, es müssen bereits viele unterwegs sein. Wir fragen uns nun: Handelt es sich etwa eher um den Highway des Siechtums? Wollen Sie wirklich dorthin, Frau B.?

Wo finden Schweizer
im Katastrophenfall Zuflucht?

So wie es Offizialdelikte gibt, gibt es Offizialfragen. Das sind Fragen, die von der Askforce beantwortet werden, auch wenn sie nicht an die Askforce gerichtet wurden. Die bisher einzige Offizialfrage wurde im April 2008 behandelt: Der Ittiger Gemeinderat Lukas Baumgartner hatte sich in einer Zuschrift erkundigt, wo seine «Wenigkeit» geblieben sei. Nach einer Pressekonferenz, an der er teilgenommen hatte, publizierte der «Bund» ein Foto, auf dem er nicht drauf war.

Fast ebenso existenziell ist die Frage von Andreas B. aus Boll, die er letzte Woche in einem Leserbrief zum Ausdruck brachte: «Da zurzeit viele Schweizer Gemeinden Zivilschutzräume für die Aufnahme von Asylanten zur Verfügung stellen müssen», wie es in seiner Originaleinsendung heisst, stelle sich ihm folgende Frage: «Wo soll im Katastrophenfall die Schweizer Wohnbevölkerung Zuflucht finden?» Aufmerksamen Leserinnen und Lesern ist es nicht entgangen, dass die technischen Aspekte der Frage in Zeitungsartikeln bereits behandelt wurden.

Hier aber geht es um einen anderen Aspekt: um die Urangst des Schweizers, ausgerechnet jener Ort, wo er Geborgenheit findet, wenn rundum Bomben einschlagen, sei von Fremden besetzt. Das Bedrohliche an dieser Bedrohung ist, dass sie plötzlich von innen heraus wirkt – aus dem Heiligsten, aus dem Schutzraum heraus. Herr B., wir verstehen Ihre Angst!

Die Askforce empfiehlt allen Schweizerinnen und Schweizern, welche diese Ängste teilen, sich in Schutzräume zurück-

zuziehen (solange es noch freie Plätze hat) und die Panzertü-
ren von innen zu schliessen. Damit ein Austausch unter ihnen
möglich bleibt, empfiehlt die Askforce weiter, die Schutzräume
untereinander durch Schutzgänge zu verbinden.

In ein paar Zehntausend Jahren (das wissen wir, weil wir uns
im Darwin-Jahr verstärkt mit Darwin beschäftigen) dürfte sich
aus diesen Schweizern dank der Isolation eine neue Menschen-
art entwickelt haben. Der grosse Vorteil: Die «Neu-Schweizer»
werden sich gar nicht mehr mit anderen Menschen vermischen
können. Ob dies die anderen Menschen dannzumal überhaupt
noch möchten, ist eine Frage für sich.

Des Menschen ambivalente Haltung zu Wasser

Die Askforce steckt permanent in einer verdriesslichen Lage. Denn sie verfügt über Wissen ohne Ende, hat aber bloss einmal die Woche die Möglichkeit, dieses mit der Menschheit zu teilen. Dadurch können einige Einsendungen der Leserschaft erst mit grosser Verzögerung bearbeitet werden. So auch jene von A. R. Bereits vor zwei Jahren wollte er wissen, wieso Menschen ins Schwimmbad gehen, aber dann panisch ins Trockene fliehen, wenn Regen aufkommt: «Warum gehen die ins Bad und wollen dann auf gar keinen Fall nass werden?»

Unseren Beobachtungen zufolge erfreuen sich Schwimmbäder immer noch grosser Beliebtheit. Und auch das meteorologische Phänomen des Niederschlags hat sich in den vergangenen zwei Jahren wacker gehalten. Daher erachten wir R.s Frage nach wie vor als aktuell. Es ist sogar eine durchaus interessante Frage. Denn das menschliche Verhältnis zu Nässe ist höchst verwunderlich.

Manche Exemplare unserer Spezies weisen zwar Schuppen auf. Andere wasserdienliche Körpermerkmale wie beispielsweise Flossen werden dem Menschen aber nur in der Mythologie angedichtet. Daraus kann geschlossen werden, dass wir für ein Leben in Nässe nicht geschaffen sind. Zu viel Nässe kann für den Menschen sogar fatale Folgen haben. Zum Beispiel, wenn man sich ohne spezielle Vorkehrungen über längere Zeit auf einem Meeresgrund aufhält.

Und nun wird es paradox. Denn einerseits stellt Wasser für den Menschen ein todbringendes Element dar, andererseits muss er sich davon täglich eine gewisse Menge einflössen, damit der Körper nicht eingeht. Dadurch ist diese merkwürdige Ambivalenz des Menschen zu Wasser, also Nässe, zu erklären. Sie sitzt tief in unserem Unterbewusstsein, auch bei Ausflügen ins Schwimmbad. Deshalb werden Vorkehrungen getroffen. Wir tragen extra dafür geschneiderte Kleidung, Aufseher überwachen das gefährliche Nass, und es werden Tücher mitgebracht, um sich schnellstmöglich wieder in den Trockenzustand zu rubbeln. Regen hingegen lässt sich nicht kontrollieren. Er kann mit grosser Spontanität fallen, was es den Menschen verunmöglicht, sich adäquat darauf vorzubereiten. Daher weckt Niederschlag stets die Urangst vor dem Ertrinken in uns, weshalb in panischer Schnelligkeit eine Überdachung angesteuert wird.

Warnen, warten und wettern

Herr P. G. ist Autofahrer und ein aufmerksamer Radiohörer. Aber nicht ein glücklicher: Als er kürzlich nämlich just vor dem Gubristtunnel im Stau steckte, wurde er gleichzeitig von seinem Lieblingsfunk vor ebendiesem Stau gewarnt. Und geriet ob dieser Koinzidenz arg ins Grübeln: «Beim ‹stop and go› habe ich mich gefragt, was mir und den anderen Automobilisten diese Meldung im Moment nützt. Und was uns und anderen Automobilisten die weiteren Meldungen nützen, dass auch auf der A14 und in Bern-Neufeld und auf der A9 und, und, und … Staus sind. Ja, was eigentlich all diese, immer wieder gleichen Staumeldungen bringen, die tagtäglich mantramässig im Halbstundentakt heruntergebetet werden. Ich hoffe, Sie bringen zumindest mich da weiter.»

Leider, sehr geehrter Herr G., sind wir uns nicht ganz sicher, ob wir Ihnen helfen können. Denn Sie sind ja einigermassen beratungsresistent. Zugegeben, wenn man schon im Stau steckt, bringt einem die Stauwarnung tatsächlich nichts mehr. Wie Sie aber schreiben, hängen Ihnen die «immer wieder gleichen Staumeldungen» längst zu den Ohren raus. Dies hindert Sie aber offensichtlich nicht daran, auf dem Heimweg aus Deutschland eilends den wohl prominentesten Dauerstau in unserem Land aufzusuchen und dort am gemeinschaftlichen Warten teilzunehmen.

Nun zeigt das chronische Vorhandensein dieser immer gleichen Staus aber auch, dass Sie mit Ihrem irrationalen Verhalten keineswegs allein sind. Es müssen sich in unserem Land unzäh-

lige Autofahrer tummeln, die trotz Permawarnung und trotz
täglicher Negativerfahrung immer und immer wieder an den
gleichen neuralgischen Punkten herumstehen.

Mag sein, dass der eine oder andere Pendler seine tägliche
halbe Stunde im stockenden Verkehr, in der ihn weder Firma
noch Familie belämmern kann, eigentlich durchaus schätzt.
Und ja, es gibt Kraftwagenführer, die sich kein Navigationsgerät
mit Stauwarnung und Umfahrungstipps anschaffen wollen –
nach dem Motto: «no risk no fun für Mief-Pendler». Irgendwie,
wir geben es gerne zu, sind uns diese kleinen Verweigerungs-
momente ja auch nicht unbekannt und durchaus sympathisch.

Was wir aber überhaupt nicht verstehen wollen, sind Leute,
die zuerst Informationen bewusst in den Wind schlagen, weil sie
angeblich komplett überflüssig sind, sich dann über sich selber
ärgern und zuletzt ihre Wut am Überbringer der Botschaft aus-
lassen.

Wissen Sie was, Herr G.? Stellen Sie das Radio doch einfach ab.

Falscher Mann am falschen Ort –
also alles gut?

Herr J. D. aus T. hat eine «Leseflusshemmung» erlitten und wendet sich deswegen an die Askforce. In einem Zeitungsbericht las er die Formulierung «(…) war der falsche Mann am falschen Ort». Es ging um einen vom Papst geschassten Kurienkardinal, doch das ist nicht der Punkt, der unserem Leser Bauchweh bereitete. Vielmehr geriet er ob der sprachlichen Wendung ins Grübeln. Aber nicht sofort, denn: «Liest man locker darüber hinweg, geht der Sinninhalt so in Ordnung», schreibt Herr D. Dann folgen viele, viele Sätze, bei denen die Askforce fast ein wenig eine Leseflusshemmung erlitt, bevor der Fragesteller schliesslich auf den Punkt kommt: «Grundsätzlich wirkt meines Erachtens nämlich eine doppelte Negation affirmativ.» War also, spricht Herr D., besagter Kardinal der richtige Mann am richtigen Ort? Der richtige Mann am falschen Ort? Oder der falsche Mann am richtigen Ort?

An dieser Stelle meldete sich intern die Genderbeauftragte der Askforce zu Wort. Auch eine Frau könne die Falsche am falschen Ort sein. Das stimmt natürlich, gerade in der katholischen Kirche. Aber wir geben unserem Leser recht. Streng genommen ist «die falsche Person am falschen Ort» des Guten zu viel. Doch möchte die Formulierung wohl ausdrücken, dass an einer bestimmten Konstellation einfach alles katzfalsch ist. Einfach hinten und vorne nichts zusammenpasst. An dieser Stelle meldete sich intern die Speziesismusbeauftragte der Askforce zu Wort. Man möge die Katze bitte aus dem Spiel lassen, wenn es um menschliche Fehlbesetzungen gehe. Das sei das falsche Tier am falschen Ort. Der Askforce bleibt demnach nichts anders übrig, als konkret zu werden.

Das schlagendste Beispiel für einen falschen Mann am falschen Ort ist natürlich Donald Trump, wobei bei ihm auch noch falsches Haar dazukommt. Eine Steigerung scheint kaum mehr möglich, und doch wurden gemäss einer Askforce-Strichliste auch schon diverse echte Politiker (m/w) sowie Wirtschaftsspitzen und Statuen als «falsch am falschen Ort» bezeichnet, während anderes Funktionärspersonal für «richtig, aber am falschen Ort» befunden wurde. Eines ist klar: Bei der Askforce ist Leser J. D. aus dem schönen T. der richtige Mann am richtigen Ort mit der richtigen, nämlich alles hinterfragenden Einstellung. Weitermachen!

Der allzu eckige Senior – was tun?

Eine eigenartige Frage beziehungsweise gleich deren zwei hat uns Herr L. aus K. zugeschickt: «Ständig plagt mich die Frage, was ich mir denn unter der ‹Quadratur des Greises› vorzustellen habe. Was tun?» Das tönt ernst, Herr L. Die Frage «plagt» Sie wirklich? Und das auch noch «ständig»? Wir sind ja nicht direkt vom Fach, doch diese Symptome machen uns Sorgen. Aber Sie wollen ja vernünftigerweise von uns weder analysiert noch therapiert, sondern nur beraten werden: Also.

«Was tun?», schreiben Sie. Nun, Sie könnten sich zum Beispiel jedes Mal, wenn der quadrierte Greis durch Ihre Hirnrinde saust, bis zur Besinnungslosigkeit betrinken oder den Schädel gegen die nächste Wand rammen. Meditation und Yoga wären allerdings gesünder – und vielleicht sogar ein leichtes Jogging.

Wir neigen jedoch zu einer kreativeren Vorgehensweise: Sie sollen die böse Frage nicht verdrängen, sondern, im Gegenteil, intensiv daran arbeiten – vermutlich will Ihnen Ihr Unterbewusstsein etwas sagen. Herr L., was fällt Ihnen spontan zur «Quadratur des Greises» ein? Nichts? Stimmt nicht – Sie haben sogar ziemlich wüste Vorstellungen! Wehren Sie sich, Herr L.! Zuerst sprechen Sie uns nach: «La quadrature du vieillard n'existe pas!» Bitte gleich 3 x und laut. Sie dürfen den Satz auch zeichnerisch umsetzen.

Und jetzt wird frei assoziiert: «Partitur des Greises» – hören Sie die schleppende Melodie, diesen hinkenden Rhythmus? Tanzen Sie, Herr L.! Nicht so gut? Also: «Primogenitur des Greises»? Besser nicht, da kann man sich auch hintersinnen. Ebenso bei der «Eieruhr des Greises». Die höchst undurchsichtige «Investitur des Greises» wiederum findet in unregelmässigen Abständen in Rom statt. Noch belastender ist die weltweit verbreitete «Diktatur des Greises».

Was Sie aber wohl wirklich umtreibt, Herr L., ist die bekannte «krumme Tour des Greises». Vielleicht erlöst es Sie, wenn Sie ihn, wenn er das nächste Mal vor Ihnen an die Coop-Kasse drängelt, einfach einmal gründlich verhauen.

Wie verboten ist streng verboten?

«Liebe Askforce», schreibt uns Herr K. aus Bern. «Kürzlich wurde an der Kirchenfeldbrücke ein Gitterzaun mit Stacheldraht montiert, damit die Opfer von Finanz- und Ehekrisen sich nicht in die Tiefe stürzen können. An den Gittern wurden Schilder mit folgendem Text montiert: ‹Jedes Besteigen des Schutzzauns ist streng verboten›. Mir stellt sich dabei folgende Frage: Was ist der Unterschied zwischen ‹verboten› und ‹streng verboten›?»

Grundsätzlich, da gehen Sie mit uns sicher einig, Herr K., ist es angebracht, dass etwas so Gefährliches wie das Beklettern der Schutzzäune auf Berns Brücken untersagt ist.

Um Ihre Frage nach dem «strengen Verbot» beantworten zu können, müssen wir zuerst eine Gegenfrage stellen. Kennen Sie das Torbogenschema, Herr K.? Nein? Wir helfen gerne: Als Torbogenschema bezeichnet man bei männlichen Rindern das Verhalten, auf Gegenstände aufzuspringen, die in etwa eine Silhouette wie ein Torbogen haben. Das wird damit erklärt, dass der Umriss von Kühen von hinten betrachtet eine gewisse Ähnlichkeit mit einem Torbogen aufweist.

Ein vergleichbares Phänomen beunruhigt das städtische Tiefbauamt: das Gitterzaunschema. Wer von diesem befallen ist, kann – dem brünstigen Muni hinter dem Torbogen nicht unähnlich – nicht umhin, den nächstbesten Zaun zu beklettern.

Nun löst ein simples Verbot bekanntlich bei vielen Menschen bloss ein Schulterzucken aus – sehen Sie sich etwa im Strassenverkehr um.

Lesen Sie jedoch irgendwo, etwas sei «streng verboten», machen doch auch Sie einen Schritt rückwärts, nicht wahr, Herr K.? Und zwar reflexartig. Und damit wären wir bei der Antwort auf Ihre Frage: Da gewisse potenzielle Berner Brückenschutzzaunkletterer offensichtlich mehr aus Reflex denn überlegt handeln, passt das in Kommunikationslehre und Homöopathie beschlagene Tiefbauamt seine Mitteilung den Adressaten an – kurz: Es bekämpft den ersten Reflex mit einem zweiten.

Übrigens: Die Wissenschaft rätselt nach wie vor, warum sich Gitterzaunschemabetroffene gerne an grossen Fussballspielen treffen und dort – glücklicherweise meist erst nach dem Abpfiff – ihrem Trieb frönen.

Wieso Handschuhe nie im Duo verloren gehen

S. F. scheint ein Mann mit hohen Ansprüchen zu sein. Denn die Beantwortung seiner Frage traut er ausschliesslich der Askforce zu. Das ehrt uns. Sein Schreiben hätte genauso gut auf dem Schreibtisch einer bedeutenden Forschungseinrichtung seine Berechtigung gehabt. So hat S. F. auf Berns Gehwegen immer wieder Mysteriöses festgestellt. Am Wegrand, an Geländern, auf Pfosten und sonstigen Ablageflächen sind über die Wintermonate häufig Handschuhe anzutreffen. Der Fragesteller wundert sich dabei, weshalb diese immer nur im Einzelstück und nie im Duo verloren gehen.

Um diese Frage zu beantworten, sahen wir uns gezwungen, alles zu lesen, was es über die Antarktis zu lesen gibt. Dies, weil uns ein bestimmter Verdacht beschlich, der sich nach dem Studium unzähliger Expeditionsberichte zum Südpol erhärtet hat. Nicht einmal in der kürzesten Fussnote stand darin etwas von verlorenen Handschuhen. Das wird mit der inländischen Jahresdurchschnittstemperatur der Antarktika zu tun haben: 55 Grad unter null. Handschuhe gehen dort wohl deshalb nicht verloren, weil man sonst wahrscheinlich auch die Hände verliert. Das zeigt: Der Mensch ist durchaus imstande, Handschuhe nicht zu verlieren. Besonders dann, wenn sie als Schutz von Leib und Leben dienen. Dass Berns Gehwege mit verlorenen Handwärmern gesäumt sind, weist also darauf hin, dass in unseren Breitengraden Expeditionen zur nächsten Einkaufsmöglichkeit auch ohne Textilanfertigungen für die Hände zu bestehen sind. Dadurch nimmt die Achtsamkeit unseren Handschuhen gegenüber schnell ab.

272

Dass der Handschuh nur im Singular verloren geht, hat aber mit seiner Beschaffenheit zu tun. Er ist klein und leicht. Fällt er im Einzelstück aus einer Manteltasche, ist das für den Besitzer kaum zu merken. Erst im Duo wird dieser registrieren, Ballast verloren zu haben. Das macht den Handschuh zu einem tückischen Kleidungsstück. Vergleichen wir ihn mit der Hose. Diese wird nur in seltenen Fällen während eines Spaziergangs verloren. Dies, weil sie mit Knopf und Reissverschluss gesichert ist. Auch in ihrer Benutzung unterscheidet sich die Hose vom Handschuh. Während dieser bei einem Spaziergang je nach Kälteempfinden optional ausgezogen werden kann, bleibt die Hose für gewöhnlich an Ort und Stelle. Die beste Möglichkeit, um Handschuhe nicht zu verlieren, ist also, sie an den Händen zu lassen oder an den Südpol zu ziehen.

Wie lange hält Don Juan durch?

Reingefallen. Diese Kolumne dreht sich nicht um Sex. Aber Don Juan wird vorkommen, versprochen. Also: Die Aaretemperatur-Anzeige irritiere ihn «in hohem Mass» mit der Angabe «+16», schreibt uns Herr B., das Plus sei total überflüssig, hingegen wünschte er sich eine feinere Skalierung mit Zehntelgraden, «denn 16,1 ist fühlbar anders als 16,9 Grad!».

Mindestens ein Mitglied der Askforce wollte hier die Zuschrift weglegen. «Alles unter 21 Grad ist sehr kalt!», argumentierte es, «16 Grad ist sogar sehr, sehr kalt. Egal, ob mit oder ohne ‹+›: Eine Aaretemperatur von 16 Grad ist ein guter Grund, den nächsten Schwumm in der warmen Badewanne stattfinden zu lassen.» Eigentlich sah das die Restgruppe ganz ähnlich. Und doch linste eine Minderheit auf die folgenden Zeilen: «Meine Frage: Liegen Erfahrungen mit Aareschwimmen bei Minus-Grad-Wassertemperatur vor?»

Na ja, Herr B., es gibt ja Leute, die vor nichts zurückschrecken – so soll ja scheints sogar Goethe zuweilen das Eis der Ilm, jawohl: linker Nebenfluss der Saale in Thüringen, aufgehackt haben, um darin zu schwimmen. Nun wissen wir aber auch, dass Süsswasser, solange es beschwimmbar ist, kaum Minustemperaturen aufweist – auch in der Aare nicht! Frage beantwortet – daher verzichtete Johann Wolfgang Ilmbader auch auf die Produktion von epochalen Oden an die gefrorenen … (Ho-ho-ho.) («Du, Erwin, jetzt wird die ‹Askforce› aber wirklich seicht!») (Entschuldigung.)

Salzwasser hingegen bleibt, abhängig von seinem Salzgehalt, länger flüssig. Oder sogar viel länger – siehe weiter unten.

Ob auch Goethes Zeitgenosse Mozart – Achtung, Überleitung! – in Eiswasser zu baden pflegte, wissen wir nicht. Dafür komponierte er den umwerfenden «Don Giovanni». Nun hat das noch nicht direkt mit der Frage nach eisigen Schwimmerfahrungen zu tun, aber D. G. ist immerhin die italienische Übersetzung von Don Juan, und um den geht es jetzt.

Also: Der Frauenheld hielt sich ja peinlich sauber, denn die holde Weiblichkeit mag – und mochte schon damals – keine Stinker. Don Aufreisser sprang also schnell ins Wasser, wo immer es ihm auch begegnete. Das ist zwar weder historisch noch literarisch belegt, aber schlicht logo.

Und darum wäre er vielleicht sogar in den winzigen und flachen Don-Juan-See gesprungen, wäre dieser damals schon entdeckt gewesen. Dabei hätte er eine – gelinde gesagt – interessante Erfahrung machen können. Denn das Seelein in der Antarktis mit seiner Fläche von nur 0,03 km² hat einen höheren Salzgehalt als das Tote Meer und als der Assalsee in Dschibuti. Und trotz seines Heissblütigkeit assoziierenden Namens gilt es als kältestes Gewässer der Welt. Bei der allerersten Messung wurden im immer noch flüssigen Wasser Temperaturen bis zu –30 Grad gemessen. MINUS 30 Grad, Herr B.!

Wie werde ich unsterblich?

Als Leser R. H. aus K. die Heiligabend-Ausgabe des «Bund» las, kam er aus dem Staunen nicht mehr heraus. «Immer weniger Leute sterben»: So lautete ein ziemlich fett gedruckter Titel auf der Frontseite der seriösen Zeitung. Der dazugehörige Artikel beleuchtete die demografische Entwicklung in den Schweizer Städten. Gestützt auf die bisherige Menschheitserfahrung habe er bisher gedacht, ausnahmslos alle müssten einmal das Zeitliche segnen, schreibt Herr H. der Askforce. Nun weise ihn aber sein Leibblatt auf eine ihm bisher unbekannte Gruppe Unsterblicher hin: «Was kann ich tun, um mich zu ihr zu gesellen?»

Die Askforce schätzt derart humorvolle Fragesteller, wie Herr H. zweifellos einer ist. Gibt er doch, nachdem er sich schon mit der Grussformel «Ihr bisher noch sterblicher Leser R. H. aus K.» verabschiedet hat, im Postskriptum noch einen drauf: «PS. Was machen die Nichtsterbenden eigentlich, wenn die sich ausdehnende Sonne dereinst die Erde verschluckt?» Auch einige Askforce-Mitglieder verschluckten sich am Weihnachtsmorgen beinahe an ihrem jeweiligen Frühstücksgebäck, als sie der von Herrn H. erwähnten Schlagzeile ansichtig wurden. Und ein metaphysisches Gruseln packte sie. Liess sich doch dem fraglichen Artikel zweifelsfrei entnehmen, dass auch die Stadt Bern vom zunehmenden Nichtsterben betroffen ist. Seither haben Askforce-intern mehrere Telekommunikationskonferenzen stattgefunden.

Im Folgenden eine Zusammenfassung der dabei erörterten Aspekte. Vielleicht wurden Zombies mitgezählt. Oder der Anti-

Aging-Forschung ist der Durchbruch gelungen. Vielleicht gibt es die Reinkarnation tatsächlich. Oder Abschlussredaktionen sind zu gestresst. Vielleicht ist das Lesen von Statistiken ein wenig anspruchsvoll. Bald kam die Askforce vom Hundertsten ins Tausendste. Bis eines der Mitglieder per Ordnungsantrag durchsetzte, dass sie sich doch auf ihren ureigensten Auftrag besinnen und einfach Herrn H.s unmissverständliche Frage beantworten solle: Wie werde auch ich unsterblich? Die Antwort lautet: Sie sind schon unsterblich, Herr H. Denn mit Ihrer Frage gehen Sie auf immer und ewig in die Annalen der Askforce ein. Ganz herzliche Gratulation.

Hans, Sigi und der Briten-Sepp

«Wer zur Hölle hat einmal beschlossen, dass Joe auf Deutsch Hans heissen soll (und ja nicht Fritz, das wäre ja komplett falsch)?» Herr S. befasst sich «bereits seit Jahren» mit der Frage, wer denn eigentlich für die Übersetzung von Vornamen zuständig sei. Dass ihm die Grübelei nicht bekommt, beweist er eindrücklich mit einer kruden, selber erfundenen Geschichte: Irgendein betrunkener Duke sei im schwärzesten Mittelalter während einer Pinkelpause zum Beschluss gekommen, Joe habe ab sofort und immerdar Hans zu heissen, fabuliert Herr S. «Wer hatte dann für die Globalisierung von Joe/Hans gesorgt?», will er nun von der Askforce wissen, und ob «die Germanen» denn auch ein Veto-Recht gehabt hätten im Sinne von: «Nein, Joe muss doch eigentlich Sigmund heissen, das weiss doch jeder.»

Zur ersten Frage: Niemand hat die Namensübersetzung Hans/Joe globalisiert. Der englischsprachige Hans (genauer: Johannes) nennt sich gemeinhin John. Zwar gibt es einige Johns, die ihren Vornamen mit Jo abkürzen, aber sicher ohne E am Ende. Der Joe seinerseits, und da hat Herr S. hingegen recht, ist durchaus globalisiert. Ein Walliser Sepp, auf den Namen Joseph getauft, regierte beispielsweise jahrzehntelang den Weltfussball.

Was Ihre Frage zum Germanen-Veto betrifft: Es ist Ihre Geschichte, Herr S. Als Autor dürfen Sie Ihren Johannes so lange Sigmund nennen, wie es Ihnen Freud macht.

278

Nachhilfe im Sprachlabor

Heisst Gurten Gorat?

«Murten heisst Morat. Heisst also Gurten Gorat?», möchte Otto K. aus Bolligen von der Askforce wissen. Vorab sei doch wieder mal daran erinnert, dass die Askforce nicht dazu da ist, banale Wörterbuch-Auskünfte zu erteilen, sondern höhere Wahrheit – und nur das – vermittelt. Was Herr K. nicht wissen kann: Dieser Fall liegt anders – mit der Antwort gibt die Askforce keine banale Auskunft, sondern startet hier nichts weniger als die Aufarbeitung eines düsteren Abschnitts bernischer Staatsgeschichte.

Dass Gurten Gorat heisst, wissen deshalb nur die allerwenigsten, weil es zu den bestgehüteten Geheimnissen unserer angeblich so gloriosen Vergangenheit gehört. Tatsache ist nämlich, dass die Berner nach ihrem Sieg bei Murten 1476 eine Horde von etwa hundert einheimischen Augenzeugen der Schlacht entführten, um zu verhindern, dass diese von den Greueltaten der Sieger berichteten. Daher wurden sie auf dem Gurten angesiedelt, streng bewacht von der damaligen Elitetruppe «Alpenrose». «Ab dysem Ougenblicke sey der Gurten euer Murten!», soll Bubenberg den armen welschen Seelen zum Abschied zugerufen haben. So tauften diese in ihrer Not den neuen Wohnort «Gorât», und in den folgenden Jahrhunderten, als sie sich mit den Bauern des Gurtendörfli befreundeten und durchmischten, entwickelte sich unter ihnen das bis heute totgeschwiegene «Gurten-Welsch»: Nicht nur leiteten sie Gurten aus Murten ab, sondern auch Kuh – «koulier» – aus Schuh (Schuh – soulier/Kuh – koulier), Schwein aus Wein, Futter aus Mutter, Wonne aus Sonne, Gier aus Bier, sauer aus Mauer, nicht aus Licht und vieles mehr.

Durch Weiterzug einer Klage bis vor Bundesgericht konnte die Askforce innert nur zweier Jahre erreichen, dass das Staatsarchiv exklusiv folgende hübsche Fabel in Gurten-Welsch zur Publikation freigab: «Il était une fois qu'un koulier et un svin mangeaient du miz, leur fère préféré. Disait le svin: Tu manges avec tant de gière qu'il n'en reste rien pour moi! Répondait le koulier: Nous sommes des tières, alors nous avons le droit de faire ce que nous voulons. Et moi, j'ai faim maintenant! Et le koulier mangeait avec voleil. Mais le svin était sur maintenant et ne répondait numière.» Alles klar, Herr K.? Eine neue Ära bernischer Geschichtsbewältigung hat begonnen!

Arbeitet meine Coiffeuse fachleutisch?

«Was haltet ihr Fach*leute* für gendergerecht: Meine Coiffeuse schneidet die Haare fach*männisch*, fach*fraulich* oder fach*leutisch*?» Dies will Opa Niederer, nach eigenen Angaben geboren 1940, wissen. Und gibt uns Folgendes zu bedenken: «‹Fachmänn*innen› ist falsch. Regel nach Duden: Wenn es einen Plural ohne Umlaut gibt (also z. B. ‹Mannen›), muss dieser für das Gendern benutzt werden. Darum muss es richtig weder ‹Fachmänn*innen› noch ‹Fachmänner*innen›, sondern ‹Fachmann-INNen› heissen.»

Lieber Opa – gell, wir dürfen schon du sagen –, erst mal möchten wir dir ganz herzlich gratulieren; wer in deinem Alter noch eine Friseuse beschäftigt, hat wirklich Glück mit seinem Fellbewuchs! Und dann halten wir ohne Überleitung fest, dass wir im Grossverteiler unlängst Pouletinnenfilets gesichtet haben. Ohne Sternchen. Die Chill-out-Zonen für Unterrichtende wiederum werden heute landesweit mit «Lehrpersonenzimmer» angeschrieben – jedenfalls wenn der Platz reicht –, und folgerichtig nennen sich viele Lehrer nun «Lehrpersonen». Lehrerinnen hingegen nennen sich nach unserer Beobachtung in der Regel «Lehrerin».

Bevor wir vor lauter -innen nicht mehr drauskommen, nehmen wir uns der haarigen Sache mit den Skills deiner Coiffeuse an, denn du bist an den/die Richtige/n geraten: Gerade letzte Woche stand ein Mitglied der Askforce mit Frau Ambühl in Kontakt. Diese hat an der OMC Hairworld in Paris bewiesen, dass sie die beste Coiffeuse der Welt ist, und das gleich in zwei

Kategorien und im Team. Sie wurde, ja genau, dreifache Coiffeur-Weltmeisterin. Merke: nicht Coiffeusen-Weltmeister und noch weniger Coiffeur-Weltmeister. Frau Ambühl schneidet, färbt und föhnt schlicht perfekt. Sie macht das – na, Opa? Nein, nix mit -männisch und so. Richtig ist: Frau Ambühl arbeitet grandios.

Vielleicht ist sie ja deine persönliche Friseuse. Dann hast nicht du nur mit deinem Haarwuchs Glück, sondern dein Haar auch mit dir.

Falls du eine andere Barbierin oder Figara aufsuchst, ist das natürlich ebenfalls in Ordnung. Hauptsache, sie hat Schere, Föhn und Bürste, kurz: ihr Fach, im Griff. Dann arbeitet sie fachkundig. Oder einfach gut.

Was ist ein Platzregen?

Schon seit Jahren nimmt Frau B. aus R. wunder, was ihr immer wieder von Wetterfröschen beiderlei Geschlechts an den Kopf «gepänggelt» wird: «Einzelne Platzregen sind nicht auszuschliessen.» Dieser ominöse Satz, den die Sachverständigen ins Mikrofon unken, gibt Frau B. Anlass zu folgender Frage: «Was aber, liebe Askforcer, ist denn eigentlich ein Platzregen? Ist das, wenn eine Wolke platzt? Oder ist das, wenn es auf einen Platz regnet?»

Platzregen sind eine gefährliche Sache, denn sie entwickeln meistens eine starke und plötzliche Schauertätigkeit, dadurch verwandeln sie Verkehrsadern in Wildbäche, bringen Kanalisationen zum Überfliessen und lösen Spielunterbrüche oder sogar -abbrüche aus. Sie gehören, namentlich im Sommer, zum «typischen Tagesgangwetter», das in Wetterberichten ebenfalls vorkommt. «Gangs, wies wöu», sagen die Wetterschmöcker auf dem Blapbach, wenn die Zahl der Schuppen an den Tannzapfen wieder einmal nicht mit der Dichte der Flaumhaare an den Beinen der Waldameisen übereinstimmt.

Item. Mit Platzregen ist nicht zu spassen, weshalb es uns fernliegt, diese zu provozieren, weil es dann eben zu den oben genannten unerwünschten Folgeerscheinungen kommen kann. Noch die Wetterberichte zu Zeiten von Goethe zogen übrigens, vermuten wir, das Wort «Wolkenbruch» vor und kannten die Platzregen noch nicht. Früher brach eine Wolke eher, als dass sie platzte; aber natürlich ist auch mit Wolkenbrüchen nicht gut Kirschen essen – weil sich dann häufig auch noch Hagel oder Graupel zum Regen hinzugesellen.

Anders als die Platzpatrone, die keine Kugel aufweist, enthält der Platzregen Wasser. Der Platzregen meint es also durchaus ernst und ist nicht als Jux gedacht. Die grossen Tropfen, die aus den Platzwunden der Wolke fallen, platzen beim Aufprall auf das harte Pflaster eines Platzes auf und – platsch! – spritzen ihre nasse Last weit die Hosenbeine der unter einem aufgespannten Regenschirm vorüberhastenden Menschen hinauf.

Nicht selten pflegen solche Niederschläge gerade dann aufzutreten, wenn Blasmusiken ein Platzkonzert angekündigt oder mit diesem bereits begonnen haben. Die Vermutung von Frau B., dass ein Platzregen so heisst, weil er auf einen Platz fällt, ist darum nicht völlig von der Hand zu weisen.

Zum Schluss möchten wir einen leisen Tadel an Frau B. richten, denn sie hat uns als «Askforcer» bezeichnet – eine Wortschöpfung, die in unseren empfindlichen Ohren nun doch etwas forciert klingt.

Doktor Sommer ist vor Ort

«Weshalb wird immer mehr die Langversion ‹vor Ort› genutzt, wo doch ein ‹hier› oder ‹da› kürzer ist? Auch ist meist nicht ‹vor›, sondern ‹im Ort› gemeint.»

Lieber Herr G.W., das haben wir uns auch schon gefragt. Was wir jedenfalls von vornherein ausschliessen, ist eine Verschwörung der Agglomeratiönler: Die Formulierung «vor Ort» hat nur von ferne etwas mit dem «Vorort» zu tun, obwohl man durchaus auch im Vorort vor Ort sein kann.

Stimmt, Herr W., «vor Ort» ist länger als «da» und «hier». Das erinnert uns daran, dass Zeitungen freien Mitarbeitern einst ein Zeilenhonorar zahlten. Schlau war also, wer etwa «Die Berner Platzherren konnten ihre Dominanz leider nicht bis zum Abpfiff aufrechterhalten» schrieb statt «YB verlor kläglich». Nun ist «vor Ort» aber so unwesentlich länger als «hier», dass der mögliche Ertrag allein schon den motorischen Aufwand (wo ist jetzt schon wieder der Leerschlag?) nicht wettmacht. Und lange Texte werden eh nicht mehr honoriert. Im Gegenteil.

Besonders häufig begegnet uns die Formulierung «vor Ort» am Radio. Dort stimmt sie häufig sogar: Stellen Sie sich etwa ein Erdbeben vor, Herr W., oder sonst eine Katastrophe, und der arme Reporter steckt wirklich «im Ort» des Geschehens! Wenn uns die Bundeshausreporterin aber mitteilt, sie sei «vor Ort», stimmt das nur, wenn sie sich zu akkreditieren vergessen hat und nun auf dem Märit den Bauern im Weg steht. Denn auch wenn manche unsere Classe politique katastrophal finden: Direkt Leib und Leben gefährden will sie nicht.

Was also soll das «vor Ort»? Es mag Sie jetzt überraschen, Herr W., aber die Antwort auf Ihre brennende Frage kommt – vom berühmten Doktor Sommer! Unser aller Aufklärer hiess ja eigentlich anders, zuerst Herr Goldstein und später zum Beispiel Frau Tetz. «Doktor Jochen Sommer» ist ein Designprodukt. Denn das «O» ist ein Laut, der Vertrauen schafft, das wussten die PsychOlOgen schOn in den 1960er-Jahren. Verspricht die Reporterin also, sie sei für uns «vor Ort», stärkt sie damit ihre Credibility.

Noch glaubwürdiger ist sie, weil wir wissen, dass sie kein Zombie ist: Häufiger als bloss «vor Ort» ist sie nämlich «live vor Ort».

Wie wird der Buchstabe Q
korrekt ausgesprochen?

Es versteht sich von selbst, dass das Askforce-Gremium in pandemischen Krisenzeiten alle Hände voll zu tun hat. Seit Wochen stehen wir der Landesregierung beratend zur Seite, und dennoch schaufeln wir Zeit frei, um uns in den Dienst unserer Leserschaft zu stellen. Dabei ist uns die Zuschrift von Herrn C. aufgefallen. In dieser verzichtet er auf Begrüssungsformeln und kommt gleich zur Sache: «Kann man diese Sprachverhunzung noch stoppen?» Er stört sich daran, dass in Radio und Fernsehen aus dem Wort Quarantäne immer häufiger eine Karantäne wird. Er befürchtet nun, dass das Quantum zum Kantum, die Qualle zur Kalle oder das Quadrat zum Kadrat verkommt.

Wir halten das für eine sehr interessante Feststellung, die wir gerne genauer untersucht hätten. Doch das wurde uns verunmöglicht. Denn Herrn C.s eigentliche Frage lenkt uns in eine völlig andere Richtung: Was tut die Askforce dagegen? Er muss uns mit der spanischen Inquisition oder der Queen verwechseln. Zwar ist die Askforce-Equipe qualifiziert, quälende Fragen zu beantworten, ohne dabei quacksalberischen Quark zu erzählen. Qualmende Köpfe sind quasi die Quintessenz unserer qualitativ kaum erreichten Arbeit.

Doch was glaubt Herr C., wie wir auf sein Quengeln reagieren sollen? Müssen Quartierversammlungen einberufen werden? Müssen Quälgeistern, die sich bei der adäquaten Aussprache bestimmter Wörter querstellen und einfach drauflosquasseln, quälende Konsequenzen in Aussicht gestellt werden? Müssen antiquarische Requisiten aus den Zeiten von Louis Quatorze akquiriert werden, um dieses sprachliche Gequake akkurat zu quittieren?

Quelle question! Da ist der Quatsch doch am Überquellen! Wir haben die erquickendsten Quellen des Wissens konsultiert, die wir zwischen Quebec und Quedlinburg finden konnten, und nach dem Lesen sämtlicher Querverweise und dank einem Quäntchen Glück herausgefunden, dass trotz aller Abneigung gegenüber sprachlicher Querulanz in der Schweiz immer noch Redefreiheit herrscht. Das heisst, alle können quatschen, wie sie wollen.

Um Herrn C.s Frage zu beantworten: Wir können und werden nichts dagegen tun. Schlussendlich tritt der Buchstabe Q auch viel zu selten auf, als dass es sich lohnen würde, seine korrekte Aussprache zu verteidigen.

Wer ist denn überhaupt dieser Hui?

Als Mensch, der gerne im Hier und Jetzt lebe, fragt sich Esther B. aus W. i. E. schon lange, wie die Franzosen zu ihrem «aujourd'hui» gekommen sind. «Bedeutet es ‹am Tag des Hui›?» Wenn ja, möchte sie wissen, wer dieser Hui denn überhaupt sei. «Kann man sich auf ihn verlassen, oder lässt er mit fiesem Grinsen unsere Tage viel zu schnell, also wie im Hui, vergehen?» Sie habe schon bei Französisch sprechenden Leuten nachgefragt. Eine Antwort, die über ein ratloses Kopfschütteln hinausging, habe sie aber nicht erhalten. Die Askforce sei somit ihre letzte Hoffnung.

Sie hätten sich viel Ärger ersparen können, wären Sie direkt an uns gelangt, Frau B. Aber das nur nebenbei. Nun zu Ihrer Frage: Anders als Sie vermuten, bedeutet «aujourd'hui» nicht «am Tag des Hui». Wenn schon hiesse es «am Tag der Hui». Der Begriff Hui wird vorwiegend im Plural verwendet. Die Hui sind eine der 56 Nationalitäten Chinas, die offiziell als eigenständige Völker anerkannt werden. Nun waren die Beziehungen zwischen Frankreich und China aber nie so eng, dass sich eine chinesische Völkergruppe derart prominent in die Etymologie eines französischen Wortes eingemischt hätte. Zu Ihrer Anschlussfrage: Ganz generell lässt sich sagen, dass es bei den Hui-Chinesen – wie in jedem anderen Volk auch – solche gibt, die verlässlicher sind als andere. Es wäre aber komplett vermessen, die ganzen zehn Millionen Hui für das schnelle Voranschreiten der Zeit verantwortlich zu machen. Man weiss aber von einigen über 100-jährigen Hui-Chinesen, die die Fähigkeit besitzen,

Geschichten so packend zu erzählen, dass die Zuhörer glauben, die Zeit vergehe wie im Flug. Auf ihren Gesichtern ist aber nicht etwa ein «fieses Grinsen», sondern vielmehr ein «strahlendes Lachen» zu sehen.

Nicht die Chinesen, sondern die Römer haben das Wort «aujourd'hui» geprägt. «Hui» ist der altfranzösische Ausdruck für «heute». Und, Sie ahnen es, Frau B., «hui» ist eine Entlehnung aus dem Lateinischen: «Hodie» sagte einst Caesar, wenn er vom «heutigen Tag» sprach. «Hodie» ist aus «hoc» (dieser) und «dies» (Tag) zusammengesetzt. Somit ist das Rätsel gelöst, liebe Frau B. Und fürs nächste Mal: Fragen Sie nicht zuerst ihre Französisch sprechenden Bekannten, sondern gleich jene, die des Lateinischen mächtig sind. Sprich, die Askforce. Schliesslich haben wir uns während Jahren durch vier bis fünf Lateinlektionen pro Woche (exklusive Nachhilfeunterricht) gekämpft – und dabei oft gehofft, dass die Lektion im Hui vergehen möge.

Warum kommt der Deutschschweizer immer eine Silbe zu früh?

Herr H. T., der das Privileg hat, am schönen Thunersee zu hausen, ist ein Askforce-Habitué. Und als solcher ist ihm natürlich bewusst, dass das Gremium tagtäglich mit einer Flut von Fragen überschwemmt wird, durch die es sich erst mühevoll kämpfen muss. Um uns unsere Arbeit ein wenig zu erleichtern, macht Herr T. zuerst ein paar Angaben zur «Triage». Diese sind in der Tat sehr hilfreich, herzlichen Dank, Herr T. Bereits der erste Punkt hat uns überzeugt. Herr T. weist darauf hin, dass seine Frage «unwichtig» sei. Genau das Richtige am Tag zwei nach den Stadtberner Wahlen. Wäre doch schade, eine wirklich wichtige Frage zu verbraten, wenn doch sowieso kaum jemand diese Kolumne liest.

Herr T. vom Thunersee will von uns also Folgendes wissen: «Warum betonen Deutschschweizer französische Wörter mindestens eine Silbe früher als Romands und Franzosen?» Ihm falle auf, fügt er an, dass viele Deutschschweizer dabei auch noch der festen Überzeugung seien, ihre Betonung sei richtig. «Können sie nicht zuhören? Kommen daher die Probleme mit Bruxelles?» Eine interessante These, Herr T. Wir werden allerdings gar nicht darauf eingehen, da wir Ihre Frage auf keinen Fall wichtiger machen wollen, als sie ist.

Hingegen gehen wir mit Ihnen einig, dass viele Deutschschweizer davon ausgehen, dass ihre Betonung im Französischen korrekt sei, auch wenn sie das ganz und gar nicht ist. Dies dürfen Sie den Deutschschweizern aber nicht verübeln, sie übernehmen halt einfach den Singsang ihrer eigenen Sprache und wenden ihn auch im Französischen an. Im Deutschen und ihm verwandten Dialekten liegt der Wortakzent häufig auf der Stammsilbe, welche oftmals die erste Silbe eines Wortes ist. Die Franzosen gehen da halt ein wenig anders vor: Sie betonen stets den letzten Vokal einer Anreihung von Wörtern oder eines Satzes. Und wenn Sie mal einem Franzosen zuhören, der Deutsch spricht, fällt Ihnen vielleicht auf, dass er seinen Singsang auch zu einem gewissen Grad übernimmt. Und wer weiss, vielleicht ist er auch der felsenfesten Überzeugung, dass seine Betonung richtig ist.

Und noch etwas: Es gibt durchaus auch Romands, die die erste Silbe betonen. Eine breit angelegte Studie renommierter Linguistikstudenten hat ergeben, dass dies auf unsere hügelige Topografie zurückzuführen ist. Ein stetiges Rauf und Runter sozusagen. Eine andere Theorie besagt, dass es unter den Welschen – vorwiegend unter den Waadtländern – viele gibt, die noch immer glauben (oder es sich zumindest sehnsüchtig wünschen), sie stünden unter der Herrschaft Berns und müssten sich daher zumindest aussprachlich anpassen.

Für eine unwichtige Frage haben wir schon ziemlich ausführlich geantwortet, weshalb wir hier einen Schlussstrich ziehen. Sollten Sie weitere Infos brauchen, wenden Sie sich einfach an die nächste Betonfabrik.

Fitte Schuhe, potente Männer

In der Musik würde die Frage von Marianne B. als Crescendo bezeichnet. Sie beginnt leise, gar zurückhaltend, gewinnt aber mit jeder Zeile an Lautstärke und Intensität. Unsere werte Fragenstellerin legt piano los: «Warum ist ein Turnschuh fit», will sie wissen. Eine kurze, prägnante Frage, die wir gerne sogleich beantwortet hätten. Doch Frau B. lässt gar nicht erst zu, dass wir uns unsere eigenen Überlegungen machen. Nein, sie zwingt uns die ihrigen auf – vorerst ganz mezzopiano: Ein Turnschuh könne praktisch, funktionell, sportlich oder auch bequem sein. «Aber fit?!» (Wir sind nun bei mezzoforte) Und: «Warum ist der Turnschuh fit und nicht der Wander- oder der Bergschuh», fragt sie schon leicht forte. Doch noch ist die volle Frageintensität nicht erreicht. Sie plädiert fortissimo dafür, die «Krone der Fitness» dem Stöckelschuh zu verleihen, müsse dieser doch das Gewicht seiner Trägerin auf kleinster Fläche tragen. Und dann sinniert unsere Fragenstellerin – mittlerweile fortefortissimo – über die Definition von Fitness und zieht dabei unter anderem einen Biologieprofessor bei, der Folgendes gesagt haben soll: «Nicht der Weltmeister, nicht der Marathonläufer, nicht der Sportlichste ist der Fitteste, sondern der einfache Mann, der im stillen Kämmerlein am meisten Kinder zeugt.» Und dann, plötzlich ganz smorzando, fügt Frau B. an: «Und so sind wir jetzt wieder beim fitten Turnschuh.»

Ja, da wären wir also wieder. Wir kehren der Musik den Rücken und wenden uns Ihrer Frage zu. Jede andere Auskunftsstelle würde Ihnen nun sagen, Turnschuhe werden vorwiegend von Sportlern getragen, Sportler machen Sport und sind daher fit. Ergo: Der Schuh ist es auch. Blödsinn. Es ist viel komplexer, weshalb wir ein wenig ausholen müssen. Obwohl es Sprachpuristen gar nicht gerne sehen, gelangen seit jeher Anglizismen ins Deutsche. Und zwar längst nicht nur Ausdrücke wie Facility Management, Chief Executive Officer (kurz CEO) oder Shareholder Value. Nein, auch solche, die nicht nur übernommen, sondern regelrecht in die neue Sprache eingebaut werden. (Man darf hier wohl von einer gelungenen Integration sprechen.) Wenn in gut zwei Wochen die Fussball-EM in Frankreich beginnt, dann wird dort «gschuttet», was das Zeug hält. (Jawohl, «schutten» kommt von «to shoot», im Fall!) Auch «fit» ist einst ins Deutsche gelangt. «To be fit» heisst auf Englisch nicht nur «in Form sein», sondern auch «passend, tauglich, geeignet». Nimmt man also die ursprüngliche Bedeutung des Begriffs, ist die Frage beantwortet: Der Turnschuh ist fit, weil er – in den meisten Fällen – gut an den Fuss passt. Besser jedenfalls als ein Stöckelschuh oder ein Wanderschuh.

So, und bevor wir uns hier verabschieden, noch ein paar Worte zum von Ihnen zitierten Biologen: Es ist so was von klar, dass nicht der Marathonweltmeister die meisten Kinder zeugt. Anders als der Mann, der einfach im stillen Kämmerchen hockt (oder eben kopuliert), muss der Läufer ja rennen. Würde er sich anderweitig vergnügen, käme er wohl kaum als Erster ins Ziel.

Früh Französisch lernen

Mit grossem Interesse verfolgt Frau Z. die laufende Debatte zum Thema Frühfranzösisch. Sie habe gelesen, dass es vielen Drittklässlern grossen Spass mache, Frühfranzösisch zu lernen. Beim Lesen dieser Zeilen wurde Frau Z. ein wenig wehmütig. Es ist aber nicht etwa so, dass sie den Kindern diesen Spass nicht gönnen würde. Nein, vielmehr hätte Frau Z. einst auch gerne einen solchen spassigen Unterricht genossen und dadurch in der Schule etwas Freude gehabt. Das Verpasste möchte sie nun nachholen, nicht zuletzt, weil es ihr «zeitgemäss scheint», wie sie schreibt. Bevor sie aber mit dem Frühfranzösischunterricht loslegen kann, braucht Frau Z. den Rat der Askforce: «Könnten Sie mir bitte sagen, in welcher Epoche es gesprochen wurde und wo es Kurse dafür gibt?»

Als Erstes dies, Frau Z.: Wir können Ihre Wehmut gut nachvollziehen. Auch uns passiert es manchmal, dass wir etwas neidisch sind auf die heutigen Kindergarten- und Schulkinder. Wäre es uns etwa seinerzeit vergönnt gewesen, hätten auch wir einen Waldkindergarten besucht, anstatt im Untergeschoss eines Schulhauses Klötzchen aufeinanderzuschichten. Auch wären wir auf unserer Maturreise lieber mit einer Billig-Airline nach London geflogen, als im Regen mit dem Velo von Bern nach Freiburg im Breisgau zu fahren (mit regelmässigen Stopps für Vorträge [auch die im Regen!]). Und die Samstagvormittage hätten wir lieber schlafend im Bett verbracht, als schon um 7.25 Uhr die Schulbank drückend. Nun aber zurück zum Thema.

Den ersten Teil Ihrer Frage können wir kurz und für Sie möglicherweise schmerzvoll beantworten: Es gibt keine Epoche, in der Frühfranzösisch gesprochen wurde. Da haben Sie Frühfranzösisch wohl mit Altfranzösisch verwechselt. Aber weil wir mal nicht so sein wollen, erklären wir Ihnen stattdessen ganz kurz, wann und wo Altfranzösisch gesprochen wurde. Also: Als Altfranzösisch wird gemeinhin jene galloromanische Variante der Sprache bezeichnet, die zwischen Mitte des 9. und Mitte des 14. Jahrhunderts in der nördlichen Hälfte Frankreichs sowie in Teilen Belgiens und der Schweiz gesprochen wurde. Interessant, oder?

Und weil es so schön war, setzen wir noch einen drauf: So ist einem einschlägigen Internetportal zu entnehmen, dass die altfranzösische Sprache «die erste in Schriftzeugnissen dokumentierte romanische Sprache überhaupt» ist. Verrückt, nicht? Sie war aber offenbar nicht sonderlich zeitgemäss, ansonsten wäre sie ja wohl kaum plötzlich vom Mittelfranzösischen abgelöst, ja regelrecht aufgefressen worden. Wir würden Ihnen daher eher davon abraten, diese Frühform der Sprache zu lernen. Falls Sie aber unbedingt wollen, wenden Sie sich am besten direkt an die Französischinstitute verschiedener Universitäten (versuchen Sie es doch mal in Mainz, Kiel oder München).

Aufgrund unserer Ausführungen wird nun der zweite Teil Ihrer Frage eigentlich hinfällig. Dennoch haben wir uns – pflichtbewusst wie immer – auf die Suche nach möglichen Alternativangeboten für Sie gemacht. Dabei sind wir tatsächlich auf einen Frühfranzösischkurs gestossen, der Sie interessieren könnte. Dieser findet in Nyon bei einem schweizweit agierenden Anbieter statt und beginnt bereits um 9 Uhr. Damit Sie sicher rechtzeitig dort ankommen, müssen Sie den Zug um 7.04 Uhr ab Bern nehmen. Wir hoffen, das ist Ihnen früh genug.

Warum schwebt man in Lebensgefahr?

Lilo K. aus I. gelangt mit einer Frage an die Askforce, die diese in ihrer Kartei unter «Halb-Spirituelles» ablegen würde, führte sie denn überhaupt eine Kartei. Frau K. möchte also wissen, woher der Begriff «in Lebensgefahr schweben» kommt. Frau K., die offensichtlich mit viel Mitgefühl ausgestattet ist, schreibt, sie wünsche niemandem, «so planlos überall herumzuschweben». Wenn man doch bedenke, wie viele Gefahren in der Luft lauerten.

Zugegeben. Es ist eine unschöne Vorstellung, planlos schwebend in Kampfjets, Greifvögel, Tontauben oder Drohnen zu donnern und dabei Kohlenstoffmonoxid, Ozon und Stickstoff einzuatmen. Aber eigentlich ist das ja nicht anders, als wenn Sie am Boden unterwegs sind: Hier müssen Sie auch jederzeit damit rechnen, mit Betonmischern, Hirschkühen oder Golfbällen zu kollidieren. Eine Drohne kann Sie auch erschlagen, wenn Sie auf den Ski einen Slalomhang hinunterwedeln. Und von den Schadstoffen bleiben Sie hier unten auch nicht verschont. Es fragt sich also, ob wir es hier unten wirklich besser haben.

Doch zurück zu Ihrer Frage: Wir sind überzeugt, hätten Sie diese einer anderen Instanz gestellt, hätte man Sie schnoddrig abgewiesen und Ihnen gesagt, Sie sollen nicht so pedantisch sein, schliesslich sei klar, was damit gemeint sei. Das mag sein. Aber bei einem derart delikaten Thema ist ein gewisses Fingerspitzengefühl nötig. Also: Ursprünglich galt die Formulierung «zwischen Leben und Tod schweben». Obwohl auch diese Vorstellung alles andere als erfreulich ist, ist die Formulierung doch wenigstens eindeutig. Genauso eindeutig ist der Begriff «in Gefahr sein».

An einem Kongress irgendwann im letzten Jahrhundert, an dem unter anderem Hobby-Linguistinnen, Hobby-Juristen und Profi-Scrabblespieler teilnahmen, wurden bestimmte Wörter und Begriffe regelrecht fusioniert. Und da entstand eines Abends der neue Begriff «in Lebensgefahr schweben». Und weil die Kongressteilnehmer gerade so in Fahrt waren, machten sie sich auch an anderen Sprachbildern zu schaffen. So wurde festgelegt, dass jedes noch so grosse Bauprojekt etliche Hürden überwinden muss, bevor es auf die Zielgerade einbiegen darf. Oder aber, dass der Frühling mit grossen Schritten vor der Türe steht. Es wurden auch gleich ein paar Sprachbilder für die Sportberichterstattung geprägt. Fortan spielten Fussballer nicht einfach nur mit Bällen, sondern auch «mit Köpfchen», stets bemüht, den Ball (oder eben das Köpfchen) flach zu halten.

Sie sehen, Frau K.: Wird mit Sprachbildern operiert, ist die sprachliche Entgleisungsgefahr gross. Es besteht für Sprachnutzer aber selten Lebensgefahr. So richtig tödlich wird es erst, wenn Kommas vergessen gehen. Zum Beispiel dann, wenn es darum geht, die Familie an den Mittagstisch zu holen. Da heisst es schnell mal: «Wir essen jetzt Papa.»

Warum ein «Schtiik» auf des Berners Teller?

Herr F. C. aus B. verstand die Welt nicht mehr, als die Askforce vor einigen Wochen im Zuge der «Börniis Iinglisch»-Debatte die Leserschaft bat, nicht die Frage aufzuwerfen, warum der Berner «Steak» als «Schtiik» ausspricht. «Wieso dürfen wir nicht fragen, warum die Berner fälschlich ‹Schtiik› sagen? Das wäre doch interessant zu wissen. Auf Hochdeutsch sagt man ja auch ‹Schteek› für ‹Steak›.» Nun können wir es Ihnen ja sagen, Herr C.: Wir haben das damals gar nicht so gemeint. Wenn wir ehrlich sind, haben wir diese Frage regelrecht herbeigesehnt.

Deshalb lassen Sie uns gleich loslegen. Kein Zweifel: Das «Schtiik» schmerzt in den Ohren eines Anglophilen weit mehr als jede noch so aggressive Aussenohrentzündung. Und doch dürfen wir es dem Berner nicht übelnehmen. Er kann für diesen sprachlichen Fauxpas rein gar nichts. Die Schuld trägt vielmehr die englische Sprache selbst, die nämlich gar nicht so einfach ist, wie immer wieder behauptet wird. Gerade die inkonsistente Aussprache von Vokalen kann einen Nicht-Muttersprachler zur Verzweiflung bringen.

Aber sehen Sie doch am besten selbst. Auf Englisch ist man nicht schwach, sondern «weak» (ausgesprochen: wiik), der Vogel hat einen Schnabel, also einen «beak» (biik). Trostlos ist «bleak» (bliik). Und dann steht da plötzlich ein Wort auf der Speisekarte, eine Art Fleisch, also «meat» (miit), nämlich ein «steak». Wie bitte soll der Berner nun wissen, dass der Diphthong EA im Wort «steak» anders ausgesprochen wird als in den obigen Wörtern?

Sie sagen jetzt vielleicht, dann muss der Berner das einfach auswendig lernen. Er weiss ja dank der Werbung für den Schoggiriegel auch, dass eine Pause ein «break» (breik) ist und kein briik. So einfach ist das aber nicht. Denn der Berner hat das Liedchen verinnerlicht, das ein amerikanischer TV-Sender extra für eine Sendung produziert hat, die Kindern Grammatik näherbringen will. Das Lied heisst «When Two Vowels Go Walking». Darin wird beschrieben, dass, wenn zwei Vokale nebeneinander hergehen, der erste das Sagen hat. Linguistinnen haben zwar aufzeigen können, dass diese Regel in mehr als der Hälfte der Fälle nicht funktioniert. Es ist aber nicht auszuschliessen, dass US-Präsident Trump beschliesst, sie verbindlich einzuführen. Und dann, lieber Herr C., dann käme der Berner in den USA ganz gross raus.

Wo liegt der Unterschied zwischen Legalität und Sinnvolligkeit?

Ein Satz, den Dorothee T. aus T. kürzlich in den Frühinformationen am Radio hörte, bewog sie, an die Askforce zu gelangen. Und so lautete der gehörte Satz: «Es ist ein Unterschied zwischen Legalität und Sinnvolligkeit.» Was das konkrete Thema des Radiobeitrags war, darüber lässt die Fragestellerin die Askforce – die als vielbeschäftigte Instanz wirklich nicht auch noch Zeit hat, dauernd vor dem Radio zu hocken – im Unklaren. Genannt wird nur der Urheber des Satzes: ein Professor für Wirtschaftsrecht an der Universität Bern, der vom Radio als Experte befragt wurde. In aller «Vertrauensvolligkeit», wie sie schreibt, will Frau T. nun von der Askforce wissen: «Wenn es um Wirtschaft geht, denke ich eher links; könnte das der Grund sein, weshalb ich das Dilemma Legalität/Sinnvolligkeit nicht restlos zu entschlüsseln vermag?»

Diese Frage jagt die kleinen grauen Zellen der Askforce um sieben Ecken herum, vergleichbar den Teilchen im Beschleuniger des Europäischen Kernforschungszentrums Cern in Genf. Ist es nun links oder rechts, wenn man Wirtschaftsrechtsprofessoren nicht zu folgen vermag? Und: Wollte der Mann sagen, dass Gesetze sinnlos seien? Wenn ja, wollte er dies kritisieren oder befürworten? Findet er, die Wirtschaft gehöre reguliert, oder will er ungezügelte Marktkräfte spielen lassen?

Die Askforce wird sich hüten, sich da festzulegen. Denn sie ist politisch strikt neutral. Beipflichten möchten wir aber Folgendem: Nicht jede legale Handlungsweise ist sinnvoll. So ist es zwar

302

legal, am Radio das Wort «Sinnvolligkeit» auszusprechen. Denn es gibt in diesem Land immer noch die Presse- und die Narrenfreiheit. Doch sinnvoll ist das Wort «Sinnvolligkeit» nicht. Es ist vielmehr von einer gewissen Drolligkeit.

An diesem Punkt drohte die Diskussion der Askforce ein wenig zu verflachen, ja ins Alberne zu kippen. Umgehend rief sich das Gremium selber zur Ordnung und kam seiner Beantwortigkeitsverpflichtung nach. Wie lautet es denn, das richtige Substantiv zu «sinnvoll»? Sinnhaftigkeit, Richtigkeit, Gemeinnutz? Die Fülle dieser Vorschläge zeigt wieder einmal: Es ist extrem sinnvoll, sich an die Askforce zu wenden. Und erst noch völlig legal.

Das Herz gedreht?

Leser B. D. aus B. ist ein gut informierter Zeitgenosse. Um auf dem Laufenden zu bleiben, hört er sich regelmässig Nachrichtensendungen am Radio an. Auch kürzlich, als über das Grounding einer Fluggesellschaft berichtet wurde. Während des Beitrags auf einem Sender, der sich dem Service public verschrieben hat, kamen enttäuschte Personen zu Wort, die ein Lokalreporter am Flughafen Belp interviewt hatte. Ein Befragter sagte, ihm «habe es das Herz umgedreht», als er vom Grounding erfahren habe. Er wolle ja nicht kleinlich sein, schreibt Herr D. «Aber dreht es einem normalerweise nicht den Magen um?» Er frage sich, ob diese Person einfach etwas verwechselt habe. Oder aber, ob die Erwähnung des Herzens auf eine besondere Art von Bestürzung hinweise.

Doch, Herr D., Sie sind etwas kleinlich. Natürlich hat der Befragte nicht den richtigen Ausdruck verwendet. Entweder dreht es einem den Magen um oder es bricht einem das Herz. Es war auch gar nicht nötig, mit der Erwähnung des Herzens die Bestürzung zu verstärken. Seine Bestürzung war bereits so gross, dass er nicht mehr ganz klar formulieren konnte. Wer will es ihm verübeln. Da ist er schon mental gegroundet, und dann fragt ihm ein Lokalreporter auch noch Löcher in den Bauch. Wie soll er da noch ruhig Blut bewahren? Da kann man die Zunge nicht mehr im Zaum halten und plaudert halt frisch von der Leber weg. Es ist völlig unmöglich, jede einzelne Aussage auf Herz und Nieren zu prüfen, ob sie Hand und Fuss hat. Das kann dem Zuhörer schon mal in den falschen Hals geraten. Da muss man aber ein Auge zudrücken können.

Für uns ist fast entscheidender, dass der enttäuschte Mann von einem Lokalreporter interviewt wurde und nicht von einem Angestellten eines zentralisierten Newsrooms. Doch diese lokale Berichterstattung ist fast so gefährdet wie die lokale Fluggesellschaft. Als wir erstmals von den Plänen aus dem Osten hörten, lief uns eine Gänsehaut über den Rücken. Das setzt dem Eisberg nun wirklich die Spitze auf, allerunterste Gürtellinie. Die glauben wirklich, dass wir hier nach ihrer Geige springen. Aber da sind die auf dem Holzdampfer. Wir werden uns wehren und alle Hindernisse überwältigen, noch ist der Hase nämlich nicht abgefahren, Herr D.

Glaubensfragen, endlich geklärt

GLAUBE

Unbefleckte Verhütung

Die Adventszeit hat es an sich, dass Themen wie Abendverkauf, Winterreifenprofil oder Nächstenliebe vorübergehend stärker ins Bewusstsein rücken. Fräulein Simone K. passiert dasselbe mit der Parthenogenese, also der unbefleckten Empfängnis Mariens: «Wenn es schon eine unbefleckte Empfängnis gab, müsste es da nicht auch eine unbefleckte Empfängnisverhütung geben?»

Simone K. listet gleich die Vorzüge einer solchen Verhütungsweise auf: Sie sei gesundheitlich interessant, weil man den weiblichen Körper nicht mehr hormonell vergiften müsse und weil wohl auch der Heilige Stuhl mit dieser Art der Bevölkerungswachstumskontrolle leben könnte.

Wegen der Sensibilität des Themas nimmt die Askforce heute ungewohnt zurückhaltend Stellung. Generell stellt sie fest, dass die Parthenogenese für die heutige Zivilgesellschaft, welche die Mendel'sche Vererbungslehre verinnerlicht hat, grundsätzlich eher problematisch ist. Schon vor rund 2000 Jahren hat ja die Parthenogenese Mariens Lebenspartner in Bedrängnis gebracht (Matthäus 1, Vers 18): «Josef aber, ihr Mann, war fromm und wollte sie nicht in Schande bringen, gedachte aber, sie heimlich zu verlassen.»

Bei heutigen Parthenogenesen wäre der soziale Druck ungleich grösser. Neben den persönlichen schüfe allein schon die staatliche Bürokratie mit rechtlichen Fragen riesige Konflikte: Welchen Familiennamen trägt der parthenogenetisch Gezeugte? Wäre er berechtigt, Vaters Schreinerei zu erben? Wo läge da die rechtliche Grundlage? Wem stünde innerhalb einer Paarbeziehung überhaupt die Erziehungsberechtigung zu? Und so weiter. Wir können die Parthenogenese somit nicht ohne weiteres empfehlen.

Völlig unproblematisch ist hingegen die unbefleckte Empfängnisverhütung. Da staunen wir nur, wie weit Simone K. sucht: Bislang sind Keuschheit und Entsagung die zwei hiebei erfolgreichsten Praktiken.

Was bedeutet «ewige Hütten»?

Eine solche Frage hat die Askforce seit ihrer Gründung vor bald zehn Jahren noch nie erhalten. Vor der Anrede steht: «Lukas 16, 9 auslegen bitte.» Dann schreiben die «Bibelfreunde»: «Schalom, wer kann uns diesen Bibelvers auslegen? Was ist mit ewigen Hütten gemeint?» Die Bibelstelle haben sie freundlicherweise an ihre Anfrage angehängt: «Und ich sage euch auch: Machet euch Freunde mit dem ungerechten Mammon, auf dass, wenn ihr nun darbet, sie euch aufnehmen in die ewigen Hütten.»

Liebe Lesergemeinde. Wenn das Wort Gottes tatsächlich «schärfer als jedes zweischneidige Schwert» ist, wie die Bibelfreunde auf ihrer Homepage schreiben, dann sollte es auch der Askforce möglich sein, zu erkennen, was Lukas meinte – selbst wenn keines ihrer Mitglieder Theologie studiert hat.

Zunächst führen wir mit dem Vers eine Äquivalenzumformung durch (in Anlehnung an die Lösung mathematischer Gleichnisse). Auf diese Weise versuchen wir, den Sinn des Verses zu isolieren. Der Vers besteht aus 25 Wörtern und 5 Satzzeichen. Sortiert man die Wörter ihrer Länge nach und setzt die Satzzeichen gleich null, ergibt sich: «ungerechten aufnehmen Freunde darbet ewigen Hütten Machet Mammon auch dass euch euch euch sage wenn auf dem die ich ihr mit nun sie Und in». Was sofort, auch ohne die Ausmultiplizierung von «euch», auffällt: Der Ausdruck «ewige Hütten» wird durch die Umformung nicht tangiert. Er erweist sich somit als Sinnzentrum des Verses, wird nun aber ergänzt durch den Zusatz «Machet Mammon».

Lukas meinte also: Ihr könnt so viel Vermögen machen, wie ihr wollt, der Hypothekarzins für ewiges Wohnen lässt sich damit trotzdem nicht finanzieren. Wie weitsichtig er war, zeigt sich darin, dass er seinen Vers mit «16, 9» versah – 16:9 ist heute ein verbreitetes Seitenverhältnis von TV-Breitbildschirmen. Irgendwie irre, nicht?

Praktische Bibelkunde für die SVP

Wollen wir die Frage von Pierre D. aus U. verstehen, müssen wir zunächst wissen: Es gibt die Begrenzungsinitiative der SVP, und laut Umfragen sieht es für sie düster aus. Herr D. will nun wissen, ob die Initianten nur deshalb schlechte Chancen haben, «weil sie zu wenig bibelfest sind».

Herr D. stützt sich dabei auf Aussagen von SVP-Mann Albert Rösti, der im SRF-Radioäther klagte, die Abstimmung sei zum «Kampf ‹David gegen Goliath› geworden». Hier die einsame SVP (David), dort die Übermacht der anderen (Goliath). Pierre D. findet: «Als wählerstärkste Partei und mutmassliche Verliererin ist die SVP doch klar Goliath: zwar sehr stark, aber halt am Boden.»

Die Askforce findet solch hämisches Genörgel bemühend. Mit etwas Empathie ist nachvollziehbar, dass sich eine Partei angesichts eines drohenden Flops nach einem Wunder sehnt. Wenn sie als Wahrerin der christlich-abendländischen Schweizer Kultur dabei auf biblisches Personal zurückgreift (David, 1. Buch Samuel, 17, 1-58), so hat das auch etwas Naheliegendes. Übrigens orientieren sich weiss Gott nicht nur Rechtsbürgerliche an der Kampfszene aus «David vs. Goliath».

Die weitere Exegese zeigt aber, dass David für gute Demokraten ein mega problematisches Vorbild ist. Vor dem spektakulären Finish hatte der biblische David ja ein paar auferlegte Prüfungen zu bestehen, die aus heutiger Sicht etwas befremdlich wirken. So wurde ihm aufgetragen, im Kampf mit den Philistern 100 Vorhäute zu erbeuten. Doch er erbeutete deren 200. Er war gewissermassen der «Schnäbizägg» in extremis. Aber welche Vorbildwirkung entfaltet die damalige Handlung heute? Wozu um Himmels willen soll man möglichst viele gegnerische Zipfelchen erbeuten? David begnügte sich zudem nicht mit dem Siegen, sondern säbelte Goliath auch noch gleich den Kopf ab. Solcher Blutrausch ist heute eher das Ding von IS-Irrgeistern, während das Köpfen hierzulande schon länger nicht mehr zum gängigen Repertoire des politischen Disputs gehört.

Item. Weil die Askforce heute rein belehrend und pointenfrei geblieben ist, geben wir zum Schluss dem partizipatorischen Journalismus eine Chance und fragen zurück: Was wäre denn anstelle von David und Goliath das angemessenere Bezugspaar? Tell und Gessler? Tom und Jerry?

Wer sind Kreti und Pleti?

«Wer sind Kreti und Pleti?» Sie und alle anderen, lautet die einfache Antwort auf Ihre Frage, lieber Herr Schweizer. Zur «bunt zusammengewürfelten Volksmenge», wie sich dieses «Sie und alle anderen» auch noch umschreiben liesse, gehören übrigens auch all jene, die Krethi und Plethi falsch schreiben ...

Aber wenden wir uns der von Herrn Schweizer nicht gestellten Frage zu, wo Krethi und Plethi zu finden sind. Sie waren etwa an der Expo, sie halten sich an der Universität auf, sie bevölkern am Sonntagnachmittag den Gurten, sie gehen an Eishockey-Spiele und sie stauen sich an Auffahrt vor dem Gotthard.

Schwieriger zu sagen ist hingegen, wo Krethi und Plethi nicht sind. Sie gehen nicht an Demonstrationen für mehr Solidarität mit Hungernden in der Welt. Sie verzichten nicht zugunsten des Velos aufs Auto. Sie arbeiten nicht Teilzeit, um mehr Zeit für die Familie zu haben. Und sie sind sonntags nicht in der Kirche – sonst wäre das Publikum dort jeweils bunter gemischt und vor allem zahlreicher. Pfarrerinnen und Pfarrer wären froh, kämen Krethi und Plethi zur Predigt.

Dabei werden Krethi und Plethi zum ersten Mal im Alten Testament erwähnt (2. Buch Samuel 8,18). Sie waren gewissermassen ausländische Söldner in der Leibwache von König David: Krether – aus Kreta – und Plether, also Philister. Wissenschaftler vermuten zudem, dass es sich dabei um Scharfrichter und Boten gehandelt haben könnte, die beim Volk unbeliebt waren und mit denen niemand etwas zu tun haben wollte. Das gilt übrigens auch heute noch: Niemand möchte zu Krethi und

Plethi gehören, jeder möchte cool, originell und total individuell erscheinen.

Regelmässig Demonstrierende, Velofahrende, Teilzeitarbeitende, die auch in die Kirche gehen, müssen aber deshalb nicht meinen, sie gehörten nicht zu Krethi und Plethi und seien etwas Besonderes! Sie gehen im Sommer zum Baden ins Marzili oder zum Bräteln ins Eichholz, sie kaufen Bio-Gemüse auf dem Markt, und sie färben sich die Haare mit Henna rot, wie Krethi und Plethi halt.

Was sind Engel ornithologisch betrachtet?

Jessica K. ist beim Drapieren ihrer Weihnachtsdekoration aufgefallen, dass Engel ganz unterschiedliche Flügel haben. Die Porzellanengel mit barocker Körperfülle und Stummelflügeln sähen «gar nicht besonders flugtauglich» aus. Sie verfüge aber auch über Engelsfiguren mit «weit ausladenden, adlerhaften Schwingen». Jessicas Frage ist deshalb naheliegend: «Was sind Engel ornithologisch betrachtet eigentlich?»

Alle das Himmlische betreffenden Fragen sind natürlich immer äusserst heikel und brisant. Die Askforce wird sich deshalb vorsichtigerweise damit begnügen, die möglichen Einordnungen ganz wertfrei darzulegen: Wird einzig von den gefiederten Extremitäten der Engel ausgegangen, so könnte – wie Jessica selber andeutete – in gewissen Fällen eine Verwandtschaft mit Greifvögeln in Betracht gezogen werden. Möglicherweise ist es sogar zulässig, eine Unterart der Eingreifvögel zu vermuten: die Schutzengel.

Die stummelflügeligen und an juveniler Adipositas leidenden Barockengel machen aber deutlich, wie unbefriedigend diese Antwort bleibt. Als gesichert gilt eigentlich nur, dass keine Verwandtschaft zwischen Engeln und Fledermäusen besteht. Das räumt aber die Zweifel nicht aus, ob Jessicas Frage überhaupt zulässig ist. Denn egal ob pausbäckig, eingreifend oder strafend: Es gibt schier zwingende Indizien, dass sich Engel gar nicht ornithologisch klassifizieren lassen! So lässt sich nämlich nicht ausblenden, dass Engel über mehr Gliedmassen verfügen als Vögel: Flügel (2), Arme (2), Fänge oder Beine (2). Als Hexapoda, also Sechsfüssler, wäre aber eher eine Verwandtschaft mit – beispielsweise – den Bienen anzunehmen.

Nur ist die Angelegenheit leider noch komplexer: In einer Nation, in der die politische Mehrheit ihr christliches Erbgut hervorhebt, wissen ja höchstens die ganz Trotteligen nicht, dass es nebst den zweiflügligen auch sechsflügluge Engel gibt. Sicher wird in manch frommer Stube Jesaja 6, Vers 1 bis 7, zitiert: «Seraphim standen über ihm. Jeder hatte sechs Flügel: Mit zwei Flügeln bedeckten sie ihr Gesicht, mit zwei bedeckten sie ihre Füsse und mit zwei flogen sie. Sie riefen einander zu: Heilig, heilig, heilig ist der Herr der Heere.» 2 Beine, 2 Arme, 6 Flügel: Mit Blick auf die Zehngliedrigen – die Decapoden – gewinnen wir immer abgründigere Erkenntnisse: Die Decapoden, die wir am besten kennen, sind die komplett flügellosen Delikatessen namens Languste.

Die Askforce zieht es vor, die zoologische Engelskunde an diesem Punkt zu unterbrechen, verbunden mit der dringenden Bitte an Jessica K., mit Engelsgeduld zu überprüfen, warum sie überhaupt eine Antwort auf die Frage nach der ornithologischen Einordnung von Engeln braucht.

Hat Gott sich da etwa verschöpft?

Eben sei er auf eine neue theologische Erkenntnis gestossen, «die mich nicht mehr loslässt», schreibt uns Herr M. N. aus Bern. Es geht um die römisch-katholische Bischofssynode und um die Anerkennung von Homosexuellen. Die Churer Theologin Eva-Maria Faber sagt dazu in einem Interview: «Sieht die Kirche ein, dass Menschen homosexuell veranlagt sind, muss sie sich fragen: Hat Gott sich da verschöpft?»

Selber wolle er nicht über die Konsequenzen dieser Frage nachdenken, schreibt Herr N., «da läuft mir ein Schauer der Überforderung den Rücken hinunter». Deshalb ersuche er die Askforce, «eine erste Skizze dieses neu anbrechenden theologischen Zeitalters zu entwerfen».

Das machen wir sehr gerne, Herr N. Bei uns ist ja nicht selten die «Rede von Gott», was ja so viel bedeutet wie «Theologie». Zudem ist das Thema uns nicht fremd. Vor einem Jahr haben wir geschrieben: «Als der Schöpfer die Tiere schuf und ihnen die sexuelle Selektion mit auf den Weg gab, hätte er nach ein paar wenigen Tagen sehen müssen, dass es nicht gut war.»

Lässt man den Gedanken zu, dass Gott sich dann und wann verschöpft hat, wird für uns Menschen einiges einfacher. Bei der Betrachtung gewisser Teilaspekte der Schöpfung müssen wir uns nicht länger fragen, was Gott sich dabei gedacht hat. Die Antwort lautet: Er hat sich verschöpft. Dass er sich mehrfach und zum Teil kräftig verschöpft hat, steht für uns ausser Zweifel.

Beispiel Nr. 1: Hühner. Gott gab ihnen zwar Flügel, aber sie können damit nicht fliegen. Irgendwie fies. Noch fieser ist

Beispiel Nr. 2: Während die Weibchen der Kaiserpinguine sich im Meer (eventuell sogar homosexuell?) vergnügen (und vollfressen), müssen die Männchen ein halbes Jahr lang im (vorläufig noch) ewigen Eis der Antarktis herumstehen und ein Ei auf den Füssen balancieren. Bisher musste man sich fragen: Führt der Schöpfer mit seinen Geschöpfen womöglich breit angelegte Versuche durch?

Ein neuer theologischer Ansatz, der auf der Verschöpfungs-Hypothese beruht, könnte Gott diesbezüglich entlasten – er würde menschlicher und damit ergründlicher. Um beim Huhn zu bleiben: Wir müssen uns nicht mehr fragen, was Gott dieser Kreatur antun wollte. Wir dürfen neu annehmen, dass ihm ein Anfängerfehler unterlaufen ist.

Ein solcher Wechsel des Blickwinkels bliebe nicht ohne Folgen: Der Mensch verstünde sich zwar weiterhin als ein Abbild Gottes, neu wäre Gott aber ebenso ein Abbild des Menschen (Stichwort: inverse Funktion). Dies wiederum ermöglichte den einen oder anderen Umkehrschluss: Wenn ein Mensch eine Schutzfolie aufs Smartphone klebt und dabei die Lufteinschlüsse nicht alle wegkriegt, flucht er. Warum also sollte Gott nicht auch ein bisschen geflucht haben, als er das Huhn erschaffen hatte und es aus seinen gütigen Händen wegfliegen lassen wollte?

Der Berner Marsch und die Seelsorge

Tja, der Berner Marsch! Die Askforce hatte es längst geahnt, dass auch sie in dieser delikaten Causa angerufen werden würde. Jetzt ist es so weit. Frau S. A. wundert sich über die designierte Grossratspräsidentin Ursula Zybach, die von sich sagt, sie wolle beim Berner Marsch künftig zwar aufstehen, sie werde aber mit der Seele nicht dabei sein. Frau S. A. macht sich seelsorgerische Sorgen: «Wenn die Grossratspräsidentin in diesem Sinne aufsteht, wo bleibt dann ihre Seele, die ja im Augenblick des Aufstehens nicht mit dabei ist?»

Die Askforce ist erleichtert, dass sie sich auf diese Detailfrage beschränken darf. Sie kann somit die Frage beiseite lassen, wie bernisch dieser ursprünglich wohl preussische Marsch überhaupt ist. Sie muss nichts zur Frage sagen, ob es eine gute Idee ist, eine Melodie zu trällern, deren dazugehöriger und angeblich unbekannter Text so mordlustig ist. Wir dürfen also auch auf die bissige Bemerkung verzichten, dass ja auch niemand auf die Idee käme, die flotte Melodie des Horst-Wessel-Lieds zu summen, obwohl auch da – hoffentlich! – gilt: Wir kennen den Text nicht.

Annehmen muss sich die Askforce also nur der Frage: Wo bleibt Frau Zybachs Seele, wenn sie zu einem Marsch, von dem sie weiss, dass er keine Hymne ist, so ehrerbietend aufsteht, als ob sie meinte, er sei halt doch eine Hymne?

Bei der Antwortsuche ist zunächst zu klären, wo denn die Seele überhaupt sitzt. Bei seriösen Sozialdemokratinnen sitzt sie vermutlich am rechten Fleck, also links. Und links liegt das Herz. «Ein Herz und eine Seele»: Diese körpergeografische

Überlagerung kennen wir ja aus einschlägigen und besonders sozialdemokratisch – respektive sozialistisch – geprägten Bibelstellen, siehe Apostelgeschichte 4,32: «Die Menge der Gläubigen aber war ein Herz und eine Seele; auch nicht einer sagte von seinen Gütern, dass sie sein wären, sondern es war ihnen alles gemeinsam.»

Wenn Herz und Seele ineinanderliegen, dann befindet sich also die Seele beim sitzenden Menschen im Mittel etwa 0,9 Meter über Boden. Erhebt sich besagter Mensch zum Berner Marsch, ohne dass die Seele die Aufstehbewegung mitmacht, verharrt diese ergo auf etwa 0,9 Meter über Boden. Bei mittelwüchsigen Menschen ist dort der Hosenbund.

Die Seele rutscht bei diesem Vorgang also gewissermassen in die Hose. Was interessant ist: Von einem Höseler – Höselerinnen mitgemeint – spricht man aber nur dann, wenn das Herz in die Hose rutscht. Bleibt das Herz oben und die Seele unten, tut man also etwas unbeseelt und wider die eigene Überzeugung, nennt sich dies «politisch klug» oder «mit Sinn fürs Realistische».

Merkwürdig ist übrigens, wie sich beim Grübeln übers Thema plötzlich all die ewiggestrigen, kämpferischen Klänge vermischen: Träm, träm, träderidi, la la la lallala la la la, Lue wie üser Schütze mäje, la la la lallala la la la, Reinen Tisch macht mit dem Bedränger! La la la lallala la la la, Die Reihen dicht geschlossen, La la la lallala la la la, Todtechörnli tüe si säje, la la la lallala la la la, Zum Kampfe steh'n wir alle schon bereit! La la la lallala la la la, Bis zum Tod muess gstritte sy!

Können der Welt die Fragen ausgehen?

Bestürzt über den Hilferuf der Askforce, die vor einiger Zeit einen «Fragen-Notstand» beklagte, schrieb uns auch Herr Urs S. aus Bern: Es könne doch nicht sein, liess er uns wissen, dass der Welt die Fragen ausgingen – «auch nicht der etwas kleineren Welt der ‹Bund›-Leser». Deshalb erlaube er sich, eine Frage auf der Metaebene zu stellen.

Es sei ja denkbar, fährt Herr S. fort, dass es auf eine Frage zwei Antworten geben könnte, von denen jede für sich sinnvoll sei. «Soll man einen Kompromiss zwischen den Antworten anstreben? Oder die Sache in der Schwebe lassen und die Wahrheit in der Spannung zwischen den Antworten suchen?» Er neige eher zum Zweiten, schreibt Herr S. und fragt: «Was sagen Sie dazu?»

Also, Herr S.: Wir schwingen uns mit Ihnen gern auf die Metaebene hinauf, um zu schauen, was es von dort aus alles zu erkennen gibt. Und siehe da: Man braucht gar nicht erst in die Ferne zu blicken, um die ersten Fragen zu entdecken: Wie viele Meter über Boden ist die Metaebene? Hält sie unserem Gewicht stand? Und ist es wirklich eine Ebene oder doch eher etwas «Gebogenes», das sich an die Erdkrümmung anschmiegt?

Wir lernen weiter, dass es Fragen gibt mit eindeutigen Antworten. Wie schnell schlägt Ihr Puls, Herr S., nachdem Sie sich wie ein Turner auf die Metaebene hochgezogen haben? Was wir weiter vorfinden: Fragen, die ganz viele Antworten zulassen. Wie kann auf der Welt Gerechtigkeit hergestellt werden?

Was aber ganz selten vorzukommen scheint: Fragen, auf die es genau zwei Antworten gibt. Das Einzige, was uns hier auf

Anhieb einfällt, sind quadratische Gleichungen. Bei diesen ist es aber sinnlos, die Wahrheit in der Spannung zwischen den zwei Lösungen suchen zu wollen – denn beide sind wahr.

Unser Fazit: Fragen sind ein unerschöpfliches Gut. Überall, wo man hingelangt, findet man sie vor. Fragen lassen sich immer formulieren. Die Frage ist eher, ob eine Frage sinnvoll ist oder bloss abstrus? Aber wo soll man die Grenze ziehen? Und wenn man sich – und ist nicht das das Schöne am Menschsein, Herr S.? – noch länger den Kopf zerbricht, lässt sich sogar eine Frage konstruieren, deren Antwort, so es sie denn gäbe, eine Frage wäre: Welches war die erste Frage auf der Welt?

Die Schuld der Unschuldslämmer

Warum spricht die Polizei nach einer Verhaftung immer von der Unschuldsvermutung statt von einer Schuldvermutung? Das fragt uns Willy M. aus G.: «Die Polizei wird ja hoffentlich niemanden verhaften, den sie als unschuldig vermutet.» Aber eigentlich will Willy nur ein wenig mit der Askforce plaudern, denn er rät uns jovial, «nicht die Unschuld zu verlieren».

Sie glauben an die Unschuld? Nun, unsere Antwort lautet: Es gibt nirgends auch nur den geringsten Hinweis für die Existenz von Unschuld. Unser Vorgehen auf dem Weg zu dieser Erkenntnis war übrigens bestechend einfach. Zunächst stellen wir fest: Was man hat, kann man verlieren; was man verliert, kann man wiederfinden. Wir haben deshalb beim stadtbernischen Fundbüro am Theatergässchen 2 recherchiert und erfahren: Dort wurde in den letzten 50 Jahren nie eine Unschuld abgegeben, obwohl sich das Fundbüro ausdrücklich auch als Ort für verlorene Dinge versteht, die für die Betroffenen primär «einen hohen persönlichen Wert» haben.

Wegen der angeblichen «Unschuld vom Lande» haben wir den Sachverhalt auch in Hinterfultigen, Oey-Diemtigen und Wileroltigen et cetera überprüft. Überall beschieden uns die Fundsachenverantwortlichen: Fehlanzeige. Weit entscheidender ist, dass weder in städtischen noch in ländlichen Fundbüros je versucht wurde, eine verlorene Unschuld zurückzuerlangen. Es ist schlicht nie eine entsprechende Suchanfrage eingegangen. Wenn man aber die Unschuld verlieren kann, ohne sie je zu vermissen und ohne dass Dritte je über sie stolpern, dann stellt sich doch die Frage, ob es sie überhaupt gibt.

Kommen wir zur Konklusion. Das Einzige, das man beim Verlieren nicht vermisst und das gleichzeitig kein anderer finden kann, ist das Nichts. Ergo: Die Unschuld ist ein Nichts.

Manchmal steckt übrigens bereits in der Unschuld die Schuld, wie unsere kulinarische Annäherung zeigt: Angenommen, Sie bereiten aus einem Unschuldslamm mit Knoblauch, Thymian, etwas grobkörnigem Senf und Bratbutter ein herrliches Gigot zu, und nach dem Verzehr liegt es ihnen total schwer auf: Ist das Lamm da nicht einfach auch mitschuldig?

Können Gedankensprünge unzulässig sein?

Er liebe Fussballer-Weisheiten, schreibt Herr A. W. aus B. Ein besonders schöner Spruch sei zum Beispiel «Im Fussball gehts nicht um Leben und Tod – es geht um mehr». Aus aktuellem Anlass sei ihm nun die folgende Anpassung in den Sinn gekommen: «Der Tod des eigenen Hundes ist nicht zu vergleichen mit dem Hinschied eines Menschen – es ist viel schlimmer!» Er habe, so Herr W., «vom Feeling her nun aber doch das Gefühl», dass dieser Gedankensprung problematisch und somit eigentlich nicht zulässig sei. «Was meint die Askforce dazu?»

Die Askforce zieht sich auch diesmal nicht aus der Atmosphäre und beantwortet Ihre Frage mit viel Fachwissen und Engagement. Wir können es mit gutem Gewissen sagen: Von der Einstellung her stimmt unsere Einstellung. Das Chancenplus, dass wir Ihnen am Ende dieses Artikels eine Antwort geliefert haben werden, ist ausgeglichen. Wie so oft liegt auch beim Thema Gedankensprünge die Mitte in der Wahrheit. Oder anders gesagt: Jede Seite hat zwei Medaillen.

Wo waren wir? Ah ja, genau, beim Vaterschaftsurlaub. Mit Gedankensprüngen ist es so eine Sache. Die passieren einfach, oftmals unangekündigt und meist in äusserst unangemessenen Zusammenhängen. So wie damals in der 3. Klasse während des Vortrags über den Wombat. Es ging gerade um den robusten Körperbau dieses Beuteltiers, als in Gedanken die Frage aufploppte, was wohl passieren würde, wenn man dem Lehrer ein 20-Rappen-Stück ins Ohr stopfen würde. Durchaus unpassend. Aber auch in dieser Situation haben wir nie die Verzweiflung verloren.

Was zeigt uns dies? Gedankensprünge können zwar nerven und verunsichern, aber unzulässig sind sie nicht. Auch nicht die abartigen, die hirnrissigen, die peinlichen, die verworrenen, die angsteinflössenden, die absurden oder – wie in Ihrem Fall – die problematischen. Es kommt vielmehr darauf an, was Sie mit Ihren Gedankensprüngen machen. Behalten Sie sie für sich, passiert gar nichts. Fassen Sie sie aber in Worte und lassen sie auf die Menschheit los, dann kann es durchaus ungemütlich werden. Denn im Leben ist es wie im Fussball: Es verkompliziert sich alles durch die Anwesenheit der gegnerischen Mannschaft. Die Chancen stehen also etwa 70 zu 50, dass Sie mit einem formulierten Gedankensprung den einen oder anderen Freund vergraulen.

Wir haben fertig.

Wo befindet sich der Zahn der Zeit?

Wie viele andere vor ihm hat auch Herr J. aus U. den Wunsch verspürt, uns eine Frage zu stellen, die wir gerne beantworten. Obwohl «der Zahn der Zeit» schon seit Jahrhunderten sein Unwesen treibe und «Berns Sandsteinfassaden ebenso wie solche aus Fleisch und Blut oder auch automobile Oldtimer» beschädige, habe ihn noch nie jemand «leibhaftig» gesehen, schreibt unser Leser. Er hat auch das menschliche Gebiss inspiziert, wo er auf Schneide-, Eck-, Backen- und Weisheitszähne, aber nicht auf den Zahn der Zeit traf. Allen Anstrengungen zum Trotz habe er den Zahn bis heute nicht finden können. Gerne leisten wir Hilfestellung.

Um es kurz zu machen: Der Zahn der Zeit fristet unter dem Namen Tooth of Time im US-Bundesstaat New Mexico seit Jahrmillionen ein mehrere Tausend Meter hohes und von europäischen Geografen weitgehend unbeachtetes Dasein. Wir haben jedoch Anlass zur Befürchtung, dass diese Antwort die Sprachforscher unbefriedigt zurücklassen wird. Darum verweisen wir darauf, dass schon Shakespeare vom «Tooth of Time» sprach, im Stück «Mass für Mass».

Man kann einwenden, diese dentale Redensart sei unterdessen so verblasst und floskelhaft geworden, dass man sich gar nicht mehr ernsthaft damit auseinandersetzen sollte. Schon Heine meinte im 19. Jahrhundert, die Zeit sei so alt, dass sie «gewiss keine Zähne mehr hat». Trotz dieses vernichtenden Urteils nagt der Zahn der Zeit weiterhin unverdrossen an allem, was nicht niet- und nage(l)fest ist. So wurde jüngst etwa aus dem

Oberen Wiggertal LU berichtet, dass der Zahn der Zeit sich an der dortigen ARA zu schaffen mache. In Solothurn wurde er am historischen Krummturm am Aareufer gesichtet.

Zu beachten ist, dass der Zahn der Zeit in fast allen Fällen nagt und nicht etwa beisst, reisst oder zerfleischt. Es spricht darum viel für die Annahme, dass der Zahn der Zeit im Maul eines bis dato noch nicht beschriebenen kolossalen Nagetiers steckt. Weiter wird beobachtet, dass der Zahn der Zeit wetterabhängig ist: Er nagt vor allem dann, wenn auch ein rauer Wind weht. Nur am Hungertuch nagt er nicht.

Waren wir ehemals alle andere?

Herr F. aus Bern wendet sich mit einer sprachlichen und tief philosophischen Frage an die «geschätzte Askforce». Immer wieder würden Personalangaben mit dem Hinweis «ehemalige(r) (beliebige Funktion einsetzbar)» versehen. Das weckt in Herrn F. die dringliche Frage. «Wie lange kann ehemalig eigentlich zurückliegen? Gibt es da so etwas wie eine Halbwertszeit, ein Verfalldatum?»

Auffallend ist, dass das Wort zweideutig sein kann. Wenn ich sage, mein ehemaliger Lehrer, so bedeutet dies, dass er ehedem mich unterwies, aber nicht zwingend, dass der Lehrer dieses Amt nun nicht mehr ausübt. Der Lehrer könnte für zahlreiche Kinder ohne weiteres der gegenwärtige, derzeitige, momentane und auch zukünftige Lehrer sein – einfach nicht mehr für mich. Entscheidend für die Uneindeutigkeit ist das Possessivpronomen.

Eigentlich ist die Frage aber auch eine Schätzfrage: Es ist keineswegs so, dass es für immer und ewig notwendig ist, das Beiwort zu gebrauchen. Niemand spricht vom ehemaligen Fussballprofi Maradona oder vom ehemaligen Kaiser Barbarossa. Salopp könnten wir sagen: Sind einige Jahrzehnte oder Jahrhunderte vergangen oder ist der Todesfall eingetreten, so erlischt die Bedeutung des Wortes – oder die Veranlassung, es zu verwenden (immer auch abhängig vom Bekanntheitsgrad). Wir verzichten darauf, auch wenn wir es könnten, eine exakte mathematische Formel aufzustellen.

Andererseits ist der Anwendungsbereich des Wortes nicht unbeschränkt, man sollte es nicht obsessiv gebrauchen: Für

330

Gegenstände oder Tiere ist der Ausdruck nicht angezeigt. Poeten, die dichteten, «der ehemalige Schnee rinnt als Tauwasser zu Tale», würden im Feuilleton gescholten. Journalistinnen, die schrieben, «die ehemalige Milchkuh startete eine Zweitkarriere als Lebendpreis bei einem Schwingfest», würden der Vermenschlichung von Tieren oder des Stilbruchs geziehen. Zudem ist man bei ehemaligen Magistraten wie Bundes- oder Regierungsräten darauf verfallen, diese mit dem Zusatz «Alt» zu bestücken, man spricht also von Alt-Bundesrat Sowieso und nicht von der ehemaligen Bundesrätin Ohnehin. Und: Wissen Sie, was eine ehemalige Frage ist? Eine Antwort.

Exit

AUSGANG

Was passiert, wenn man den Löffel abgibt?

Ein Leser hat kürzlich im Verbund mit Tischgenossen gespeist und dabei eine angeregte Konversation geführt. Nun gut, Herr Z. drückt sich etwas salopper aus: «Als wir kürzlich das Mittagessen in uns hineinschaufelten, kamen aufgrund der Beschaffenheit des Esswerkzeuges die ganz grossen Fragen nach Leben und Tod auf.»

Was auf dem Menü stand, gibt Herr Z. nicht preis, auch nicht die Höhe der «Dolorosa», der Rechnung. Aber solche weltlichen Fragen rücken in den Hintergrund, wenn man die Vergänglichkeit des menschlichen Lebens überdenkt: «Wer nimmt eigentlich den Löffel entgegen, wenn man ihn abgibt?» Das fragt sich unser Leser und auch, ob man eine Quittung bekommt oder allenfalls ein Depot zurückerhält.

Der Löffel gilt als universelles Tafelgerät, das schon seit Tausenden von Jahren in Gebrauch steht und den Menschen davon befreit hat, sich beim Essen die Finger schmutzig machen zu müssen. Seine Form ist der hohlen Hand nachempfunden. Einige sagen, der Sensenmann nehme die Löffel jeweils in Empfang, doch seine Mediensprecherin teilt auf Anfrage unmissverständlich mit, der Sensenmann habe an seinem unhandlichen Schnittwerkzeug schon schwer genug zu tragen. Wohin damit also?

Die einfachste Lösung: Der Löffel gehört zurück in die Küche und muss darum dem Koch oder der Köchin abgegeben werden. Und wenn dort niemand auffindbar ist, der ihn entgegennehmen kann? Dann bitte gut abgeleckt auf den Tisch legen. Denn aus der Küche ist der Löffel gekommen, und in die

Küche muss der Löffel zurück. Eine Quittung einzufordern, ist nur dann sinnvoll, wenn man beabsichtigt, wiedergeboren zu werden.

Herr Z. spricht auch den Spezialfall an, wenn jemand mit einem goldenen Löffel im Mund geboren wird. Dabei ist es meist unsicher, ob dieser Geburtslöffel noch vorhanden ist, er könnte im Laufe der Jahre auch verloren gegangen sein. Im Zweifelsfall würden wir auch diesen abgeben – aber nur als Erbstück an nahe Familienangehörige. Wissenswert ist übrigens noch, dass Hasen beim Hinschied immer zwei Löffel abgeben.

Rückwirkende Quarantäne
nur mit Zeitmaschine?

Wer aus Grossbritannien heimkehre, müsse «rückwirkend in Quarantäne»: So hat Henri M. aus Bern das Bundesamt für Gesundheit verstanden. Er ist aufgewühlt. Bisher vertraute er dem Physiker Stephen Hawking, der physische Zeitreisen als unmöglich erachtete. Nun fragt sich Henri trotzdem, wie er denn rückwirkend in Quarantäne ginge, sollte er dazu aufgefordert werden. Wir vermuten: Henri spürt eine verkappte Sehnsucht nach Zeitreisen.

Sind Zeitreisen also doch möglich? Unsere Antwort: ja. Die ganze Pandemie ist eine Zeitreise. Wir werden kollektiv zeitlich verschoben. Ohne einen Schritt getan zu haben, erleben wir etwa, wie das bei jeder Gelegenheit zu applizierende Wangenküsschen nicht mehr – oder noch nicht – existiert. Wir sind jetzt diesbezüglich in einer anderen Zeit.

Henris potenzieller Einwand, es sei keine Zeitreise, wenn alle gleichzeitig eine Verschiebung erlebten, ist zulässig. Nur ist es nicht so. Viele reisen nicht nur in die Vor-Wangenküsschen-Epoche zurück. Viele – keineswegs nur Trumpisten und Kreationisten – haben sich bereits ins Zeitalter vor der humanistischen Aufklärung abgesetzt.

Mit ihren Beobachtungen belegt die Askforce also die Existenz von Zeitreisen. Gleichzeitig warnt sie eindringlich: Zeitreisen sind heikel und extrem unbefriedigend. Wer zu rassig in die Vergangenheit reist, landet leicht in einer x-beliebigen Eiszeit und droht dort als schwächlicher Sapiens subito von einem

Säbelzahntiger zersäbelt zu werden. Respektive: Der Zeitreisende würde eben bloss grausam frieren, weil der Säbelzahntiger mich in der Vergangenheit ja nicht fressen darf, weil es mich sonst in der Zukunft – also heute – nicht gäbe. Zeitreisen sind also brutal langweilig, weil wir in der Vergangenheit null Gestaltungsspielraum haben. Wir würden die Zukunft verändern, aus der wir kamen. Das Grossvater-Paradoxon bringts auf den Punkt: Man hat keine Chance, in der Vergangenheit den eigenen Grossvater umzubringen, weil man sonst nicht geboren werden würde (oder geboren worden sein wird).

Weil Zeitreisen so unfaire Reiseangebote sind, sind Quarantänen eher zu begrüssen: Sie katapultieren uns energisch in die Gegenwart und unterhalten uns mit Fragen wie: Und was tue ich jetzt und hier und mit mir?

Dies ist eine Nachricht nur für Frl. Rose!

Auch in Geldfragen wird der Rat der Askforce geschätzt. Das schliessen wir aus den Anfragen der letzten Woche, haben sich doch sowohl Herr Owambamaka aus Nigeria, Ludwig Kwamebengi aus Senegal, Baktimon Tschurkiev aus Astana und Rose Kouame aus der Elfenbeinküste bei uns gemeldet – mit stets sehr ähnlich gelagerten Fragen. Aus Kapazitätsgründen gehen wir hier nur auf die Anfrage von Fräulein Rose ein.

Sie schreibt uns: «Ich bin Rose Kouame von Abidjan Cote D'Ivoire. Ich bin 22 Jahre alt, ein Mädchen eine Waise, haben meine Eltern gestorben, aber ich habe in einer Bank hier über EUR 5.200.000,00, die ich geerbt von meinem Vater geliebt spät Herr Michel Kouame. Ich will den Fonds in Ihrem Land mit Ihrer Zustimmung, Beratung und Hilfe zu investieren.» Und nach der Bitte um beratende Unterstützung beim Transfer des Geldes kommt ihre eigentlich Frage: «Darf ich Sie anbieten 25% des gesamten Geldbetrages, für die Zusammenarbeit? Meine besten und Schöne Grüße an Sie. Dank. Rose.»

Wir bitten unsere Leserschaft nun, hier nicht weiterzulesen, denn die Antwort ist ja nur für Frl. Rose bestimmt. Bankgeheimnis! Danke. Askforce.

Sehr geehrtes Frl. Rose,
gerne versichern wir Sie unserer eingeschränkten Hochachtung und bitten Sie zudem um Verzeihung, dass wir Ihnen auf diesem Weg antworten. Unsere Justizbehörde sieht es halt nicht gerne, wenn wir auf Anfragen wie die Ihrige in einen Mailverkehr tre-

ten. Darum bedienen wir uns dieses schönen Druckerzeugnisses – im Wissen ob seiner enormen Verbreitung. Unumwunden geben wir zu, dass uns Ihr Schreiben an die in der Fachliteratur referierten Fälle von «Vorschussbetrug» erinnert, an Fälle also, wo enormer Profit versprochen wird, sofern die Auserwählten zunächst ein paar Tausender Vorschuss leisten.

Als Spezialisten für Fragestellungen haben wir uns freilich die Frage gestellt: Was aber, wenn Frl. Rose nur ganz zufällig die haargenau gleiche Syntax wie all die langweiligen Trickbetrüger verwendet? Was, wenn sie sich in der Tat nichts sehnlicher wünscht, als ihr Vermögen in unseren Händen zu wissen?

Das, liebes Frl. Rose, haben wir uns gefragt – und wir kommen Ihnen entgegen. Wir verzichten auf die angebotenen 25 Prozent. Aber wir sind willens, die Gesamtsumme in die wohltuende Askforce-Stiftung zu überführen. Dürfen wir bis am 1. März mit einer Anzahlung von 1,3 Millionen EUR an unseren Kassenwart (IBAN CH40 0900 0000 1571 9898 4) rechnen? Gerne werden wir in unserem nächsten Buch den Eingang ihrer Donation bestätigen! A bientôt, Ihre Askforce!

Lustknaben, bei steigender Hitze geprüft

Angesichts der argen Sommerhitze brütete die Askforce sehr früh über die neuste Leserfrage. Sie stammt von Erich N., der in einer Konzertkritik des begnadeten Berner Kulturjournalisten Ane Hebeisen gelesen hat, ein gewisser Devendra Banhart töne «wie ein transsexueller venezolanischer Lustknabe». Erich N. fragt nun, was er aus eigener Erfahrung nicht weiss: «Wie tönt ein venezolanischer Lustknabe?»

21 Grad Celsius
Die Askforce witterte zunächst eine Fangfrage: Will Erich N. der Askforce die Verurteilung der von Kollega Hebeisen gewählten Formulierung entlocken, weil diese eine pädophile Note hat? Die altgriechischkundigen Experten der Askforce mahnten, das von den Griechen entwickelte Lustknabenwesen – die Päderastie – stosse heute in der Tat nicht mehr auf Verständnis. Deshalb sei es «fragwürdig», Klangvorstellungen über den – rein sprachlichen – Beizug von minderjährigen männlichen Begierdeobjekten zu beschreiben.

26 Grad Celsius
Die eher Sparta zugeneigte Fraktion erklärte aber nüchtern, Leser Erich N. habe eine klar formulierte Frage eingereicht. Das Gremium mache sich unglaubwürdig, wenn es keine fundierte Antwort herleite. Vermutlich liege der Klangbereich von Lustknaben zwischen 200 und 12 000 Hertz.

28 Grad Celsius

Leider scheiterte der Versuch, durch die Anhörung von Lustknaben die empirische Antwort zu finden: Die Zahl jener, die
sich als Lustknaben ausgeben, ist stark gegen null tendierend.
Wer «transsexueller venezolanischer Lustknabe» mit Suchoption
«wortwörtlich» googelt, findet nicht wie sonst üblich Millionen
von Fundstellen, sondern genau keine. Vermutlich also tönt der
venezolanische L. sehr einzigartig, allein schon weil sehr, sehr
selten.

33,5 Grad Celsius

Wie wärs, zuerst den venezianischen oder vatikanischen L.
klanglich zu bestimmen? Der venezolanische L. töne doch wegen der dünnen Luft in den Anden einfach etwas höher? Chan-
cenloser Vorschlag.

38 Grad Celsius

Trotz ausreichender Flüssigkeitszufuhr riet schliesslich ein Experte der Askforce leicht schlapp dazu, einen journalistischen
Mehrwert zu schaffen. Man müsse auch auf das Nichtgefragte
und bloss Gemeinte eingehen, etwa auf die Frage, wie ein eva-
porierender venezolanischer Lustknabe töne.

42 Grad Celsius

Der Ansatz, zuerst den Siedepunkt venezolanischer Lustknaben
zu bestimmen, wurde verworfen. Weil unnötig: Auch Lustknaben seien Menschen, und bei Menschen verflüchtige sich die
Libido deutlich vor dem Siedepunkt. Lustknaben dürften sich
also bereits bei rund 40 Grad zu Unlustknaben wandeln. Diese
tönen dann wie gewöhnliche transpirierende Knaben. Umfragen untermauern diese These. Hochgerechnet und unter Aus-
weisung statistischer Unschärfen: Zwischen 7 und 11 Millionen

aller Schweizerinnen und Schweizer männlichen Geschlechts im Alter von 16 bis 160 Jahren geben an, bei Temperaturen von über 39 Grad eine signifikante Unlust zu verspüren.

47 Grad Celsius

Die «konstruktive Extrapolation» der Minderheit: Sollte sich der Transformationspunkt von Lust- zu Unlustknaben genau bestimmen lassen, sei dies wohl ein Lichtblick in Sachen Klimaveränderung. Der Mensch falle spätestens bei diesem Punkt generell aus dem gängigen Kopulations- und Reproduktionsverhalten. Er sterbe schlicht erschöpft aus – zum Wohle der Schöpfung.

49 Grad Celsius

Noch ein Glas Wasser, ihr Lustknaben, ihr Dunstschwaden, ihr Brunstschaben, ihr Frustraben, ihr Kunstmaden?

Wo ist bloss die Frage von Herrn ... *ääh* ... ?

Noch nie hat eine Frage die Askforce derart beschäftigt wie jene, die sie nicht mehr findet. In stundenlangen Sitzungen, unter Beizug von Hellsehern, Wahrsagerinnen und Pippi Langstrumpf als Sachensucherin haben wir in unserer Askforce-Schaltzentrale schon vergeblich nach der Antwort auf die Frage gesucht: Wo ist die Frage von Herrn ... ääh ... ? – und sind uns dabei gewahr, dass wir auch den Namen des Einsenders leider vergessen haben. Bloss, dass es sich um einen Mann handeln könnte, da sind sich alle sicher.

Die Askforce wäre nicht, was sie auszeichnet, hätte sie sich nicht mit der altbewährten «A wie Abächerli, B wie Blättler, C wie City-Apotheke-Methode» dem entfallenen Namen des unter einer offenen Frage leidenden Einsenders angenähert und ihn auf Minder, Linder, Grütter oder Ramalkawalantasarti eingegrenzt. Der verzweifelte Frager muss aus dem Kreis der Menschen stammen, die so oder sehr ähnlich heissen.

Selbstverständlich haben wir auch schon versucht, den Gegenstand der gefragten Frage zu rekonstruieren. Dabei kam unter anderem unser umgebauter Lügendetektor zum Einsatz. Es handelt sich hierbei um ein Gerät, das im Unterbewusstsein vergrabenes Wissen und Eindrücke ohne monatelange freudsche Therapiestunden blitzschnell ausgraben und ins aktive Gedächtnis zurückholen kann. Einige Mitglieder der Askforce unterwarfen sich gar der äusserst risikoreichen Assoziationsbeschleunigung vor dem gusseisernen Riesengong – eine Methode, die wir nur im äussersten Notfall anwenden. Einzelne dieser

343

Askforce-Vorkämpfer haben inzwischen schon wieder zu sich gefunden und verworren etwas von «winken», «blinken» oder «hinken» gestammelt. Selbstverständlich fanden wir zu diesen Stichwörtern eine Unzahl offener Fragen. Aber keine konnte als die verschollene Frage identifiziert werden. Es tut uns leid.

Die Autorinnen und Autoren

Die Askforce, Berns bewährte «Fachinstanz für alles», besteht heute aus sieben unabhängigen Expertinnen und Experten:

Dölf Barben, Askforce-Experte seit 2000

Dauererschüttert von der Unergründlichkeit des Daseins, fühlte sich Kollege Barben in der Askforce von allem Anfang an sehr wohl. Denn das Gremium erlaubt es ihm, seine Spezialgebiete Evolution, Religion und Technik zu verbinden, bei Bedarf auf die gläserne Metaebene zu klettern oder Buchstaben aus Wörtern herausfallen zu lassen. Was dabei so entsteht, zeigt sich auf den Seiten 10, 18, 24, 40, 44, 56, 66, 96, 102, 106, 112, 138, 158, 164, 186, 196, 210, 214, 218, 228, 232, 240, 260, 310, 318 und 322.

Renate Bühler, Askforce-Expertin seit 2004

Kollegin Bühler amtet in der Askforce, der sie seit 2004 angehört, als hochgeschätzte Wegwarte – also als gut verwurzeltes und kontemplatives Wesen, das gerne zuschaut und zuhört: Menschen, Autofahrern und lächelnden Totenschädeln. Bühler ist unter anderem Expertin für Neuromagisches, rülpsende Räuber und Federvieh. Das bestätigen eindrücklich die Seiten 48, 60, 62, 92, 120, 142, 160, 168, 236, 256, 264, 268, 270, 274, 278, 282 und 286.

Martin Erdmann, Askforce-Experte seit 2018

Erdmanns makelloses Äusseres wird nur durch seinen Wissensschatz überboten. Er kennt sämtliche Bände der Encyclopædia Britannica auswendig und bringt Kasparov regelmässig neue Schachtricks bei. 2018 hat er sich der Askforce angeschlossen, um sein optimiertes Hirn in den Dienst der Menschheit zu stellen. Seine altruistischen Gaben sind auf folgenden Seiten zu bestaunen: 20, 52, 84, 94, 114, 118, 130, 198, 200, 224, 230, 244, 252, 262, 272 und natürlich 288.

Marc Lettau, Askforce-Experte seit 2000

Kollega Lettau ist als Abwart der Askforce fürs Hinaufstuhlen und die Zimmergrobreinigung nach langen Expertisensitzungen zuständig.

Autodidaktisch arbeitete er sich bereits im Jahr 2000 selber zum Experten hoch und spezialisierte sich auf Alttestamentarisches und politisch sehr Korrektes. Er findet diese Themenkombination in bestem Sinne abwartig, was die folgenden Seiten anzudeuten vermögen: 14, 42, 70, 76, 90, 122, 128, 132, 134, 136, 140, 144, 146, 154, 184, 194, 208, 212, 226, 308, 312, 316, 320, 324, 336, 338 und 340.

Lisa Stalder, Askforce-Expertin seit 2009

Expertin Stalder stiess 2009 zur Askforce, um ihr überschäumendes Wissen über gedrehte Herzen, die Psyche von Mollusken und die Migrationsbewegungen von Wörtern endlich mit der Welt teilen zu dürfen. Seither wirft sich Kollegin Stalder unerschrocken und rettend vor Sprachbilder, wenn diese zu entgleisen drohen. Das Resultat ihres Einsatzes zeigt sich auf den Seiten 30, 46, 104, 206, 216, 290, 292, 294, 296, 298, 300, 304 und 326.

Simon Wälti, Askforce-Experte seit 2006

Da er der Ansicht ist, dass man es mit Sachverstand weit bringen kann, mobilisiert Kollege Wälti ebendiesen bei der Beantwortung von Fragen bis zum Äussersten. Er ist dafür bekannt, tiefgründige Bemerkungen und aufschlussreiche Berechnungen einzustreuen, um einen besonders hohen Lerneffekt zu erzielen. Zuweilen schreckt er auch vor brachialen Eingriffen nicht zurück. Das sieht man deutlich auf den Seiten 28, 34, 54, 64, 108, 110, 116, 176, 182, 204, 238, 242, 284, 328, 330 und 334.

Susanne Wenger, Askforce-Expertin seit 2003

Kollegin Wenger trat der Askforce nach der Jahrtausendwende bei, um den Absurditätenüberfluss des Alltags zelebrieren zu helfen. Ihr Motto lautet: von nichts kommt nichts. So erkühnt sie sich im Kreise der lokalen Universalgelehrten immer wieder, den aufgeworfenen Gegenstand aus luftiger Warte zu dekonstruieren – vom pfeifenden Wasserhahn bis zur irdischen Vergänglichkeit. Davon zeugen die Seiten 26, 36, 58, 74, 80, 100, 126, 148, 150, 152, 162, 174, 178, 180, 188, 220, 250, 266, 276 und 302.

Mit Belegen ihres seriösen Schaffens sind im vorliegenden Werk auch die nachfolgenden Expertinnen und Experten vertreten, die in ganz beachtlichem Mass zur Etablierung der Askforce in deren frühen Jahren beigetragen hatten:

Jürg Alder, Askforce-Experte von 2000 bis 2004
Seiten 12, 22, 78, 156, 190 und 280

Stefan Bühler, Askforce-Experte von 2000 bis 2006
Seiten 82, 202, 254 und 343

Christof Forster, Askforce-Experte von 2000 bis 2004
Seiten 32 und 50

Nicole Jegerlehner, Askforce-Expertin von 2002 bis 2006
Seiten 86, 98 und 248

Rebekka Reichlin, Askforce-Expertin von 2000 bis 2005
Seiten 166, 258 und 314

Barbara Steiner, Askforce-Expertin von 2000 bis 2005
Seiten 16, 72, 170, 172 und 234

Einer ganzen Reihe weiterer Autorinnen und Autoren war es dem Vernehmen nach ein enormes Vergnügen, sich wenigstens ab und zu in der Askforce entfalten zu dürfen.

Das digitale Zuhause der Askforce: www.askforce.ch

Merci beaucoup!

DANKE DANKE DANKE

Die Askforce dankt

Sie dankt den 1000 Fragestellerinnen und Fragestellern der letzten zwanzig Jahre für all die gescheiten, fantasievollen, kecken Fragen, die es der Askforce überhaupt ermöglichten, ihre Rolle als Dienstleisterin wahrzunehmen. Sie dankt insbesondere jenen Fragenden, die sich von den zuweilen grantigen Antworten nicht haben einschüchtern lassen und uns stattdessen immer aufs Neue herausforderten.

Sie dankt den Weggefährtinnen, Freunden, Ratgeberliteraturaficionadas und Leibblattlesern, die mit einem klaren Ja auf die Frage geantwortet haben, ob die Welt wirklich auf ein Askforce-Buch wartet. Insbesondere dankt sie für die Aufforderung aus diesem Kreis, mit der Verwirklichung des Werks nicht zu trödeln.

Sie dankt ganz herzlich den *Paten und Patinnen* des vorliegenden Buches, die den übermütigen Entscheid für dessen Herausgabe mit grosszügigen finanziellen Beiträgen quittierten: Dieter Arnold, Käthi und Andres Bühler, Christoph Martin Bussard, Barbara Engel, Bill Evans, Nanette Evans-Lettau, Bettina Hahnloser, Kurt Heimoz, Jürg Hofer, Erich Kobel, Jürg Müller, Michael Müller, Antonia und Enrico Riva, Margareta Sommer sowie Pierre-Oliver Tschannen. Ein Merci all den weiteren Spenderinnen und Spendern, die ihre Sympathie monetär zum Ausdruck brachten. Und wir danken auch allen Sponsoren, von deren Unterstützung wir erst nach der Drucklegung erfahren haben oder die insistierten, unerwähnt zu bleiben.

Sie dankt *Patrick Feuz*, der uns im Frühsommer 2021 als Chefredaktor der Berner Tageszeitung «Der Bund» das Copyright für die Askforce-Texte vermittelte – und im Spätsommer als nunmehr ehemaliger Chefredaktor ein Vorwort vorlegte, das Wichtiges und Gültiges über die Askforce enthält.

Sie dankt *Susann Trachsel* vom Stämpfli Verlag, die unerschrocken auf das Anliegen der Askforce einging, ziemlich subito ein in Buchform gefasstes Destillat ihres Schaffens zu verlegen. Ihr Umgang mit den Launen der Askforce war stets vorbildlich.

Sie dankt den Leserinnen und Lesern, die bereits erkannt haben, wie gut sich der Titel «Askforce – Fachinstanz für alles» als nahrhaftes und gleichzeitig kalorienarmes Mitbringsel eignet, und sich deshalb jetzt gleich drei weitere Exemplare besorgen werden.